EUSTACE MULLINS

DER FLUCH VON KANAAN
Eine Dämonologie der Geschichte

ØMNIAVERITAS.

EUSTACE CLARENCE MULLINS
(1923-2010)

Der Fluch von Kanaan
Eine Dämonologie der Geschichte

THE CURSE OF CANAAN
A demonology of history

1987

Aus dem Amerikanischen übersetzt
von Omnia Veritas Ltd.

© Omnia Veritas Ltd - 2022

Herausgegeben von
OMNIA VERITAS LTD

www.omnia-veritas.com

ÜBER DEN AUTOR 9

VORWORT 11

KAPITEL 1 14

DER KRIEG GEGEN SHEM 14

KAPITEL 2 51

DIE ÜBERTRETUNG VON KAIN 51

KAPITEL 3 84

SÄKULARER HUMANISMUS 84

KAPITEL 4 98

ENGLAND 98

KAPITEL 5 131

DIE FRANZÖSISCHE REVOLUTION 131

KAPITEL 6 156

DIE AMERIKANISCHE REVOLUTION 156

KAPITEL 7 171

DER BÜRGERKRIEG 171

KAPITEL 8 205

DER BUNDESSTAAT VIRGINIA 205

KAPITEL 9 230

DIE WELTKRIEGE 230

KAPITEL 10 249

DIE BEDROHUNG DURCH DEN KOMMUNISMUS 249

KAPITEL 11 267

DAS VERSPRECHEN 267

BEREITS ERSCHIENEN 289

ÜBER DEN AUTOR

In vierzig Jahren engagierter investigativer Forschung hat Eustace Mullins beträchtliches Gegenfeuer auf sich gezogen. Zweiunddreißig Jahre lang wurde er täglich von Agenten des FBI überwacht; keine Anklage wurde jemals gegen ihn erhoben. Er ist die einzige Person, die jemals aus politischen Gründen aus dem Stab der Library of Congress gefeuert wurde. Er ist der einzige Schriftsteller, der seit 1945 in Europa ein Buch verbrennen ließ.

Nachdem er während des Zweiten Weltkriegs achtunddreißig Monate in der U.S. Army Air Force gedient hatte, wurde Eustace Mullins an der Washington and Lee University, der Ohio State University, der University of North Dakota und der New York University ausgebildet. Später studierte er Kunst an der Escuela des Bellas Artes, San Miguel de Allende, Mexiko, und am Institute of Contemporary Arts, Washington, D.C.

Während seines Studiums in Washington wurde er gebeten, ins St. Elizabeth's Hospital zu gehen, um mit dem berühmtesten politischen Gefangenen der Nation, Ezra Pound, zu sprechen. Pound, die herausragende literarische Figur des zwanzigsten Jahrhunderts, hatte gesehen, wie drei seiner Schüler mit dem Nobelpreis ausgezeichnet wurden, während ihm dieser wegen seiner Äußerungen als amerikanischer Ureinwohner-Patriot verweigert wurde. Eustace Mullins wurde nicht nur sein aktivster Schützling, er ist auch die einzige Person, die Ezra Pounds Namen heute lebendig hält, durch die Arbeit des Ezra Pound Institute of Civilization, das kurz nach dem Tod des Dichters in Venedig gegründet wurde.

Mit dem vorliegenden Werk hofft Eustace Mullins, eine dreitausendjährige Verdunkelung zu beenden, hinter der die Feinde der Menschheit ungestraft ihr satanisches Programm durchgeführt haben. Es ist sehr spät in der Geschichte unserer Zivilisation. Dieses Buch ist ausschließlich mit dem Ziel geschrieben, unsere alte Kultur zu erneuern und zu neuen Höhen zu führen.

VORWORT

Nach vierzig Jahren geduldigen Studiums der Krisen, mit denen die Menschheit konfrontiert ist, kam ich zu einer sehr einfachen Schlussfolgerung - alle Verschwörungen sind satanisch! Im Nachhinein sollte diese Schlussfolgerung niemanden überraschen. Ich gebe zu, dass sie für mich etwas überraschend kam. Ich hatte nie erwartet, dass meine jahrzehntelange Arbeit zu einer solch allumfassenden und unanfechtbaren Lösung führen würde. Diese Antwort war mir über die Jahre hinweg entgangen, nicht weil ich auf der falschen Fährte war, sondern weil ich die ultimative Quelle des Wissens noch nicht konsultiert hatte - die Bibel. Um den Machenschaften der materialistischen Verschwörung auf die Spur zu kommen, hatte ich mich bewusst auf materialistische Quellen beschränkt - Referenzmaterial über das Bankwesen, die Politik, die Wirtschaft und die Biografien derjenigen, die am tiefsten in diese Angelegenheiten verstrickt waren.

Als ich mich endlich entschloss, in der Bibel nachzuschlagen - eine Aufgabe, die durch eine Reihe hervorragender Konkordanzen wie Nelson's und Strong's stark vereinfacht wurde -, war ich überwältigt von ihrer Unmittelbarkeit, ihrer Direktheit und der Anwendbarkeit ihrer Worte auf das heutige Geschehen. Als die Monate vergingen und ich meine Forschungen fortsetzte, wurde ich nicht von einem Gefühl des Déjà-vu überwältigt, sondern von der überwältigenden Überzeugung, dass sich in den letzten dreitausend Jahren nur sehr wenig geändert hatte. Meine erste Offenbarung war, dass „Gott keine Geheimnisse vor den Menschen hat." Es ist Satan, der seine Arbeit auf heimliche Verschwörungen, auf Täuschung und auf Versprechungen beschränken muss, die niemals gehalten werden können. „Und es wurde der große Drache hinabgeworfen, die alte Schlange, die da heißt der Teufel und Satan, der Verführer des ganzen Erdkreises" (Offb. 12,9). Aus diesem Grund müssen Politiker zwangsläufig zu Anhängern Satans in der Rebellion gegen Gott werden. Politiker müssen die Menschen täuschen, um Macht über sie zu erlangen, genauso wie Satan die ganze Welt täuschen muss, wenn er seine Rebellion gegen Gott fortsetzen will. Satan führt Sie auf den Gipfel des Berges und bietet Ihnen alle Reiche der Erde an (Martin Luther King verkündete: „Ich war auf dem Gipfel des Berges", aber er verriet nie, was sich dort abgespielt hatte); der Politiker bietet Ihnen freie Nahrung, freie Unterkunft, freie medizinische Versorgung - alles wird „endlich frei!" Der Politiker bietet Ihnen an, Sie gegen Ihre Feinde zu verteidigen, damit er Sie an den ultimativen Feind ausliefern kann - Satan.

Gott macht Ihnen keine Angebote im Wettbewerb mit Satan und seinen Politikern. Was könnte Gott Ihnen anbieten, wenn er Ihnen bereits die ganze Welt gegeben hat? Was könnte Er mehr tun, als Seinen eingeborenen Sohn zu senden, um diese Welt für Sie zu bewahren, als sie von Satan bedroht wurde? Und warum sollte Gott seine Liebe zu Ihnen hinter geheimnisvollen Mysterien, okkulten Verschwörungen und obszönen Praktiken verschleiern wollen?

Nachdem meine Rückkehr zur Bibel mir die Antworten gegeben hatte, nach denen ich so viele Jahre gesucht hatte, erkannte ich, dass ich am Höhepunkt meines Lebenswerkes angekommen war. Ich hatte eifrig nach den Fakten über jede der vielen Verschwörungen gesucht und war nun in der Lage, ihr Ineinandergreifen zu der einen Weltverschwörung „Verschwörung der Verschwörungen" zu definieren. Ich hatte die Namen und Aktivitäten der Hauptakteure in dem satanischen Drama, zu dem diese Welt geworden ist, aufgespürt, eine Welt, die ich 1968 in „Mein Leben in Christus" als „Satans Reich" beschrieben habe. Das war eine zu starke Vereinfachung, obwohl ich mir dessen damals nicht bewusst war. Ich hatte dieses Buch unter großem Stress geschrieben; mein Vater war an den Folgen von Schikanen durch Bundesagenten gestorben. Ihr Ziel war es, mich zu zwingen, diese Arbeit aufzugeben.

Andere Mitglieder meiner Familie wurden weiterhin täglich wegen der staatlichen Kampagne gegen mich schikaniert. Ich war nicht von Verzweiflung überwältigt worden, aber es schien mir in dieser Periode meines Lebens, dass Satan tatsächlich einen zeitlichen Sieg über diese Welt errungen hatte - keinen dauerhaften Sieg, aber einen Gewinn, den er verteidigen konnte und den er für die kommenden Jahre festigen könnte.

Die nächsten vierzig Jahre brachten mir viele verblüffende Enthüllungen über die Kräfte hinter den Kulissen, die die Massenmorde an der Menschheit geplant und verübt hatten. Ich hatte endlich, wie es ein Schriftsteller ausdrückte, „die Kräfte des Krieges aufgedeckt".

Ich war auch in der Lage, die Quellen der satanischen Ideologie zu finden, die konsequent eingesetzt wurde, um die Menschheit zu täuschen und sie dazu zu bringen, unwissende Werkzeuge der satanischen Programme zu werden, eine Ideologie, die uns heute in verschiedenen Formen begegnet, wie Kommunismus, Fabianismus, säkularer Humanismus und andere Verkleidungen.

22. Februar 1987

KAPITEL 1

DER KRIEG GEGEN SHEM

Sie opferten den Dämonen, die keine Götter waren.
Deut. 32:17

In den Kirchen Amerikas verehren die Christen einen etwas väterlichen Gott; den bärtigen Patriarchen, den Michelangelo an der Decke der Sixtinischen Kapelle dargestellt hat, eine autoritäre Figur, die auch der Vater unseres Lehrers und unseres Erlösers Jesus Christus ist. Gott wird als der ursprüngliche Schöpfer unseres Universums und als der ultimative moralische Führer verehrt. In diesem Szenario ist die Menschheit eine eher harmlose Gruppe, die sich in einem pastoralen Umfeld befindet, im Allgemeinen gehorsam gegenüber den Gesetzen Gottes ist und bestraft wird, wenn Ungehorsam auftritt. Religiöse Observanz, die auf diesem Konzept basiert, ist angemessen, bis diese arkadische Szene durch Missgeschicke oder Unglücksfälle gestört wird. Es wirft auch die Frage nach dem angeborenen oder unausweichlichen Bösen auf. Satan, der gefallene Engel und Rebell gegen Gott (Satan, ein hebräisches Wort, das "Widersacher" bedeutet) kommt in der Bibel vor. Es gibt häufige Hinweise auf Gottes Ermahnung und oft auch Züchtigung von Übeltätern, sowohl einzeln als auch in großen Gruppen. Auch hier wird das ständige Auftreten des Bösen in der Geschichte der Menschheit behandelt, aber es ist schwierig, entweder seine Quellen oder seine Ursachen zu bestimmen. Daher hat die Menschheit unter einem beträchtlichen Nachteil existiert, unfähig, das Böse zu erkennen oder zu verstehen, bevor sie von ihm verletzt wird.

In der Tat bestand die große Bewegung der modernen Geschichte darin, die Anwesenheit des Bösen auf der Erde zu verschleiern, es zu verharmlosen und die Menschheit davon zu überzeugen, dass das Böse "toleriert", "mit größerem Verständnis behandelt" oder mit ihm verhandelt werden sollte, aber unter keinen Umständen sollte es jemals mit Gewalt bekämpft werden. Dies ist der Hauptpunkt dessen, was als heutiger Liberalismus bekannt geworden ist, populärer bekannt als säkularer Humanismus. Der populäre und scheinbar vernünftige Appell des Humanismus ist, dass die Menschheit immer die menschlichen Interessen an die erste Stelle setzen sollte. Das Problem ist, dass genau dieser Humanismus in einer ungebrochenen Linie bis zum biblischen „Fluch von Kanaan" zurückverfolgt werden kann. Der Humanismus ist die logische Folge der Dämonologie der Geschichte.

Heutige Ereignisse können nur verstanden werden, wenn wir ihre Auswirkungen in einer direkten Linie von den frühesten Aufzeichnungen des Altertums zurückverfolgen können. Diese Aufzeichnungen betreffen den voradamischen Menschen, eine hybride Kreatur, deren Ursprünge in alten Büchern beschrieben werden. Das Buch Henoch (das selbst Teil eines früheren Buches Noah ist, das etwa 161 v. Chr. geschrieben wurde) berichtet, dass Samjaza (Satan), der Anführer einer Schar von zweihundert Engeln, auf den Berg Karmel herabstieg. Sie hatten die Töchter der Menschen aus der Ferne begehrt, und nun nahmen sie sie zu Frauen. Diese gefallenen Engel, bekannt als der Orden der Wächter, lehrten ihre Ehefrauen die Magie. Das Ergebnis dieser Verbindungen war eine Rasse von Riesen, bekannt als Nephilim.

Die Bibel erwähnt die Nephilim nicht ausdrücklich beim Namen, und Strongs Konkordanz führt sie nicht auf. Allerdings hat Nelson's Concordance mehrere Auflistungen unter Nephilim. Die Bibelverse, auf die sie sich bezieht, sind Genesis 6:4, „Es waren Riesen auf der Erde in jenen Tagen. „ Die Revised Standard Version gibt den Namen der Nephilim an, derselbe Vers lautet: „Die Nephilim waren auf der Erde in jenen Tagen. „ Diese Riesen wurden später als „die Söhne Anaks"' bekannt. „

In Numeri 13:33 lesen wir: „Und da sahen wir die Riesen, die Söhne Anaks, die von den Riesen abstammen. „ Diese Riesen stellten eine mächtige Bedrohung für andere Völker dar. In Deuteronomium 9:2 steht die Klage: „Wer kann vor den Kindern Anaks bestehen? „ Trotzdem wurden sie schließlich getötet oder vertrieben. „Von den Anakim war keiner mehr übrig im Land der Kinder Israels. „ (Josua 11:22)

Diese frühen Riesen würden von modernen Wissenschaftlern als Mutationen betrachtet werden. Aufgrund ihrer eigentümlichen Abstammung hatten sie Gewohnheiten und Begierden, die ihre Nachbarn entsetzten. Ihr Anführer, Satan (der Widersacher Gottes), auch bekannt als Satona, war die Schlange, die in Eva eindrang und sie verführte und den ersten Mörder, Kain, hervorbrachte. [1]Die Nephilim waren nicht nur eine Bedrohung für andere, ihr unkontrollierbarer Hass und ihre Gewalttätigkeit führten manchmal dazu, dass sie sich gegenseitig angriffen und töteten. Dann aßen sie ihre Opfer und führten so den Kannibalismus in die Welt ein. Einigen Berichten zufolge schlachtete Gott sie ab, während der Erzengel Michael die gefallenen Engel, den Orden der Wächter, in tiefen Abgründen in der Erde gefangen hielt.

Leider war dies für die Menschheit nicht das Ende der Angelegenheit. Satan hatte durch seine Kinder, die Nephilim, und auch durch Kain, nun eine dämonische Präsenz auf der Erde etabliert. Seine Rebellion gegen Gott führte über Jahrhunderte hinweg zu ständigem Leid und Mühsal auf der Erde. Die Geschichte der Menschheit seit seiner Rebellion ist die Geschichte des Kampfes zwischen dem Volk Gottes und dem Kult des Satans. Mit diesem Verständnis ist es nun möglich, die historischen Ereignisse nachzuvollziehen, die das eigentliche Archiv der beiden Widersacher offenbaren.

Das Buch Zohar betont die talmudische Legende, dass Dämonen durch sexuelle Kongresse zwischen Menschen und

---

[1] Nach der Mythologie.

dämonischen Mächten entstanden sind. Dies bietet eine vernünftige Erklärung dafür, warum alle okkulten Zeremonien drei Dinge betonen: Drogen, Beschwörungen (die den Hass auf Gott ausdrücken) und bizarre sexuelle Praktiken.

Das Studium der Dämonologie in der Geschichte offenbart Antworten auf sonst unerklärliche Aspekte der Menschheitsgeschichte. Die Folterung und Ermordung von Kindern, obszöne Riten und Massentötungen von Unschuldigen in weltweiten Kriegen sowie andere Katastrophen sind Phänomene, die wenig oder gar nichts mit der täglichen Routine der Menschheit zu tun haben, die den Boden bestellt, Familien großzieht und die Standards der Zivilisation aufrechterhält. Im Gegenteil, diese Arten von Katastrophen sind direkte Angriffe auf die normale Existenz der Menschheit. Darüber hinaus sind sie Ausdruck der Rebellion gegen Gott, als Angriffe auf Sein Volk.

Wegen ihrer außergewöhnlichen Kräfte haben Dämonen auf der Erde schon immer eine gewisse Anzahl von Anhängern angezogen. „Geheime" Organisationen, die darauf bestehen, ihre Riten und ihre Programme vor allen „Außenstehenden" zu verbergen, müssen dies tun, um eine Aufdeckung und die unvermeidliche Bestrafung zu verhindern. Während sie in der Wüste umherwanderten, beteten die jüdischen Stämme Dämonen und Ungeheuer an. Sie verehrten ihre mythischen Ungeheuer, Leviathan, Behemoth, Hilfs-Raheb, die wohl Überlebende des Stammes der Riesen, der Nephilim, gewesen sein könnten. Sie opferten auch dem Dämon der Wüste, Azazel.

Ihre Mythologie entwickelte eine gewisse Hierarchie der Dämonen. Ein Dämonenarch, der vermutlich Satan war, herrschte über alle Dämonen auf der Erde. Er war auch bekannt als der Fürst des Bösen, Belial (das hebräische Be'aliah, was bedeutet, dass Jahwe Baal ist). Der nächste in der Hierarchie der Dämonen war Asmodeus, der König der Dämonen, und seine Frau Lilith, die Hauptdämonin der Juden. Lilith ist heute bekannt als die Schutzgöttin der Lesben. Ihr Name lebt in vielen aktuellen Organisationen weiter, wie z. B. den Daughters of Lilith. Diese Wahl einer Schutzgöttin lässt vermuten, dass es bei homosexuellen Praktiken schon immer ein gewisses Maß an dämonischen Impulsen gegeben haben mag. Diese Motivation würde zu den grundlegenden Riten des Okkultismus passen, wie z.B. die Auflehnung gegen Gott und die Entwicklung „ungewöhnlicher Lebensstile. Die unvermeidliche Vergeltung für diese Praktiken ist jetzt unter uns in Form der weit verbreiteten Seuche AIDS erschienen.

Lilith ist typisch für die Dämonen, die durch Geschlechtsverkehr zwischen den Töchtern des Menschen und den Wächtern entstanden sind. Sie erschienen zuerst während der sechs Tage der Schöpfung als körperlose Geister und nahmen später physische Form an. Das Buch Zohar sagt: „Jede Verunreinigung des Samens gebiert Dämonen." Die Encyclopaedia Judaica verweist auf „die Unreinheit der Schlange, die sexuelle Beziehungen mit Eva hatte." Die Kabbala behauptet, dass Lilith Geschlechtsverkehr mit Adam hatte und Dämonen als Teil des kosmischen Entwurfs hervorbrachte, in dem das Rechte und das Linke die gegensätzlichen Ströme von reinen und unreinen Kräften sind, die die Welt füllen und sie zwischen dem Heiligen und der Schlange Samael aufteilen. (Zohar Bereshit 73b., 53 ff.)

Webster's Dictionary sagt über Lilith: „Heb. Bedeutung der Nacht. 1. Jüdische Folklore, ein weiblicher Dämon-Vampir. 2. Jüdischer Volksglaube, erste Frau von Adam vor der Erschaffung von Eva." Viele Legenden identifizieren Lilith als die erste Frau von Adam. Diese Mythen behaupten, dass Gott Lilith aus Schlamm und Dreck formte. Schon bald geriet sie mit Adam in Streit. Wegen ihres übergroßen Stolzes weigerte sie sich, ihn auf ihr liegen zu lassen. Aus diesem Grund wurde sie als Schutzherrin der Lesben angenommen. Sie verließ Adam und floh an die Ufer des Roten Meeres, wo sie, so hieß es, inmitten der wilden Tiere und Hyänen ihren sexuellen Fantasien mit Dämonen frönte. Ihre Anwesenheit gab Anlass zu vielen furchterregenden Legenden; sie wurde zum Oberhaupt der jüdischen Dämoninnen und soll sich an neugeborenen Kindern vergriffen haben, um ihnen das Leben auszusaugen. Sie war auch dafür bekannt, das Blut von Männern zu saugen, die allein schliefen, und wird als „die Nachthexe" bezeichnet (Jesaja 34:14 - Und wilde Tiere werden mit Hyänen zusammentreffen, der

Satyr wird zu seinem Gefährten schreien; ja, dort wird die Nachthexe sich niederlassen und eine Ruhestätte für sich finden.) Mit Ausnahme dieses einen Verses wurde ihr Name wegen ihres unappetitlichen Rufs aus der gesamten Heiligen Schrift gestrichen.

Andere Legenden behaupteten, dass Lilith und ihre begleitenden Dämoninnen über die vier Jahreszeiten herrschten, als Lilith-Naameh, Mentral, Agrath und Nahaloth. Man sagte, sie würden sich auf einem Berggipfel in der Nähe der Berge der Dunkelheit versammeln und dort den Hexensabbat feiern, wenn sie mit Samael, dem Fürsten der Dämonen, verkehren würden.

Weil Gott ein so unglückliches Ergebnis mit Lilith hatte, nachdem er sie aus Schlamm und Dreck erschaffen hatte, beschloss er, für seine nächste Schöpfung, Eva, auf Adams Rippe zurückzugreifen. Sie war in der Folge als „haw wah", „Mutter aller Lebenden", und auch als „die Schlangenmutter" bekannt, wegen ihrer späteren Verbindung mit Satan. Der Fürst der Finsternis hatte eine Reihe von Verkleidungen, aber wenn er sexuelles Verlangen verkörperte, wie er es bei Eva tat, erschien er immer als eine Schlange.

Weil das Böse nun auf der Erde etabliert war, durch die Anwesenheit der Dämonen und ihrer Anhänger, war es für Gott notwendig, die Menschheit zu bestrafen. Indem Er diese Strafe verhängte, beschloss Er, gerecht zu sein. Dazu war es notwendig, dass Er diejenigen auswählte, die ohne Makel waren und die die Strafe überleben durften. Seine Methode der Auswahl war eine einfache. Er wählte diejenigen aus, die nicht verunreinigt worden waren. Seine Wahl fiel auf Noah und seine Familie. Noah wird in 1. Mose 6,9 beschrieben: „Noah war vollkommen in seinen Geschlechtern. Das Wort „Generationen" ist hier eine unvollkommene Übersetzung des hebräischen Wortes „to-Ied-aw", das „Abstammung" bedeutet. Eine frühere und passendere Übersetzung lautet: „Noah war ein gerechter Mann, und vollkommen, ohne Makel in seinen Generationen. Er war Gottes Wahl, weil er und seine Familie die letzten verbliebenen reinblütigen Adamiten auf der Welt waren. (Die Revised Standard Version hat einen noch größeren Fehler in ihrer

Formulierung, „Noah war tadellos in seinen Generationen", da sie nicht angibt, wofür er getadelt worden wäre.)

Der Ort der Sintflut, die eine von Gott verordnete Strafe für die Menschheit war, lag nicht im vorderasiatischen Raum, wie gemeinhin angenommen wird. Archäologen sind seit Jahren verwirrt, dass sie keine Beweise für eine solche Flut in diesem Gebiet finden konnten. Tatsächlich lebten Noah und seine Familie, weil Kain „östlich von Eden" verbannt worden war, im Tarim-Becken, das sich in der oberen Sinkiang-Provinz befindet. Dieses Becken wurde durch den Fluss Tarim gespeist, und hier fand die Sintflut statt.

Nachdem Noah von Gott vor der drohenden Katastrophe gewarnt worden war, gelang es ihm, die Arche zu bauen, eine der größten Ingenieurleistungen aller Zeiten. Sie wog 36.750 Tonnen und war komplett aus Holz gebaut. Sie war 450 Fuß lang, 75 Fuß breit und 45 Fuß tief. Auf dieser Arche befahl Gott Noah, „alles Lebendige von allem Fleisch zu nehmen". Wegen des begrenzten Platzes auf der Arche konnte es keine Möglichkeit der weiteren Fortpflanzung dieser Arten während ihrer Zeit an Bord geben, und Gott befahl, dass kein Geschlechtsverkehr stattfinden sollte. Dieses Gebot wurde von einem Bewohner der Arche, Ham, dem zweiten Sohn Noahs, übertreten. Ham hatte auf der Arche Geschlechtsverkehr mit einer präadamitischen Frau, einer dunkelhäutigen Person. Ihr Nachkomme war ein schwarzer Sohn namens Kusch, der das Symbol von Äthiopien wurde.

Noah war bestürzt, als er erfuhr, dass sein Sohn gegen Gottes Gebot verstoßen hatte, denn er wusste, dass Vergeltung kommen würde. Nachdem die Sintflut abgeklungen war und das Leben auf der Erde wieder seinen gewohnten Gang ging, wurde Noah weiterhin von seinen Ängsten heimgesucht. Die darauffolgenden Ereignisse haben seither schlimme Folgen für die gesamte Menschheit gehabt. In der Bibel erscheint die Geschichte als eine Art Rätsel, da die Personen in aufeinanderfolgenden Versen identifiziert und falsch identifiziert werden. Weder die genaue Abfolge der Ereignisse, ihre Erklärung noch die Identifizierung der Hauptpersonen kann so nachvollzogen werden, wie sie in der Genesis erscheint, möglicherweise aufgrund von

Übersetzungsfehlern oder Bearbeitung im Laufe der Jahrhunderte.

Obwohl das Leben auf der Erde wieder zu seiner vor der Sintflut herrschenden Glückseligkeit zurückgefunden hatte, war Noah weiterhin durch Hams Übertretung geplagt. Er war so verärgert, dass er zu viel Wein trank und in seiner Trunkenheit entblößt lag. Wie in 1. Mose 9,24-27 berichtet wird, sah Hams Sohn Kanaan seinen Großvater entblößt, obwohl er an einer Stelle als „Noahs jüngster Sohn" bezeichnet wird, anstatt der korrekten Bezeichnung als sein Enkel. Noahs andere Söhne, Sem und Japheth, sahen ihren Vater entblößt und beeilten sich, ihn mit einem Mantel zu bedecken. Als er jedoch erwachte, war Noah sehr wütend über das, was geschehen war, und er sprach einen Fluch über Kanaan aus: „Verflucht sei Kanaan; ein Sklave der Sklaven soll er seinen Brüdern (Sem und Jafet) sein." Hier ist wieder so etwas wie ein Rätsel, denn Sem und Jafet waren die Onkel Kanaans, nicht seine Brüder. Das „Rätsel" ist wahrscheinlich beabsichtigt, denn es soll zu einem besonderen Studium dieser Verse anregen, um zu einem Verständnis dieser sehr wichtigen Botschaften, Warnungen an alle zukünftigen Generationen, zu kommen.

Für Noahs ungeheuren Zorn auf Kanaan und seinen Fluch über Kanaan sind verschiedene Erklärungen angeboten worden. Eine, die inzwischen weitgehend verworfen wurde, ist, dass Ham mit Noahs Frau geschlafen haben könnte oder dass er einen Versuch unternommen hatte, dies zu tun. Für diese Vermutung wurde nie eine Grundlage gefunden. Eine andere Erklärung ist, dass Noah Kanaan verfluchte, weil er sich immer noch darüber ärgerte, dass Ham gegen Gottes Gebot an die Bewohner der Arche verstoßen hatte, keinen Geschlechtsverkehr zu haben, während sie an Bord waren. Weil Ham mit der voradamitischen Frau auf der Arche geschlafen hatte, entlud Noah schließlich seinen Zorn in dem Fluch über Kanaan. Auch das klingt nicht wahr; die Männer des Alten Testaments waren sehr direkt in ihrem Umgang; wenn Noah über Ham verärgert war, hätte er Ham verflucht, nicht Kanaan. Keine dieser Erklärungen bietet einen stichhaltigen Grund für die Vehemenz von Noahs Fluch, ein Fluch, der die Menschheit seit dreitausend Jahren verdorben hat. Die einzige rationale Erklärung für den Fluch ist Noahs Zorn darüber, dass Kanaan etwas getan hatte, das seinen Großvater zutiefst empörte. Ein Blick auf ihn, während er entblößt war, hätte wohl kaum eine solche Reaktion hervorgerufen. Die Gelehrten kamen schließlich zu dem Schluss, dass Kanaan etwas so Erniedrigendes getan hatte, dass Noah einen Fluch über ihn aussprechen musste. Was könnte das gewesen sein? Die Bibel in ihrer jetzigen Übersetzung gibt uns nicht wirklich einen Hinweis. Diese Gelehrten entschieden, dass Kanaan, da er von gemischter Rasse und daher nicht an den strengen Moralkodex der Adamiten gebunden war, wahrscheinlich einen homosexuellen Akt an seinem Großvater begangen hatte. Als reinrassiger Mensch wäre Noah über einen solchen Akt äußerst zornig gewesen und hätte so reagiert, wie er es tat.

Der Fluch von Kanaan wurde auf das Land ausgedehnt, das nach ihm benannt wurde, das Land Kanaan. Die Kanaaniter selbst, das Volk dieses Landes, wurden zum größten Fluch für die Menschheit, und das sind sie auch heute noch. Sie haben nicht nur die Praktiken der Dämonenanbetung, der okkulten Riten, der Kinderopfer und des Kannibalismus hervorgebracht, sondern als sie ins Ausland zogen, brachten sie diese obszönen Praktiken in jedes Land, das sie betraten. Sie brachten nicht nur ihren dämonischen Kult nach Ägypten, sondern wurden unter ihrem späteren Namen, den Phöniziern, wie sie nach 1200 v. Chr. genannt wurden, zu den Dämonisierern der Zivilisation durch aufeinanderfolgende Epochen, die in der mittelalterlichen Geschichte als die Venezianer bekannt waren, die die große byzantinische christliche Zivilisation zerstörten, und später als „der schwarze Adel", der die Nationen Europas infiltrierte und allmählich die Macht durch Betrug, Revolution und finanzielle Taschenspielertricks übernahm.

Der Ruf Kanaans ist in vielen antiken Aufzeichnungen zu finden, obwohl seine üble Geschichte sorgfältig aus noch mehr historischen Archiven und Bibliotheken getilgt wurde. Im Jahr 1225 v. Chr. errichtete der Pharao Merneptah, der wegen seiner Siege in der kanaanitischen Region als „Binder von Gezer" bekannt war, eine Stele zum Gedenken an seine Erfolge. Zu den darauf angebrachten Inschriften gehörte diese: „Geplündert ist das Kanaan, mit allem Übel; alle Länder sind geeint und befriedet."

Diese Inschrift bedeutete nicht, dass Merneptah jedes Übel nutzte, um Kanaan zu plündern; sie bedeutete, dass er bei seinem Aufenthalt dort jedem Übel begegnete, das von diesem berüchtigten Stamm praktiziert wurde.

Ham hatte vier Söhne: Kusch, der das Land Äthiopien gründete; Mizraim, der Ägypten gründete; Put, der Libyen gründete; und Kanaan, der das Land der Kanaaniter gründete, das Gebiet, das heute als Staat Israel umstritten ist. In der Aggidah. Kusch wird gesagt, dass er schwarzhäutig ist, als Strafe dafür, dass Ham auf der Arche Geschlechtsverkehr hatte. „Drei kopulierten in der Arche, und sie wurden alle bestraft - der Hund, der Rabe, und Ham. Der Hund war dazu verdammt, angebunden zu werden, der Rabe erwartete, dass er seinen Samen in den Mund seiner Gefährtin spritzt, und Ham wurde in seiner Haut geschlagen. Anmerkung 9, San. 108b. d.h., von ihm stammte Kusch, der Neger, ab, der schwarzhäutig ist."

In der talmudischen Literatur bedeutet Kuschi immer eine schwarze Person oder die Negerrasse. Kuschit ist ein Synonym für schwarz. (Yar Mo'ed Katan 16b).

Die Bibel in ihrer jetzigen Übersetzung enthält keinen Hinweis auf die Farbe von ush. Ein Hinweis auf seine Nachkommen, die Kuschiten, erscheint nur in Numeri und im zweiten Buch Samuel. In Numeri 12:1 heißt es: „Mirjam und Aaron sprachen gegen Mose wegen der kuschitischen Frau, die er geheiratet hatte, denn er hatte eine kuschitische Frau geheiratet." Auch hier wird keine Erklärung gegeben, warum Mirjam und Aaron sich gegen Mose wandten, doch die Angelegenheit ist offensichtlich von einiger Bedeutung, denn derselbe Vers betont durch Wiederholung, dass er eine kuschitische Frau geheiratet hatte. Wir finden die Erklärung, indem wir uns an den Talmud wenden, der uns sagt, dass „kuschitisch" immer schwarz bedeutet. Der Vers in Numeri sollte lauten, und ursprünglich könnte er lauten: „Mirjam und Aaron sprachen gegen Mose wegen der schwarzen oder kuschitischen Frau, die er geheiratet hatte." In 2. Samuel gibt es sieben Hinweise auf Kuschiten, aber auch hier werden keine Beschreibungen gegeben.

Prof. Sayee, der bekannte ägyptische Gelehrte und Experte für den alten Nahen und Mittleren Osten, erklärt, dass Kanaan „niedrig" und Elam „hoch" bedeutet. Die Kanaaniter waren diejenigen, die die niedrigen Orte bewohnten; die Elamiter bewohnten den hohen Boden. Oberst Garnier zitiert in seinem großen Werk „Die Anbetung der Toten" die Beobachtung von Strabo, dass „die Kuschiten die Küstenregionen von ganz Asien und Afrika bewohnen". Sie waren nie aggressiv genug, um für höheres Land zu kämpfen oder dort zu bleiben, und waren gezwungen, in den niedrigen, sumpfigen Gebieten zu bleiben, die den Elementen ausgesetzt sind, Gebiete, um die ihnen andere Völker nicht streiten würden.

Garnier fährt fort, S. 78 von „The Worship of the Dead": „Wir haben auch gesehen, dass Osiris schwarz war, oder von der kuschitischen Rasse, und dies war charakteristisch für die Ägypter. Herodot spricht von den Ägyptern allgemein als schwarz und wollig behaart. Es gab zwei Rassen in Ägypten, die Mizraimiten, die das Land zuerst besiedelten, und die schwarzen Ägypter, wobei letztere ihren Namen von Aegyptus, dem Sohn von Belus, d.h. Kusch, erhielten. Es kann daher wenig Zweifel daran bestehen, dass Aegyptus, der Vater der schwarzen Ägypter und Sohn des Belus, mit dem schwarzen Osiris identisch ist." Auf S. 92 informiert uns Garnier: „Die arische Einwanderung und der Brahmanismus folgten auf die einer kuschitischen Rasse, die ihnen und ihrer Religion mehr oder weniger feindlich gegenüberstand. Wir finden arische Traditionen, die von sich selbst als weiß und von den Dasyns als schwarz, d.h. kuschitisch sprechen." Garnier zitiert eine Beschreibung der Kuschiten wie folgt: „Sie nennen sie Dämonen und Teufelsanbeter und laszive Unmenschen, die aus der Sisna, dem Lingam und dem Phallus einen Gott machen."

Garnier fährt fort (S. 131) und bemerkt: „Buddha muss mit jenen Göttern identifiziert werden, deren menschlicher Ursprung kuschitisch war, von Kusch, dem großen Propheten und Lehrer des alten Heidentums, dem Vater der schwarzen oder äthiopischen Rasse. Obwohl Buddha der Hauptgott der gelben

Rasse ist, wird er ständig als Schwarzer dargestellt, mit wolligem Haar und Negergesichtern, den flachen Nasen und dicken Lippen vieler der alten Statuen, die in Hindustan vorkommen, denn dies sind eindeutig die bekannten Merkmale des echten afrikanischen Negers; der menschliche Ursprung des Buddha war Kusch."

Hams nachfolgende Taten taten nichts, um seinen Ruf zu reinigen. Er stahl die Kleidungsstücke, die Gott für Adam und Eva gemacht hatte, bevor er sie aus dem Garten Eden vertrieb. Kusch erbte diese Kleidungsstücke von Ham und gab sie an seinen Sohn Nimrod weiter. Wegen dieser Gewänder wurde Nimrod als „der mächtige Jäger" bekannt. Er galt als unbesiegbar, solange er dieses Gewand trug, das in 1. Mose 3,21 beschrieben wird. Tiere und Menschen fürchteten sich vor dem Angriff Nimrods wegen dieser Gewänder, die ihm große Kräfte verliehen (*Encyclopaedia Judaica*). Nimrod, der am 25. Dezember, dem Hohen Sabbat von Babylon, geboren wurde, war der Gründer von Babylon und der Stadt Ninive.

In der Geschichte der Menschheit steht Nimrod unvergleichlich für seine Symbolik des Bösen und satanische Praktiken. Ihm wird die Gründung der Freimaurerei und der Bau des legendären Turms von Babel zugeschrieben, entgegen dem Willen Gottes. In der talmudischen Literatur wird er als „derjenige, der das ganze Volk dazu brachte, sich gegen Gott aufzulehnen" bezeichnet. Pes. 94b. Die Legende des Midrasch erzählt, dass Nimrod, als er von Abrahams Geburt erfuhr, befahl, alle männlichen Kinder zu töten, um sicher zu sein, ihn zu beseitigen. Abraham wurde in einer Höhle versteckt, aber im späteren Leben wurde er von Nimrod entdeckt, der ihm dann befahl, das Feuer anzubeten. Abraham weigerte sich und wurde ins Feuer geworfen.

Das legendäre Symbol für Nimrod ist „X". Die Verwendung dieses Symbols bedeutet immer Hexerei. Wenn „X" als Kurzform für Weihnachten verwendet wird, bedeutet es eigentlich „das Fest des Nimrod feiern". Ein doppeltes X, das seit jeher bedeutet, ein doppeltes Spiel zu treiben oder zu verraten, weist in seiner grundlegenden Bedeutung auf den Verrat in die Hände des Satans hin. Wenn amerikanische Konzerne das „X" in ihrem Logo verwenden, wie „Exxon", die historische

Rockefeller-Firma von Standard Oil of New Jersey, kann es kaum Zweifel an dieser versteckten Bedeutung geben.

Die Bedeutung von Nimrod in jeder Studie des Okkulten kann nicht überbetont werden. Aufgrund der Kräfte, die ihm durch die Kleidung von Adam und Eva gegeben wurden, wurde Nimrod der erste Mann, der die ganze Welt regierte. Er frönte dieser Macht, indem er Exzesse und Schrecken auslöste, die nie wieder erreicht wurden. Seit der Zeit Nimrods ist Babylon das Symbol für Verderbtheit und Lust.

Nimrod führte auch die Praxis des Völkermordes in die Welt ein. Sein Großvater Ham, der mit anderen Rassen verkehrte und Kinder gemischter Rassen in die Welt brachte, wurde von seiner Gemahlin, der bösen Naamah, dazu überredet, Ritualmord und Kannibalismus zu praktizieren. Sie informierte Ham, dass durch das Töten und Essen von hellhäutigen Menschen seine Nachkommen ihre überlegenen Eigenschaften wiedererlangen könnten.

In den darauf folgenden Jahrhunderten wurden die hellhäutigen Nachkommen von Sem, Noahs ältestem Sohn, von den dunkleren Nachkommen von Ham und Nimrod rituell abgeschlachtet, in der weltweit hartnäckigsten Kampagne rassischer und religiöser Verfolgung.

Nimrod tötete und aß die hellhäutigen Nachkommen Sems nicht nur, sondern verbrannte sie in seiner Wut und seinem Hass oft bei lebendigem Leib. Die Art der Menschenopfer, bei der die geschlachteten menschlichen Opfer gegessen wurden, erhielt ihren Namen von der Kombination der Namen seines Onkels, Kanaan, und des Dämonengottes Baal, wobei die beiden Namen zu dem Wort „Kannibale" zusammengesetzt wurden. Nimrod war in der antiken Geschichte auch unter den Namen Marduk, Bel und Merodach bekannt. Wegen seiner Bedeutung in der Geschichte war Babylon als das Land Nimrods bekannt. Nimrod wird auch in den ältesten freimaurerischen Konstitutionen als Begründer der Freimaurerei angeführt.

Nimrods Untergang kam angeblich, als er begann, den Turm von Babel zu bauen, eine Zikkurat oder einen Tempelturm, der in den Himmel ragen sollte. Wegen dieses Vergehens gegen Gott sprach Sem, der älteste Sohn Noahs, das Urteil über Nimrod aus und ließ ihn hinrichten.

Josephus sagt, dass „Hams schwarzer Enkel, Nimrod, von Sem enthauptet wurde. Andere Berichte fügen hinzu, dass Sem dann Nimrods Körper in Stücke schnitt und die Stücke zu den heidnischen Tempeln von Babylon schickte, als Warnung an die Priester, dass ihre Sexorgien und Kinderopfer ein ähnliches Urteil der Hinrichtung zur Folge haben würden. Anstatt ihre abscheulichen Zeremonien aufgrund dieser Warnung aufzugeben, gingen die Priester buchstäblich in den Untergrund. Nicht länger „rauchten ihre Altäre mit menschlichem Blut", wie Kitto, die große palästinensische Autorität, sie beschrieb. Die Priester nahmen die Stücke Nimrods als Reliquien mit zu ihren geheimen Treffpunkten, die in „Hainen" und „Schreinen" versteckt waren. Dies war der Ursprung der geheimen Mysterienkulte, deren Orgien nicht mehr in öffentlichen Tempeln durchgeführt werden konnten. Wegen der Macht des Shem führten die Priester ihre verbotenen Orgien fortan außerhalb des Tageslichts, in ihren geheimen Verstecken durch. Ihre Zusammenkünfte waren mit geheimen Riten verbunden, die niemand außerhalb ihres Ordens kennen durfte, bei Todesstrafe. Dies war der Ursprung der Gnostiker, der Wissenden, die die Geheimnisse kannten. Vielleicht wurde Nimrod aus diesem Grund als Begründer der Freimaurerei bekannt, denn seine grundlegenden Riten wurden nach seiner Ermordung eingeführt und beschworen, um sein Werk des Bösen fortzusetzen.

Die Geschichte der Menschheit in den letzten dreitausend Jahren ist die Geschichte des Kampfes zwischen den hellhäutigen Nachkommen Sems und den dunkelhäutigen Nachkommen seines Bruders Ham, doch Sie werden diesen Kampf in keinem historischen Werk definiert finden. Die Aufzeichnungen des Völkermordes gegen das Volk Sem sind in den Archiven der Geschichte offensichtlich, aber es gibt keine Schule oder Universität, deren Lehrkörper ihre Studenten über diese einfache Tatsache aufklärt. Das erklärt an sich schon vieles, was gewöhnlich als „unerklärlich" abgetan wird. Der Grund für diese merkwürdige Entwicklung ist, dass die Nachkommen Hams traditionell den Bildungsprozess usurpiert haben, durch ihre frühere Usurpation der Priesterschaft, um ihr satanisches Werk fortzuführen. Seitdem haben sie das Bildungssystem kontrolliert und es für ihre eigenen bösen Zwecke umfunktioniert. Es ist von noch größerem Interesse, dass nicht eine einzige theologische Schule irgendwo auf der Welt diese zentrale Tatsache der Geschichte zur Kenntnis nimmt, ein roter Faden, der sich kontinuierlich durch die Aufzeichnung der Ereignisse zieht.

In der griechischen Sprache erscheint Shem als Ehu; in der ägyptischen Mythologie ist er Shu, der Sohn von Ra, dem Sonnengott. Es war durch die behauptete Abstammung von Sem, dass Ludwig, König von Frankreich, sich selbst als „Sonnenkönig" bezeichnete. Ein viel wichtigerer Punkt, der von den Priestern, die das Bildungssystem während der letzten dreitausend Jahre kontrollierten, verschleiert oder versteckt wurde, ist jedoch die Tatsache, dass es Sem war, der die große Zivilisation Ägyptens gegründet und aufgebaut hat.

Die Herrscher Ägyptens wurden Pharaonen genannt, vom hebräischen Wort pira, was „langes Haar" bedeutet. Die einheimischen Ägypter waren kurzhaarig. Shem war nicht nur langhaarig, sondern auch hellhaarig. In ihren Aufzeichnungen nennen die Priester Sem „Shufu" oder „Khufu", was „langes Haar" bedeutet. Da Shem ein großer Krieger war, führte er sein Volk bei der Eroberung der einheimischen Ägypter mühelos an. Er machte sich sofort daran, seine Herrschaft durch den Bau der großen Pyramide in Gizeh zu würdigen. Babylon wurde dann vom Sohn Sems, Elam, erobert; ein späterer Nachkomme, Cyrus von Persien, ein Elamiter, vollendete die endgültige Eroberung Babylons und errichtete das große persische Reich. Zum Zeichen seiner großen militärischen Erfolge nahm Sem als Symbol den Löwen an, der auch heute noch das Symbol von Herrschern ist. Die große Pyramide wurde später Khiut, der Horizont, genannt, in dem Cheops verschluckt worden war, so wie der westliche Horizont jeden Abend die Sonne verschluckt.

Nach umfangreichen archäologischen Untersuchungen kam der Königliche Astronom von Schottland zu dem Schluss, dass die Beweise unwiderlegbar sind, dass die große Pyramide in Gizeh von Shem erbaut wurde. Er fand im Inneren der Pyramide den Namen Shufu, der in roter Farbe gemalt war, was auf Shems blondes Haar hinwies. Ebenfalls im Inneren der Pyramide befindet sich eine Inschrift, die dort nach dem Tod seines Nachkommens Amenhotep IV. angebracht wurde: „Er beendete die barbarischen Praktiken der Priester, die von Naama und ihren Anhängern aus Babylon eingeführt worden waren, einschließlich Nimrod." Die Priester ermordeten Amenhotep IV., damit sie ihre Orgien der Lust und Kinderopfer wieder aufnehmen konnten. Sie hatten Herodot gegenüber zugegeben, dass die Große Pyramide von „einem wandernden Hirten" erbaut worden war, eine seltsame Beobachtung, da Hirten normalerweise keine solch grandiosen Monumente für sich selbst erschaffen. Dies war jedoch einer der Spottbegriffe, mit denen man Shem nach seinem Tod stets bezeichnete. Andere Inschriften, die von den Priestern während der Jahrhunderte der ägyptischen Geschichte verfasst wurden, schmähen Sem als „Schwein", „Zwerg" und andere Begriffe, die ihren Hass auf ihn ausdrücken, möglicherweise weil er ihren Mentor Nimrod erschlagen hat. In denselben Gebieten preisen andere Inschriften den degenerierten Ham, der von seiner Gefährtin, der bösen Naama, verdorben und in die Praktiken des Menschenopfers und Kannibalismus eingeführt worden war.

Die ägyptische Zivilisation erreichte ihren Höhepunkt während der Herrschaft von Shem. Die Sphinx ist jetzt zugegeben, ein Porträt von ihm zu sein. Nach seinem Tod nahmen die Priester nicht nur ihre üblen Praktiken wieder auf, sondern sie starteten eine erfolgreiche Kampagne, um seinen Namen aus der aufgezeichneten Geschichte zu schwärzen, eine Kampagne, die in den folgenden dreitausend Jahren weitgehend erfolgreich war. Sie starteten auch schreckliche Strafaktionen gegen die blonden Nachkommen Sems, ermordeten sie oft oder verbrannten sie bei lebendigem Leib. Die Priester fälschten nicht nur die Aufzeichnungen über Sem, sondern es gelang ihnen auch, den größten Teil der späteren Geschichte seiner hellhäutigen Nachkommen, der Semiten, oder, wie sie manchmal genannt werden, der Semiten, zu eliminieren.

Der arabische Gelehrte Murtadi bemerkte, dass Num und Khufu (Shufu), die Erbauer „der Pyramiden, mit Noah lebten. (British Museum Katalog, 1909). Sem wurde auch mit dem

Namen Menes bezeichnet, vom hebräischen Meni, oder Mann, der im ägyptischen Totenbuch auftaucht und sich auf Uranus und seine drei Söhne bezieht, eine offensichtliche Referenz zu Noah. Ham wurde später als der ägyptische Gott Amon bekannt.

Herodot schreibt, dass der erste König von Ägypten, der bis 2320 v. Chr. regierte. Eusebious sagt, dass dreihundert aufeinanderfolgende Herrscher von ihm abstammten, die Thinitischen Könige, die den Halbgöttern gefolgt waren. Der Historiker Murtado bezeichnete Shem als Menes. Als der fähigste Sohn Noahs verkörpert Sem die Eigenschaften, auf denen alle nachfolgenden Zivilisationen aufgebaut wurden: Mut, der Wunsch zu bauen und die Bereitschaft, diejenigen zu unterwerfen, die eine niedrigere Lebensform angenommen haben.

Er ist der Adamit, der die Zivilisationen, wie wir sie kennen, geschaffen hat. Andererseits verkörpern die Nachkommen Hams, die Kanaaniter, den satanischen Drang zur Zerstörung der

Zivilisation und die Rebellion gegen Gott. J. Hewlitt weist darauf hin, dass „Adamit" einen „Denker" bedeutete, und „Mena" oder „Mann" brachte „Menes" hervor, den denkenden Mann. Dies überlebt heute in der intellektuellen Gesellschaft, Mensa. Die Unterscheidung wurde gemacht, um die Abstammung von Adam von den Prä-Adamiten, oder nicht denkenden Menschen, zu unterscheiden. (Herrschende Rassen des prähistorischen Menschen, V. 2 S. 364). Die Jüdische Enzyklopädie sagt, dass Sem als Vertreter JHWHs König von Jerusalem wurde, damit er den Kampf gegen das Sklavenvolk, die Kanaaniter, weiterführen konnte.

In der Genesis finden wir diesen Vers: „Gelobt sei der Herr, der Gott Sems!" 1. Mose 9,26. Sem hatte fünf Söhne: Elam, aus dem das persische Reich hervorging; Assur, aus dem das assyrische Reich hervorging; Arpachschad, Lud und Aram. Die Ehrfurcht vor dem Namen Sem war in der antiken Welt so groß, dass sein Name in vielen Aufzeichnungen mit JHWH gleichgesetzt wurde. Jahwe, oder, in einer späteren Version, Jehova, leitet sich direkt von dem hebräischen Verb Hava (h) ab, was soviel wie „Ich bin" bedeutet. Historisch wurde dies als das ältere Khufu oder HWFW anstelle von JHWH gelesen und bezieht sich somit auf Kufu oder Shem, den Erbauer der großen Pyramide. Wegen der Verfolgungen der hellhäutigen Völker durch die Priester wurde Khufu, der phonetisch fast identisch mit dem hebräischen Hava (h) ist, zu YHWH, dem Gott des Exodus aus Ägypten. In der Encyclopaedia Britannica heißt es zu „Jehova": „Die Aussprache 'I' ist ein Irrtum, der bei den Christen entstand, als sie die Konsonanten JHWH mit den Vokalen von 'adhonay' Herr, (Adonis) kombinierten, das von den Juden an die Stelle des heiligen Namens JHWH gesetzt wurde, der gemeinhin das Tetragrammaton oder vier Konsonanten genannt wird. Der Name 'Jehova' erscheint erstmals im Manuskript von Martins Pogio im vierzehnten Jahrhundert. Der Name Jehova, der in unseren Kirchen allgemein verwendet wird, ist also erst fünfhundert Jahre alt!

Um zu verstehen, warum der Name Sems in den Aufzeichnungen der Geschichte systematisch geschmäht und verborgen wurde, müssen wir zu den Aufzeichnungen über seinen durch und durch degenerierten und bösen Neffen Kanaan zurückkehren. Kanaan war so böse, dass sein letzter Wille und Testament für seine Kinder eine Formel für Laster war. Es lautete: Liebt einander (d.h. nur von diesem Stamm), liebt den Raub, liebt die Unzucht, hasst eure Herren und sagt nicht die Wahrheit. Dieses bemerkenswerte Dokument, das Testament Kanaans, findet sich nur an einer einzigen Stelle in der gesamten theologischen Weltliteratur, nämlich im babylonischen Talmud, wo es folgendermaßen wiedergegeben wird: „Fünf Dinge gebot Kanaan seinen Söhnen: Liebt einander, liebt den Raub, liebt die Unzucht, hasst eure Herren und sagt nicht die Wahrheit." Pes. 113b.

Der Wille Kanaans war das Rezept der Kanaaniter für alle ihre Handlungen während der folgenden dreitausend Jahre. In der Zwischenzeit versuchte das Volk Sems, das nichts von diesem Dokument wusste, vergeblich, die Kanaaniter zu „bekehren" und sie von ihren bösen Wegen abzubringen. Wären die Nachkommen Sems vor den Geboten dieses Dokuments gewarnt worden, hätte die Geschichte der letzten dreitausend Jahre ganz anders verlaufen können. Das Testament von Kanaan ist bis heute die Gebrauchsanweisung der kanaanitischen Erben, die gegenwärtig die Weltordnung kontrollieren. Gleichzeitig bleibt es den Völkern, die von den Kanaanitern weiterhin ausgeraubt, versklavt und massakriert werden, unbekannt. Das Testament von Kanaan enthält die Anweisungen, die notwendig sind, um den Ergebnissen des Fluchs von Kanaan zu widerstehen, die sie zur Sklaverei verdammen. Die Anweisungen, „eure Herren zu hassen", d.h. Sem und Jafet und ihre Nachkommen, ist ein Befehl, Völkermord gegen das Volk Sems zu begehen. Aus diesem Grund basieren alle nachfolgenden kanaanitischen Riten auf diesen Aufforderungen zum Kampf und zu Gewalttaten gegen das Volk Sem. Er ist nicht nur die Grundlage für alle Revolutionen und „Befreiungsbewegungen" seit dieser Zeit, er ist auch eine grundlegende Aufforderung zum Völkermord und zum Führen von Rassenkriegen. Wegen des dreitausendjährigen historischen Blackouts hat das Volk von Sem seine Gefahr nie verstanden, und sie waren häufig Gegenstand von Massakern, weil ihre wesentliche Güte es ihnen unmöglich machte, die Abscheulichkeit der Kanaaniter zu glauben. Der Wille Kanaans ist ihnen immer verborgen geblieben, weil er das grundlegende Programm der Verschwörung und der geheimen Riten ist, die es den Kanaanitern ermöglichen, ihren Hass auf die Nachkommen Sems auszuüben.

Vieles von der ständigen Feindschaft zwischen diesen beiden Kräften wird in der Bibel erwähnt, aber nie in der Grundform, die hier zum ersten Mal dargelegt wurde. In seinem Buch „The Mystery of the Ages" (Das Geheimnis der Zeitalter) kommentiert Herbert Armstrong: „Kanaaniter, die rassisch dunkel waren, hatten das Land besiedelt; Gott befiehlt den Israeliten, sie zu vertreiben" (S. 172). Armstrong zitiert Numeri 33 als Grundlage für seinen Hinweis.

Während der Jahrhunderte der Unterdrückung und des Massenmords hat Gott seinem Volk nicht zur Seite gestanden. Im Gegenteil, Er hat es immer wieder ermahnt, anzugreifen und sich von der Gefahr der Kanaaniter zu befreien. In den frühen Jahren dieses Kampfes war es seinen Kindern noch möglich, zu hören und zu gehorchen. Die Vision Obadjas wird in Obadja 20 wiedergegeben: „Und das Heer der Kinder Israels wird das der Kanaaniter einnehmen, bis nach Zarephath; und das Heer Israels, das in Sepharad ist, wird die Städte des Südens einnehmen. „ Bezeichnenderweise lässt die Revised Standard Version die Erwähnung der Kanaaniter ganz weg.

Der Kampf zog sich über einen Zeitraum von Jahrhunderten hin. In Josua 17,13 lesen wir: „Und es geschah, als die Kinder Israel stark geworden waren, dass sie den Kanaanitern Tribut zollten, sie aber nicht ganz vertrieben."

Gott drückte Seinen Willen gegenüber Seinen Kindern am deutlichsten in Numeri 33:52-56 aus: „Ihr sollt alle Bewohner des Landes [Kanaan] vor euch vertreiben ... Und ihr sollt die Bewohner des Landes enteignen und darin wohnen; denn ich habe euch das Land gegeben, damit ihr es in Besitz nehmt ... Wenn ihr aber die Bewohner des Landes nicht vor euch vertreiben wollt, so sollen die, die ihr übrig lasst, euch Stacheln in den Augen und Dornen in der Seite sein und euch plagen in dem Land, in dem ihr wohnt ... Und es soll geschehen, daß ich euch tun werde, wie ich ihnen zu tun gedachte."

Die Kinder Israels, d.h. die Nachkommen Sems, gehorchten Gott und führten Krieg gegen die Kanaaniter, aber in späteren Generationen verloren sie dieses Ziel aus den Augen und erlaubten den Kanaanitern, mit ihnen zu leben. Während dieser Periode der Geschichte gab es große Siege gegen ihren historischen Feind, wie in Richter 1:17 berichtet wird: „Und Juda zog hin mit seinem Bruder Simeon, und sie schlugen die Kanaaniter, die in Zephath wohnten, und vertilgten es ganz."

Dieser Sieg kam zustande, weil die Kinder Israels verzweifelt waren und sie den Herrn um Führung baten. Richter 1:1-5: „Nach dem Tod Josuas aber fragten die Kinder Israel den Herrn und sprachen: 'Wer soll für uns hinaufziehen gegen die Kanaaniter, um zuerst gegen sie zu kämpfen?' Und der Herr sprach: 'Juda soll hinaufziehen; siehe, ich habe das Land in seine Hände gegeben.' Und Juda sprach zu seinem Bruder Simeon: 'Zieh mit mir hinauf in mein Los, dass wir gegen die Kanaaniter streiten' ... Und Juda zog hinauf; und der Herr gab die Kanaaniter und die Perisiter in ihre Hand ... und sie schlugen die Kanaaniter und die Perisiter."

Später verfielen die Sieger wieder in die bösen Praktiken derer, die sie besiegt hatten, und wieder wurden sie vom Herrn bestraft. Richter 4: 1-2: „Die Kinder Israel wohnten unter den Kanaanitern. Und die Israeliten taten wieder Böses vor dem Herrn, und der Herr verkaufte sie in die Hände Jabins, des Königs der Kanaaniter." Ein späterer Vers in Richter stellt fest, dass die Israeliten gegen Jabin siegten und ihn und die Kanaaniter vernichteten.

Mose 15,15 heißt es: „Da werden die Fürsten von Edom erschrecken, und die mächtigen Söhne Moabs werden zittern; alle Einwohner Kanaans werden dahinschmelzen."

Nelsons Konkordanz listet mehr als fünfundachtzig biblische Verse auf, die sich auf die Kanaaniter beziehen. Die meisten der Verweise sind unvorteilhaft und offenbaren ausnahmslos Gottes Entschlossenheit, sein Volk für seine Missetaten zu bestrafen. Hesekiel 16: 1-3: „Wiederum kamen die Worte des Herrn zu mir:

'Menschensohn, mache Jerusalem ihre Greuel bekannt ... Dein Ursprung und deine Geburt sind aus dem Land Kanaan." In Anbetracht der Häufigkeit der Hinweise auf die Kanaaniter in der Bibel ist es erstaunlich, dass die religiösen Führer sie nur selten erwähnen. In der Tat sind viele der wohlhabenderen religiösen Führer heute aktiv im Bunde mit den Kanaanitern, was ihnen ermöglicht, Millionen von Dollar an Spenden von leichtgläubigen Christen zu sammeln.

Sicherlich waren die barbarischen Praktiken der Kanaaniter nie ein Geheimnis, noch waren sie im Altertum unbekannt, wie die zahlreichen Hinweise belegen. Psalmen 106:37-38: „Sie opferten ihre Söhne und Töchter dem Dämon; sie vergossen unschuldiges Blut, das Blut ihrer Söhne und Töchter, die sie den Götzen von Kanaan opferten. Aufgrund dieser gut dokumentierten Aufzeichnungen über ihre teuflischen Praktiken erließ Gott zahlreiche Befehle, dass andere Stämme sich nicht mit diesem Volk vermählen sollten. Isaak gab einen dieser Befehle an Jakob weiter. Mose 28,1: „Isaak rief Jakob und segnete ihn und gebot ihm: 'Du sollst nicht eine der kanaanäischen Frauen heiraten." Wir haben bereits festgestellt, dass Mirjam und Jakob sich gegen Mose wandten, weil er eine Kuschitin, also eine Schwarze, geheiratet hatte. Die Männer der alten Zeit waren sich der Notwendigkeit bewusst, ihr genetisches Erbe zu schützen, und sie waren sich ebenso bewusst, dass es in einer einzigen Generation verschwinden konnte, wenn die falschen Ehen geschlossen wurden.

Das Verbot, sich mit den dämonisch verehrenden Kanaanitern zu vermischen, blieb eines der strengsten Gebote Gottes. Gott sagte: „So sollen wir abgesondert werden, ich und dein ganzes Volk, von allen Völkern, die auf dem Erdboden sind" (Exodus 3,16).

Gott charakterisierte die Kanaaniter folgendermaßen: „Und ich will sie zum Schrecken und zum Übel machen für alle Königreiche der Erde [gemeint ist die Diaspora - d. Ü.], zum Spott und zum Sprichwort, zum Hohn und zum Fluch an allen Orten, wohin ich sie zerstreuen werde" (Jeremia 24,9).

So sehen wir, wie die Kanaaniter, die nun den Namen Phönizier trugen, sich entlang aller Handelsstraßen und Handelswege auf der ganzen Erde verteilten. Wie Gott prophezeite, verbreiteten sie Verderbnis, Terror und Verwüstung, wo immer er sie verstreute. Später als die Venezianer bekannt, beherrschten sie die Handelsstraßen; als sie sich im Landesinneren niederließen, spezialisierten sie sich als Kaufleute und später als Bankiers und bildeten schließlich eine Gruppe, die heute lose als „schwarzer Adel" bekannt ist und eine scheinbar unwiderstehliche Macht besitzt.

Gott warnte sein Volk weiterhin vor den zerstreuten Kanaanitern. Deuteronomium 7,2-5: „... du sollst sie schlagen und ganz und gar vertilgen; du sollst keinen Bund mit ihnen schließen [wie den Völkerbund oder die Vereinten Nationen - Anm. d. Verf.] noch Barmherzigkeit an ihnen üben. Du sollst auch keine Ehe mit ihnen schließen; deine Tochter sollst du seinem Sohn nicht geben, und seine Tochter sollst du deinem Sohn nicht nehmen. Denn sie werden deinen Sohn davon abbringen, mir nachzufolgen, damit sie anderen Göttern dienen; so wird der Zorn des Herrn über dich entbrennen und dich plötzlich verderben. Aber so sollt ihr mit ihnen verfahren: Ihr sollt ihre Altäre zerstören und ihre Bilder zerbrechen und ihre Ascherabilder abhauen und ihre Bildnisse mit Feuer verbrennen."

Dies war ein direkter Befehl, die Haine und Schreine der dämonenanbetenden Mysterienkulte zu zerstören, die heute als Freimaurerei bekannt sind. Das Verbot gegen „Götzenbilder" ist von vielen wohlmeinenden Christen missverstanden worden. Gott verbot keine Götzenbilder - er verbot die obszönen Bilder der Baal- und Aschtoreth-Kulte, die gemacht wurden, um sexuelle Erregung als Teil ihrer obszönen Riten zu erzeugen. Der Kampf gegen die Obszönität geht auch heute weiter, obwohl es oft scheint, dass amerikanische Christen ihn verlieren.

Indem Gott diese Forderungen stellte (es waren keine Bitten), bot er kein Programm für ein Schulpicknick an; er legte das einzige Programm fest, das seinem Volk das Überleben auf dieser Erde ermöglichen würde. Andernfalls, so warnte er, „wird ein Mischvolk in Aschdod wohnen" (Sacharja 9:6).

Für den Fall, dass sein Volk seine Anweisungen nicht befolgt, hat Gott genau beschrieben, was passieren würde, und damit hat er die heutige Welt genau beschrieben.

Wenn du aber der Stimme des Herrn, deines Gottes, nicht gehorchst und alle seine Gebote und Satzungen, die ich dir heute gebiete, nicht hältst und tust, so sollen alle diese Flüche über dich kommen und dich überwältigen: „... Der Fremde, der in deinen Toren ist [die Kanaaniter oder ihre Nachkommen - d. Ü.], soll sich über dich hoch erheben, und du sollst dich sehr erniedrigen. Er soll dir etwas leihen, und du sollst ihm nichts leihen; er soll der Kopf sein und du sollst der Schwanz sein" (Deuteronomium 28: 15, 43-44).

Sicherlich ist dies die Situation, die heute in den Vereinigten Staaten existiert. Die Venezianer kontrollieren das Federal Reserve System; sie verleihen an uns, aber wir verleihen nicht an sie; sie sind der Kopf, und wir sind der Schwanz.

Nachdem die Kanaaniter zum Fluch Satans über die Menschheit geworden waren, breiteten sie sich nun wie eine böse Plage über die Erde aus. Mose 10,18: „Die Geschlechter der Kanaaniter breiteten sich aus." Diese Diaspora brachte Unheil über jede Nation, in der dieses Volk landete. Hesekiel 16:3, 45 und 46 listet die rassischen Stämme der Kanaaniter auf und prangert sie einzeln an: „Ihr Vater ein Amoriter, ihre Mutter eine Hethiterin, ihre ältere Schwester Samaria, ihre jüngere Schwester Sodom." Jesus, der Diener des Mitleids, als er gebeten wurde, einen Kanaaniter zu heilen, denunzierte sie als Hunde. Matthäus 15,22: „Und siehe, eine kanaanäische Frau aus jener Gegend kam heraus und schrie: 'Erbarme dich meiner, o Herr, Sohn Davids; meine Tochter ist von einem Dämon schwer besessen. Er aber antwortete ihr kein Wort. Endlich antwortete er ihr, Vers 26: „Und er antwortete: Es ist nicht recht, dass man den Kindern das Brot nehme und werfe es vor die Hunde." Mit Kindern meinte er die Kinder Israels, und dass die Kanaaniter Hunde seien. Sie blieb hartnäckig, und schließlich heilte er ihre Tochter.

Die kanaanitischen politischen Parteien waren die Pharisäer, Sadduzäer, Zeloten, Essainer, Assassinen, Herodianer und Schriftgelehrten. Eine spätere Gruppe, die Edomiter, stammten von Esau ab und vermischten sich später mit den Türken, was eine turko-edomitische Mischung hervorbrachte, die später als die Chasaren bekannt wurde, die heutigen Bewohner Israels, laut dem großen jüdischen Gelehrten, Arthur Koestler.

Die Kanaaniter waren unterteilt in die Amoriter, Hethiter, Moabiter, Midianiter, Philister, Ammoniter, Edomiter, Zidonier, Sepharvaim, Perisiter und die dazugehörigen Stämme, die alle routinemäßig in der Bibel angeprangert werden. Mose 3,17: „Die Perisiter sind die Feinde Gottes; die Ammoniter beteten den Moloch Chemos an und waren von Dämonen besessen." Die Aschoditer verehrten den Fisch und den Gott Dagon - sie waren Räuber und hassten Gott (wie im Britischen Museum aufgezeichnet --Ed.). Die Ägypter waren als Verehrer der schwarzen Magie bekannt, was dazu führte, dass Gott Hagar eine Abfuhr erteilte. Die Amoriter wurden von Gott verflucht (Esra 9:1). Die Hethiter wurden mit der Bedeutung „zerstören" oder „erschrecken" definiert; die Perisiter standen für Streit und Unordnung; die Sepharvaim (später Sephardim) waren Revolutionäre; Jebusit steht für „mit Füßen treten".

In seinem monumentalen Werk „Die Geschichte der Juden" schreibt Joseph Kastein, S. 19: „Die kanaanitischen Kulte waren eng mit dem Boden verbunden und drückten die Kräfte der Natur aus, insbesondere die Kraft der Befruchtung ... Diese Kraft oder Gottheit, wurde Baal genannt ... Wann immer eine Frage aufkam, die ihre Existenz als Nation betraf, kannten sie nur einen Gott und erkannten nur eine Idee an - die Theokratie."

So gibt Kastein zu, dass die Kanaaniter Fruchtbarkeitskulte waren, aber er erklärt nicht, dass die Verehrung von Baal als Fruchtbarkeitsgott mit den obszönen Riten seiner Königin Aschtoreth in der antiken Welt so sehr verabscheut wurde, dass, wann immer Baal in diesem Zusammenhang in Bezug auf Eigennamen verwendet wurde, das Suffix für Baal „bosheth" oder schändlich war; so erhalten wir die Namen Ishbosheth, Mephibosheth, etc.

Die zerstörerische Natur der Kanaaniter auf andere Nationen, in denen sie sich niederließen, wird nirgendwo deutlicher demonstriert als in Ägypten, dem ersten Land, das durch ihre barbarischen Praktiken korrumpiert wurde. Ursprünglich bedeutete „Baal" in der kanaanitischen Sprache einfach „Herr".

Durch die Obszönität der Riten entwickelte sich bald ein volkstümliches Bild von Baal, der drei Köpfe hatte: den Kopf einer Katze, den Kopf eines Mannes und den Kopf einer Kröte. Seine Frau, Ashtoreth, auch bekannt als Astarte und Ishtar, war die Hauptgöttin der Kanaaniter. Sie repräsentierte auch das Fortpflanzungsprinzip in der Natur, und falls es jemand übersehen sollte, alle ihre Riten waren sexuelle Observanzen. In Babylon befanden sich die Tempel von Baal und Ashtoreth gewöhnlich zusammen. Hauptsächlich dienten sie als Häuser der Prostitution, in denen die Priesterinnen Prostituierte waren und die männlichen Priester Sodomiten, die für die Anbeter, die dieser Überzeugung waren, verfügbar waren. Die Anbetung der kanaanitischen Götter bestand aus Orgien, und alle ihre Tempel waren als Zentren des Lasters bekannt. Von ihnen stammen auch die Voodoo-Zeremonien, die in Äthiopien durch den Äthiopier Jethro, den Tutor von Moses, zu den Riten der Observanz wurden. Dieselben Riten begeistern heute die Touristen in der Karibik.

Es dauerte nicht lange, bis die einfachen Zeremonien des Lasters den Anbetern des Baal zu verleiden begannen. Sie suchten größere Erregung in Riten der Menschenopfer und des Kannibalismus, bei denen die Folterung und Ermordung von kleinen Kindern eine Rolle spielte. Um ihre Macht über das Volk zu festigen, behaupteten die Priester der Kanaaniter, dass alle erstgeborenen Kinder ihren Dämonengöttern geschuldet seien und sie ihnen zum Opfer übergeben würden. Diese unzüchtige und barbarische Praxis wurde in Jesaja 57:3-5 festgehalten: „Ihr aber, naht herbei, ihr Söhne der Zauberin, ihr Nachkommen der Ehebrecherin und der Hure. Mit wem macht ihr euch einen Spaß? Gegen wen macht ihr einen weiten Mund und streckt die Zunge heraus? Seid ihr nicht Kinder des Frevels, ein Same der Falschheit? Entzündet ihr euch an den Götzen unter jedem grünen Baum, tötet ihr die Kinder in den Tälern unter der Felsspalte?"

So wetterte Jesaja nicht nur gegen die obszönen Ausdrücke der blutbesessenen Orgiasten, ihre schlüpfrigen Fratzen, sondern auch gegen ihre inzwischen gut etablierte Sitte, ihre grausamen Riten in „Hainen" und „Schreinen" zu praktizieren, wo sie Kinder ermorden konnten, ohne von den Nachkommen Sems gesehen und bestraft zu werden.

König Salomo geriet unter den Einfluss der Kindermörder, und er baute einen Altar für Milcom (Molech, vom hebräischen melekh, was König bedeutet). 1. Könige 11,5-8. Molech, oder Moloch, wurde von seinen Anbetern geehrt, indem ein großes Feuer auf seinem Altar errichtet wurde. Die Eltern wurden dann von den Priestern gezwungen, ihre Kinder in das Feuer zu werfen. Bei Ausgrabungen in Gezer (der Pharao Merneptah hatte sich „Binder von Gezer" genannt, nachdem er den obszönen Riten der Kanaaniter in Gezer Einhalt geboten hatte) fand Macalister unter der Schirmherrschaft des Palestine Exploration Fund von 1904 bis 1909 in der kanaanitischen Schicht von etwa 1500 v. Chr, die Ruinen eines „Hohen Ortes", eines Tempels für Ashtoreth, mit zehn rohen Steinsäulen, fünf bis elf Fuß hoch, vor denen Menschenopfer dargebracht wurden. Unter den Trümmern dieser „Hohen Stätte" fand Macalister eine große Anzahl von Gefäßen mit den Überresten von Kindern, die dem Baal geopfert worden waren. Eine andere grausame Praxis war das, was sie „Fundamentopfer" nannten. Wenn ein Haus gebaut werden sollte, wurde ein Kind geopfert und sein Körper in die Wand eingebaut, um dem Rest der Familie Glück zu bringen. Viele von diesen wurden in Gezer gefunden. Man hat sie auch in Megiddo, Jericho und an anderen Orten gefunden. (Halley's Bible Handbook)

Halley's stellt auch fest, dass Macalister an diesem „hohen Ort" große Stapel von Bildern und Tafeln der Ashtoreth mit grob übertriebenen Geschlechtsorganen fand, die sexuelle Handlungen stimulieren sollten. Ashtoreth-Bilder, die in vielen Gebieten des kanaanitischen Einflusses gefunden wurden, betonen übergroße Brüste, sinnliches Lächeln, stark betonte Augen und Nacktheit. Die dämonische Natur dieser Sexanbetung wird direkt auf Hams Geschlechtsverkehr mit der Hexe Naamah auf der Arche zurückgeführt. Oberst Garnier schreibt in seinem Werk „Worship of the Dead": „Naamah wurde für ihre Schönheit, ihr Talent, ihre Energie, ihre Begierde und ihre

Grausamkeit gefeiert, und sie war von den Nephilim (gefallenen Engeln) abstammend."

Die *Encyclopaedia Judaica* beschreibt die kanaanitische Dämonologie als mit Lilith, dem Vampir; Reseph, dem Gott der Pest; Dever, dem Gott der Pestilenz; und dem Gott der Unterwelt, Mot, von mavet, dem hebräischen Wort für Tod.

Trotz ihrer Prominenz als zerstörerische Einflüsse in der antiken Welt tauchen die Kanaaniter und ihr Dämonengott Baal in den maßgeblichen Werken über den alten Nahen Osten nur selten auf. Gaston Masperos große Geschichte Ägyptens, „The Dawn of Civilization", veröffentlicht 1894 und neu aufgelegt 1968, erwähnt weder Baal noch Kanaan. H. R. Halls „Ancient History of the Near East" erwähnt weder Sem noch Kanaan im Index. Baal hat eine einzige Erwähnung. Wie viel davon auf die vorsätzliche Fälschung und Zerstörung historischer Aufzeichnungen durch die ägyptische Priesterschaft zurückzuführen ist, kann nicht festgestellt werden, aber die Ergebnisse sind offensichtlich. Ein weiterer Faktor, der dazu beiträgt, ist das plötzliche Verschwinden der Namen „Kanaan" und „Kanaaniter" aus allen historischen Aufzeichnungen nach 1200 v. Chr. Wie kam das zustande? Es war sehr einfach. Sie änderten lediglich ihren Namen.

Chambers Enzyklopädie stellt fest: „Nach 1200 v. Chr. verschwand der Name der Kanaaniter aus der Geschichte. Sie änderten ihren Namen in phönizisch." Damit erhielt das berüchtigtste und meistgehasste Volk der Erde eine neue Existenzberechtigung. Die barbarischen Kanaaniter waren verschwunden. An ihre Stelle traten die zivilisierteren Phönizier, ein scheinbar harmloses Händlervolk. Nachdem sie ein Monopol auf Purpurfarbstoff erlangt hatten, der in der gesamten antiken Welt hoch geschätzt war, warben die Kanaaniter für ihre Kontrolle über dieses Produkt, indem sie sich Phönizier nannten, von phoenicia (phoenikiea), dem griechischen Wort für Purpur. Von Beginn ihrer Geschichte an gelang es den phönizischen Kanaanitern immer, ein Monopol auf irgendein wichtiges Produkt zu erhalten. Später hatten sie einige Jahrhunderte lang ein Monopol auf Zinn, bis die Griechen 233 v. Chr. in Cornwall

Zinn entdeckten. Joseph von Arimathäa, der Onkel von Jesus, soll große Zinnminen in Cornwall besessen haben.

Die Namensänderung bedeutete nicht, dass die Kanaaniter ihre Verehrung von Baal und Ashtoreth aufgegeben hatten. Sie wurden in ihrer Verehrung des Baal vorsichtiger und in den Kolonien, die sie entlang des Mittelmeers gründeten, bauten sie ihre Tempel der weiblichen Gattung, Ashtoreth. In der ägyptischen Stadt Memphis war der phönizische Tempel der Ashtoreth das größte religiöse Bauwerk. Sie galt dort als Gattin des obersten Gottes El und seiner siebzig Gottheiten. In ihren Ritualen wurde Ashtoreth manchmal als männlicher Dämon, Astaroth, verehrt, der in europäischen Riten als Astara oder Ostara überlebte. In dieser Form wurde er der Schutzgott der Nazi-Bewegung in Deutschland.

Der westlichste Außenposten der Phönizier war Cádiz, eine phönizische Kolonie, die ihren Namen vom semitischen gadir, d.h. Festung, ableitete. Ihre wichtigste Kolonie, die bald zu einem Rivalen Roms wurde, war Karthago, das sie um 900 v. Chr. gründeten. Der Name leitet sich von dem hebräischen Wort Kart-hadshat ab, was neue Stadt bedeutet. Die Phönizier benannten ihre Städte oft mit der Vorsilbe „neu". Während des fünften Jahrhunderts hatten die Karthager gegen die Griechen gekämpft und überlebten, aber 264 v. Chr. griff Rom mit voller Wucht an. Es folgte eine Reihe von Kriegen, die Punischen Kriege genannt wurden, weil die Karthager sich selbst die Punier nannten. Der heilige Augustinus bemerkte, dass die Punier untereinander ihr Volk als „Chanani" oder Kanaaniter bezeichneten, aber dieser Name war wie ein Geheimcode; sie benutzten ihn nie im Umgang mit anderen Menschen.

Ob aus rein kommerziellen Gründen oder weil sie eine Militärmacht rittlings auf ihren Handelswegen im Mittelmeer fürchteten, die Römer waren entschlossen, Karthago völlig zu zerstören. Das gelang ihnen so gründlich, dass heutige Archäologen nicht sicher sind, wo genau Karthago lag. Von 264 bis 201 v. Chr. führte Rom drei Punische Kriege gegen Karthago, deren Höhepunkt die Niederlage des Anführers Hannibal durch die römischen Armeen unter dem Kommando von Scipio Africanus war. Die Römer töteten oder versklavten jeden

Karthager und zerstörten die Stadt. Sie beendeten ihre Aufgabe, indem sie das Land mit Salz besäten, so dass dort nie wieder etwas gedeihen würde. Nichts tat es jemals.

Diese Niederlage, obwohl ein großer Rückschlag, zerstörte nicht die weltweiten Operationen der Kanaaniter, aber sie schärfte ihnen einen heftigen Hass auf alles Römische ein, der seither von der kanaanitischen Propagandaschule als „Faschismus" bezeichnet wird, abgeleitet von den römischen Ruten oder Fasces, die der Magistrat trug, um seine Entschlossenheit zur Aufrechterhaltung der Ordnung zu symbolisieren. Der spätere freimaurerische Angriff auf die katholische Kirche wurde weitgehend von der Tatsache diktiert, dass sie ihr Hauptquartier in der Stadt ihres ältesten Feindes, Rom, hatte, und deshalb wurde das Papsttum für die Phönizier die moderne Verkörperung der Kraft, die ihr wichtigstes Hauptquartier zerstört hatte. Nur wenige Amerikaner erkennen, dass, wenn die New School of Research in New York den „Faschismus" anprangert und sich die Kolumnisten der *New York Times* und der *New York Post* anschließen, sie lediglich ihren alten Zorn über die Zerstörung Karthagos wiederholen. Auch hier haben unsere Historiker nur ein Ziel: die Vergangenheit zu verdunkeln und uns daran zu hindern, die Natur der wirkenden Kräfte zu erkennen.

Es waren nicht nur die Kanaaniter, die sich über die Erde ausbreiteten. Auch die Nachkommen Sems vermehrten sich und zogen umher, um größere Möglichkeiten für ihre Familien zu finden. Sie zogen von Land zu Land und gründeten große Königreiche und Dynastien, die bis zum heutigen Tag überlebt haben. Es gibt viele Menschen, die zustimmen können, dass die Könige und Führer der westlichen Nationen vom Stamm Juda abstammen, aber sie übersehen eine wichtige Tatsache, die in der King James Version der Bibel völlig ausgelassen wird, nämlich dass es drei Zweige des Stammes Juda gab. Diejenigen, die alle Nachkommen des Stammes Juda in einen Topf werfen, erkennen nicht, dass es einen befleckten Zweig gab. Es gab die Familien von Pharez und Zarah, Judas reinrassige Söhne von Tamar, und es gab einen dritten Zweig, Judas Nachkommen von einer kanaanitischen Mutter, Schuah, die danach als „die verfluchten

Schelaniter" bekannt wurden. Tamar war die Tochter von Aram, dem jüngsten Sohn Sems. Shuah nannte Tamars Söhne Bastarde, weil sie unehelich geboren worden waren, während die Zwillinge behaupteten, die rechtmäßigen Erben Judas zu sein, weil sie reinblütig waren, vom Stamm der Adamiten. Von den Schelanitern stammten einunddreißig verfluchte Stämme von Kanaanitern aus Judäa und Samaria ab, darunter die Sepharvaim, ein Name, den die Kanaaniter zu Täuschungszwecken angenommen hatten.

Als die Hebamme bei der Geburt von Pharez und Zarah sah, dass es Zwillinge im Mutterleib waren, erkannte sie, dass es notwendig sein würde, den Erstgeborenen zu kennzeichnen, der das Erstgeburtsrecht haben würde. Schnell wickelte sie einen roten Faden um das Handgelenk von Zarah, aber es war Pharez, der als erster aus der „Bresche" herauskam. Der Messias stammte von Pharez ab, und es hieß, er sei von Gott gesandt worden, um „den Bruch" zu heilen, der seit der Geburt von Pharez und Zarah bestand.

Tamar, die Mutter von Pharez und Zarah, hatte eine Nachfahrin namens Tamar Tephi, die in der irischen Legende als „die Tochter des Pharaos" bekannt ist. Sie heiratete Eochaidh, den König von Irland, der als der Prinz des scharlachroten Fadens bekannt war. So wurden die beiden Linien von Pharez und Zarah wieder vereinigt.

Der Scharlachrote Faden wurde in der Folge ein fester Bestandteil der britischen Geschichte. Ein roter Faden ist symbolisch in jedes Seil gewebt, das von der Royal Navy verwendet wird; und jeder britische Monarch hat ihm offizielle Dokumente übergeben, die mit einer roten Kordel umwickelt sind. Der Begriff überlebt auch in „red tape", d.h. der offiziellen roten Kordel, die abgewickelt werden muss, bevor ein Staatsgeschäft abgewickelt wird. Es gibt auch den roten Teppich, der traditionell ausgerollt werden muss, bevor das Königshaus den Raum betritt.

Bevor er Tamar in die Ehe geben würde, verlangte Heremon, der Vater von Tamar, dass der Schlangenkult und die Riten des Bel, die damals in Irland praktiziert wurden, aufgegeben werden.

Die Schlangen verschwanden daraufhin aus Irland, und heute gibt es dort keine Giftschlangen mehr. Eine spätere Legende besagt, dass St. Patrick die Schlangen aus Irland vertrieben hat. Beide Legenden weisen auf die dämonischen Praktiken der Kanaaniter hin, sowie auf ihre Abstammung von der Schlange; ihre Vertreibung etablierte Irland als Land der wahren Religion JHWHs, oder der Nachkommenschaft Sems. Das Verschwinden der Schlangen bedeutete auch, dass die bösen Kräfte der Kanaaniter aus Irland verschwunden waren.

Sowohl Spanien als auch Irland zeigen in ihren Namen ihre direkte Verbindung zu den Nachkommen von Sem. Spanien nimmt die Iberische Halbinsel ein, von Iber, oder Hebräisch; Irland ist als Hibernia, das Land der Hebräer, bekannt, ebenso wie die Hebrideninseln. In seiner Geschichte Irlands sagt Roger Chauvire, dass Irland der letzte verbliebene Teil von Atlantis ist, der sich noch über der Meeresoberfläche befindet. In seiner Geschichte Irlands schreibt A. M. Sullivan über den legendären Ursprung der heutigen irischen Rasse.

Die milesische Kolonie erreichte Irland von Spanien aus, aber sie waren keine Spanier. Sie waren ein östliches Volk, das auf seinem Weg nach Westen in diesem Land verweilte, auf der Suche nach einer Insel, die der Nachkommenschaft ihres Vorfahren Gadelius versprochen war. Gadelius war der Sohn von Niul, der der jüngste Sohn des Königs von Skythien war. Als Kind war Gadelius von einer giftigen Schlange gebissen worden. Er war dem Tode nahe, als sein Vater Moses überredete, seinen Stab zu benutzen, um ihn zu heilen. Von diesem Tag an trugen die Milesier ihr Banner, das mit einer toten Schlange und dem Stab des Moses geschmückt war, nach Westen, bis sie eine Insel fanden, auf der es keine Giftschlangen gab.

Die Söhne von Milesius, Nachkommen von Gadelius, die von Spanien nach Irland segelten, waren Heber der Schöne, Amergin, Colpa, Heber der Braune, Ir und Heremon. Ihre Nachkommen regierten Irland eintausend Jahre lang, wobei die Dynastie von Niall (Niul) begründet wurde, der von 310 bis 405 in Tara regierte. Er wird von Sullivan beschrieben als „ein prächtiger Held gälischen Blutes, groß, blond und blauäugig, ein großer und edel gesinnter Krieger, 'freundlich in der Halle und wild im

Kampf'; von ihm stammten die Könige von Irland, die Neills, ab."

Diese Eroberer Irlands, die Milesier, leiteten ihren Namen von Milesius, dem Soldaten, ab (vom lateinischen miles, von dem wir das Wort Miliz haben). Gadelius, der Begründer der Linie, leitete seinen Namen vom hebräischen „gadil" ab, was „groß werden" bedeutet, oder im Plural „die Erhabenen", „die Glückssuchenden" oder „die Glücklichen". Wegen ihres großen Stolzes und ihrer natürlichen Fähigkeiten wurden die Iren später als aus dem „Land der Könige" stammend bezeichnet. „Von fast jedem Iren konnte man prahlerisch sagen: „Klar, und er ist der Nachkomme von Königen."

Aus frühesten Aufzeichnungen geht hervor, dass die Iren und die Briten historische Feinde sind. Apuleius schrieb 296 n. Chr. von den „zwei Rassen, den Briten und Ibernia." Eumenius schrieb immer von Hibernia als dem Feind der Briten. Caesars Notizen zu den Gallischen Kriegen, 58-50 v. Chr., schrieben von „Hibernia, westlich von Britannien."

Die Welt wurde nun von zwei diametral entgegengesetzten Gezeiten der Geschichte überrollt. Auf der einen Seite standen die höchst kreativen und produktiven Nachkommen Sems, die seither als Semiten bekannt sind, und auf der gegenüberliegenden Seite die „verfluchten Kanaaniter", die historisch gesehen die Antisemiten waren, die Feinde der großen, blonden und blauäugigen Nachkommen Sems. Da die Semiten immer als große Krieger bekannt waren, besiegten sie die Kanaaniter in jeder militärischen Begegnung mit Leichtigkeit und befolgten in vielen Fällen den Befehl Gottes, sie zu vertreiben und vollständig zu vernichten. Aber die Antisemiten schienen ein großes Durchhaltevermögen zu haben; wenn sie aus einem Land vertrieben waren, erschienen sie in einem anderen, um ihre gleiche Art von Korruption und Verrat fortzusetzen. Während die Semiten damit beschäftigt waren, ein großes Reich nach dem anderen zu errichten - Assur baute das assyrische Reich, Kyrus der Große baute das persische Reich und Sem selbst schuf die große ägyptische Zivilisation - entwickelten die Antisemiten ihre eigenen Talente. Dazu gehörte ein Talent für Handel und Gewerbe, für Reisen, dafür, sich in jedem Land und unter jeder Rasse von Menschen heimisch zu machen. Im Allgemeinen errichteten sie ihre Handelskolonien entlang der Meeresküsten, denn es fehlte ihnen der Mut, sich in die großen Wildnisse Europas zu wagen, wo die Semiten sich immer heimisch fühlten. Die Kanaaniter blieben immer den Geboten des Willens von Kanaan treu; sie waren einander treu, ungeachtet der Umstände; sie waren beständig in ihrer Liebe zum Raub, ihrer Liebe zur Unzüchtigkeit und ihrem Hass auf die Herren, das heißt, auf jeden, der versuchte, ihre verdorbene Lebensweise zu stören. Und sie weigerten sich immer, die Wahrheit zu sagen. Indem sie diesen unveränderten Geboten treu blieben, verfügten die Antisemiten über lebenswichtige Waffen für ihren Krieg gegen das Volk Schems. Die Schemiten hingegen zögerten aufgrund ihres ausgeprägten Individualismus nie, ihre Reiche gegeneinander auszuspielen, oder sogar Familie gegen Familie, wobei ihr überheblicher Stolz immer Vorrang vor allen rassischen oder historischen Erfordernissen hatte.

Während des Mittelalters fanden die Menschen von Shem ihre typischen Eigenschaften am besten in solchen Organisationen wie den Deutschordensrittern zum Ausdruck, einer Gruppe von Kriegern, die für Hunderte von Jahren unbesiegbar war. Zur gleichen Zeit waren die Antisemiten damit beschäftigt, Handelsrouten auszubauen und ihre Gewinne aus dem Handel anzuhäufen (bis heute bekennt die britische Aristokratie ihre Verachtung für jeden, der sich die Hände mit Handel beschmutzt, ein altes Vorurteil gegen die Kanaaniter); mit diesen Gewinnen wurden sie schließlich zu Bankiers der Welt. Indem sie dieses Ziel verfolgten, fanden sie während der Kreuzzüge eine große Gelegenheit. Die Kreuzzüge eröffneten nicht nur Handelsrouten in der gesamten bekannten Welt, sondern auch neue Wege der Bestechung und Korruption, die es den Kanaanitern ermöglichten, noch größere Gewinne anzuhäufen. Als die christlichen Ritter zu den Kreuzzügen aufbrachen, um sich dem Dienst an Christus zu widmen, perfektionierten die Kanaaniter, die klugerweise zu Hause geblieben waren, nun verschiedene Pläne, um die Ritter während ihrer Abwesenheit um ihr Geld und ihren Besitz zu bringen. In „Ancient Knighthood and the Crusades" (Altes Rittertum und die

Kreuzzüge) finden wir, dass einige der Kreuzfahrer „Schutz und Zuflucht bei den Deutschordensrittern fanden, die damit beschäftigt waren, die Betrügereien der raubgierigen Mönche und des Klerus aufzudecken, die Besitzurkunden und Hypotheken auf Ländereien und Eigentum der abwesenden Kreuzritter oder derer, die bei der Verteidigung des Kreuzes im Heiligen Land gefallen waren, gefälscht hatten ... Zeit zum Nachdenken und zum Studium der Ursachen der Kreuzzüge im In- und Ausland, als außer dem Abschaum Europas, der sich auf seinem Bodensatz niedergelassen hatte, die besten Leute fast vollständig vom Antlitz des Kontinents getilgt worden waren. Die Raubgier der Päpste und des Klerus bis hinunter zu den niedrigsten Mönchen war entsetzlich für jene selbstaufopfernden, standhaften Krieger des Kreuzes, die zurückgekehrt waren und in den Orten und Häusern ihrer Verwandten völlig Fremde vorfanden, bis sich bei der Untersuchung herausstellte, dass Betrug, Fälschungen von Eigentumsurkunden und Beschlagnahmungen unter dem Vorwand der Ketzerei ihre Verwandten beraubt hatten, und die wenigen, die überlebt hatten, waren Bettler auf den Landstraßen und Gassen und starben als Landstreicher am Wegesrand."

Die Ritter des Deutschen Ordens errichteten 1201 die Stadt Riga in Lettland; 1220 eroberten sie Estland; 1293 eroberten sie Preußen und begründeten dort eine militärische Tradition, die erst nach dem Zweiten Weltkrieg endete. Obwohl sie 1809 aufgelöst wurden, blieb der Deutsche Orden die Inspiration für das deutsche Militärwesen, das Deutschland durch zwei Weltkriege führte. Es war Hitler selbst, der ihren stolzen Traditionen ein Ende setzte, als er 1939 den Molotow-Ribbentrop-Pakt schloss. Dieser Pakt trat nicht nur die Nationen Estland, Lettland und Litauen, die alten Hochburgen des Deutschen Ordens, an die Kommunisten oder Kanaaniter ab, sondern in der Folge fielen auch alle großen Ländereien der letzten Erben der preußischen Tradition, der letzten Überlebenden des Deutschen Ordens, in die Hände der anrückenden sowjetischen Horden.

Zu diesem Zeitpunkt muss der Leser gründlich verwirrt sein. Die „Semiten" sind in Wirklichkeit die „Antisemiten" oder

Kanaaniter, die Erben des Fluchs von Kanaan, deren korrupte Handlungen vom Willen Kanaans diktiert werden; die wahren Semiten sind die blonden Krieger, die eine große Zivilisation nach der anderen aufgebaut haben - wie erkennen wir dann diese verschiedenen Kräfte in der heutigen Welt? „An ihren Taten sollt ihr sie erkennen. Diejenigen, die in mörderische Verschwörungen verwickelt sind, diejenigen, deren einzige Loyalität den geheimen internationalen Organisationen gilt, diejenigen, die den Gebrauch von Drogen, bizarre sexuelle Praktiken und kriminelle Unternehmungen fördern, kurz gesagt, diejenigen, die die Rebellion gegen Gott fortsetzen, das sind die Kanaaniter, die Antisemiten. Diejenigen, die Christus treu bleiben, sind die Semiten. Trotz großer Kalamitäten und dem Wirken mächtiger historischer Kräfte bleiben die genetischen Pools des ursprünglichen Volkes Sems und der Kanaaniter ziemlich gleich. Wie können wir die eine Gruppe von der anderen unterscheiden? Sie sollten kein Problem damit haben, sich umzuschauen und zu entscheiden, wer die wahren Nachkommen Sems sind: oft blond, hellhäutig, überwiegend blauäugig, gesund, kreativ, produktiv, stolz, jede unehrliche Tätigkeit verachtend und immer heftig individualistisch - das sind die Menschen, die der Tradition des Volkes Sems treu bleiben. Die Kanaaniter hingegen sind im Allgemeinen kleiner, dunkler, heimlicher und fast immer in irgendeine Art von krimineller Aktivität verwickelt, normalerweise mit spezieller Regierungsgenehmigung oder Lizenz. Roget setzt Lizenz mit „Anarchie, Interregnum, Pöbelherrschaft, Pöbelgesetz, Lynchjustiz, Nihilismus, Herrschaft der Gewalt" gleich, mit anderen Worten, den Handlungen der Kanaaniter; doch in den Vereinigten Staaten von Amerika haben wir heute den Bürgern Lizenzanforderungen auferlegt, um all die Dinge zu tun, für die freie Menschen keine Lizenz hätten; ein Auto zu fahren oder zu besitzen, einen Beruf auszuüben und viele andere Eingriffe in die Individualität des Volkes von Sem. Lizenz, die in der Verfassung, die von und für das Volk von Sem geschrieben wurde, nicht vorkommt, bedeutet, Anforderungen aufzustellen, die nur die Kanaaniter erfüllen können, oder eine Lizenz, die nur die geheimen Klubs der Kanaaniter den Ihren gewähren; keine anderen müssen sich bewerben. Das ist der Zusammenhalt, den der Wille der Kanaaniter in allem, was sie tun, verlangt, sozialistisch und kommunistisch, das Individuum in der Masse untergetaucht und konspirativen sozialen und geschäftlichen Praktiken verpflichtet. Sie sind auch häufig in irgendeine Art von außerschulischer sexueller Aktivität verwickelt, die direkt auf die Orgien des Baal, Menschenopfer und obszöne sexuelle Riten zurückgeführt werden kann. Gleichzeitig geben sich diese „Antisemiten" große Mühe, ihre wahre Identität und ihre wirklichen Loyalitäten zu verbergen. In ihren Gemeinden sind sie oft führend in Aktivitäten, die als „mitfühlend" und „fürsorglich" angepriesen werden; sie sind oft in Regierungsbüros, in den Medien und in den Bildungseinrichtungen zu finden. In diesen Bereichen fördern sie rücksichtslos die Interessen ihrer eigenen Art, während sie eine solide Phalanx der Opposition gegen jeden der individualistischen Nachkommen Sems darstellen, der diese Berufe ergreift. Der große Vorzug der Kanaaniter ist, dass die Menschen von Sem keine Ahnung haben, was vor sich geht; sie finden nur selten Erfolg in einem Beruf, trotz ihrer großen natürlichen Talente und ihrem Appetit auf harte Arbeit. Während ihrer gesamten Laufbahn werden sie von der Erkenntnis bedrückt, dass ihnen das „Glück" nie hold zu sein scheint, während andere fast automatisch befördert werden, wenn sie zu ihren Rivalen, den Kanaanitern, gehören. Nun wird die Zeit knapp. Die Geschichte wird dem Volk von Sem keine weiteren Jahrhunderte oder gar Jahrzehnte gewähren, um zur Besinnung zu kommen und zu erkennen, was vor sich geht. So wie sie jahrhundertelang Opfer von Massakern und Völkermord waren, sieht sich das Volk Sem nun der Entschlossenheit der Kanaaniter gegenüber, sie vollständig und endgültig auszurotten, ein Ziel, das sie bis zum Ende dieses Jahrtausends zu erreichen hoffen.

KAPITEL 2

DIE ÜBERTRETUNG VON KAIN

„Nicht wie Kain, der von dem Bösen war und seinen Bruder tötete. Und warum hat er ihn getötet? Weil seine eigenen Werke böse waren, die seines Bruders aber gerecht" (1. Johannes 3,12).

Die Übertretung von Kain, dem ersten Mörder, ist von bemerkenswerter Bedeutung, wenn es darum geht, die Entwicklung okkulter Organisationen in der Geschichte zu verfolgen. Das hebräische Wort für Kain ist Kajin, von Koon, zu singen, und von dem wir die umgangssprachlichen Begriffe für Personen gemischter Rasse, Kajuns und Coons, ableiten. Von Kain stammte Tubal Kain ab, dessen Name als das geheime Passwort der Freimaurerei verwendet wird. Tubal Kain war der Sohn von Lamech und Bruder von Noah, aber er wurde in einer bigamen Ehe geboren. Tubal Kain wurde ein Schmied, und er wurde später als Vater der Hexerei und Zauberei bekannt. Sein Vater, Lamech, war der Sohn von Methusalem, aus der Linie von Kain.

Man könnte annehmen, dass die beiden Söhne Adams, Kain und Abel, da sie die ganze Welt vor sich hatten, wenig Grund zum Streit haben würden, aber Kain, der vom Bösen war, suchte einen Streit mit seinem Bruder. Die Bibel erzählt, dass sie Gott Opfer darbrachten, und dass Gott das Opfer von Abel annahm, aber das Opfer von Kain zurückwies, weil er unwürdig war, das heißt, er war von der Schlange. Kain, von Zorn und Eifersucht überwältigt, erschlug daraufhin Abel. Der Midrasch gibt eine etwas ausführlichere Version, dass Kain Abel überredete, dass sie die Welt unter sich aufteilen sollten. Kain würde das ganze Land bekommen, und Abel würde alles Hab und Gut darauf haben.

Daraufhin teilte Kain dem Abel mit, dass er auf seinem Land stehe und er sich entfernen solle. Abel erwiderte, dass Kain Kleider aus Tierhäuten trug, die Abel gehörten. Sie kämpften, und Kain erschlug Abel.

Gott verbannte Kain dann „östlich von Eden", in „das Land Nod". Er heiratete eine Frau von voradamitischer Abstammung und verschlimmerte so seinen Fehler. In 1. Mose 4,17 heißt es: „Kain kannte [d.h. hatte ein Verhältnis mit] seiner Frau. Dass Kains Frau von verbotenem oder fremdem Fleisch war, wird später in Judas 11 bestätigt, wenn es um die Männer von Sodom und Gomorra geht: „Wehe ihnen, denn sie sind den Weg Kains gegangen", d.h. sie trachteten nach fremdem Fleisch. Die Vor-Adamiten wurden mit dem hebräischen Wort Nachasch, zu zischen, als Schlange bezeichnet, was Neger bedeutet. Das arabische Wort Chanas kommt von diesem hebräischen Wort, ebenso wie Khanoos, oder Ape, und das arabische Wort für Teufel, Khanas. So sind die Vermischung der Rassen und das Auftreten des Teufels in der Geschichte in den Untaten Kains vereint. Kain soll auch die erste schwarze Messe oder satanische Messe auf der Erde gefeiert haben.

Der Name Kain überlebt heute in der Freimaurerei in zwei Formen, die zu den wichtigsten Lehren dieser Vereinigung gehören. Erstens sind Mord, die Androhung von Mord und die ständige Nachstellung von Mord grundlegend für die wichtigsten freimaurerischen Rituale, wie Stephen King in seinem Buch „Die Bruderschaft" kurz vor seinem frühen Tod darlegte. So wird durch diese Rituale eine direkte Verbindung zum ersten Mörder, Kain, hergestellt. Die Bedeutung der Kain-Legende für die Freimaurerei wird auch durch die Tatsache deutlich, dass Kain seinen Bruder erschlug. In der Freimaurerei, wenn Sie aufgefordert werden, gegen Ihren eigenen Bruder im Namen eines Mit-Freimaurer zu handeln, müssen Sie dies tun, unter Androhung des Todes. Es gab viele Fälle, in denen ein Mann, der einen Rechtsstreit gegen einen Freimaurer verfolgte, erstaunt war, dass sein eigener Bruder, der ein Freimaurer sein sollte, ins Gericht kam und einen Meineid gegen ihn leistete, um seinem Bruder-Freimaurer zu helfen. Dieser Brauch überlebt auch in anderen Organisationen (die möglicherweise mit der Freimaurerei verwandt sind). In La Cosa Nostra verlangen die Anführer oft von einem Mitglied, einen nahen Verwandten zu ermorden, über den das Todesurteil verhängt wurde, als ultimativen Test seiner Loyalität.

Der Name Kain überlebt auch in einem zweiten wichtigen Element der Freimaurerei. Das geheime Passwort der Freimaurerei lautet „Tubal Kain" (Heckethorn, „Secret Societies", S. 26). Tubal Kain, ein Nachkomme von Kain, war der Sohn von Lamech, dem Vater von Noah, der zwei Frauen hatte, Adah und Zillah. Zillah gebar Tubal Kain; er war der Schmied aller Geräte aus Bronze und Eisen. Die Schwester von Tubal Kain war Naamah (1. Mose 4,22). Naamahs Tändeleien mit ihrem Blutsverwandten Ham führten zum Fluch von Kanaan; sie wird auch als die Person aufgezeichnet, die Menschenopfer und Kannibalismus in die Welt brachte. Tubal Kain, Enkel von Methusalem durch Lamech, war aus der Linie von Kain, daher sein Name. Er ist bekannt als der Vater der Hexerei und Zauberei, daher seine Bedeutung für die Freimaurerei und ihre Verwendung seines Namens als ihr Passwort.

Hams Nachkomme vom Neger Kusch, Nimrod, Sohn von Kusch, wurde der dämonischste Herrscher der Welt und der erste Herrscher der Welt. Er nutzte seine Macht, um in Sexorgien und Kinderopfern zu schwelgen, bis Sem ihn für seine Vergehen gegen Gott enthauptete. Sem schnitt seinen Körper in Stücke und schickte diese blutigen Überreste an die Priester als Warnung, ihre abscheulichen Praktiken der dämonischen Anbetung einzustellen und zu unterlassen. Stattdessen versteckten die Priester die Stücke, verehrten sie als Objekte der Anbetung und verbargen sie in ihren „Hainen" und „Schreinen" als die ersten „Mysterien". Das Geheimnis der Reliquien oder des Mysteriums wurde den Eingeweihten erst nach einer langen Zeit der Indoktrination bekannt gemacht, wenn man darauf vertrauen konnte, dass sie die Anbeter des Baal nicht verraten würden. Dies war der wahre Ursprung der „Mysterien", aus denen, wie Albert

Pike in „Moral und Dogma" feststellt, alle freimaurerischen Riten stammen.

Satanische Praktiken in der ganzen Welt können in einer ungebrochenen Linie direkt auf den Gnostizismus zurückverfolgt werden, von Gnosis, oder Wissen. Gnosis bezieht sich auf das Wissen um die Geheimnisse der Mysterien, d.h. den Ort, an dem die Reliquien versteckt sind, die Teile von Nimrods Körper. Das „G", das in freimaurerischen Symbolen prominent auftaucht, weist nicht nur auf die Herkunft aus der Gnosis hin, sondern auch auf die „Generation", also die Fruchtbarkeitsriten des Sexualkults von Baal und Ashtoreth. Dieses „G" ist auch im Logo der Gannett-Kette zu finden, einem Konzern, der in rasantem Tempo Zeitungen und Fernsehsender in ganz Amerika schluckt und auch die Zeitung „USA Today" herausgibt, die jährlich über 100 Millionen Dollar Verlust macht. Dies wird als ein kleiner Preis für die Kontrolle der Köpfe der amerikanischen Bevölkerung angesehen.

Das Schicksal Nimrods überlebt auch im Mythos als Osiris und seine Schwester Isis. Osiris, ein anderer Name für den kanaanitischen Gott Baal und seine Gefährtin Ashtoreth oder Isis, deren Riten die Kanaaniter nach Ägypten brachten, wurden als Fruchtbarkeitsgötter verehrt. Die ägyptische Legende besagt, dass Osiris' Bruder Set (oder Shem) ihn in vierzehn Teile zerlegte. Isis sammelte die Teile ein, aber der wichtigste Teil, der Phallus, fehlte; die Legende besagt, dass eine Krabbe ihn gefressen hatte. Isis machte einen Ersatz-Phallus aus Holz und stellte so ihren Bruder wieder her.

Aufgrund ihres Ursprungs in den Tempeln des Baal, die sowohl der männlichen als auch der weiblichen Prostitution gewidmet waren, ist die Freimaurerei die unsichtbare Kraft hinter dem Bestreben gewesen, die Vereinigten Staaten zu einer bisexuellen Nation zu machen. Ihr philosophischer Leiter, Albert Pike, macht dies in seinem maßgeblichen Buch „Moral und Dogma", S. 849, deutlich: „Wenn man die Buchstaben des unaussprechlichen Namens umkehrt und ihn teilt, wird er bisexuell" Das ist reiner Kabbalismus und verweist uns direkt auf den Kult von Baal und Ashtoreth. Pike macht den Punkt auf Seite 741 noch deutlicher: „Freimaurerei ist eine Suche nach dem

Licht. Diese Suche führt uns, wie Sie sehen, direkt zur Kabbala zurück. Alle wirklich dogmatischen Religionen sind aus der Kabbala hervorgegangen und kehren zu ihr zurück; alles Großartige in den religiösen Träumen der Illuminaten, Jacob Böhm, Swedenborg, Saint-Martin und anderer ist der Kabbala entlehnt; alle freimaurerischen Vereinigungen verdanken ihr ihre Geheimnisse und Symbole."

Dies ist die endgültige Offenbarung der wahren Ursprünge und Ziele der Freimaurerei. Ursprünglich in der Kabbala, erreicht es seine hinterhältigen Zwecke durch die noch mehr geheime Organisation der Illuminaten, der innere Kreis, der die sechs Millionen Freimaurer der Welt kontrolliert.

Von Anfang an waren die „Mysteries" immer bisexuell; vielmehr suchten sie in ihrer Hingabe an das Vergnügen jeder Leidenschaft zu frönen, was bedeutete, ständig nach neuen und vielleicht aufregenderen Empfindungen zu suchen. Unsere modernen Psychologen erklären diese Zerstreuungen als „den alternativen Lebensstil". Das Symbol der obszönen Riten ist das Delta oder Dreieck (die große Pornografiesammlung in der Library of Congress wird Delta-Sammlung genannt; jede Karte im Katalog, die ein Buch aus dieser Sammlung auflistet, hat das symbolische Dreieck in der oberen linken Ecke). Das Delta repräsentiert die dreifachen Kreise der Ewigkeit, das hebräische Yod. Das doppelte Delta, oder das sechszackige Symbol des Judentums, stellt das männliche Dreieck dar, das über dem weiblichen Dreieck unten thront und es durchdringt. Das umgekehrte Dreieck im Ritus der Kadosch-Freimaurerei stellt Luzifer als den Großen Patriarchen und Großkaiser dar. Dieses Dreieck umfasst die Unteilbare Dreifaltigkeit, der der Kadosch seinen Eid des blinden Gehorsams leistet. Das Delta ist auch das Symbol des Kapitels in der Royal ArchMasonry. Dieses Dreieck repräsentiert die Unteilbare Freimaurerei.

Das Delta oder die Triade ist jetzt als neues Symbol von Hunderten von amerikanischen Geschäftsorganisationen zu sehen, vielleicht als Hinweis für die Auserwählten, dass dieses Geschäft jetzt Teil des Freimaurerreiches ist. Der vorliegende Autor hat viele Seiten, die Forscher gesammelt haben, die die Vorherrschaft dieses Symbols in der amerikanischen Wirtschaft zeigen. Die Triaden sind auch der Name der alten chinesischen Unterwelt Banden, für die Mord ist eine übliche Methode, um Geschäfte zu machen.

Überall auf der Welt ist die Triade zum Symbol für internationale Geschäftsverschwörungen geworden. Als Kashoggi, der Munitionshändler, dessen Waffengeschäfte zu den Iran-Skandalen der 1980er Jahre führten, einen amerikanischen Zweig seiner Geschäfte gründete, nannte er ihn Triad America. Ebenfalls symbolisch ist, dass sie jetzt in Konkurs gegangen ist, nachdem sie viele Amerikaner in Multi-Millionen-Dollar-Geschäfte in vielen Bereichen verwickelt hat.

Kapitän William Morgan, der ermordet wurde, weil er über die freimaurerischen Rituale geschrieben hatte, und dadurch die antifreimaurerische Partei im Amerika des 19. Jahrhunderts ins Leben rief, notierte in seinem historischen Buch „Freemasonry Exposed", dass ein Freimaurer, als er in einem Verhör gefragt wurde (das Verhör ist seither eine Haupttechnik von Anwälten in ihrer Manipulation eines Anklagenverfahrens geworden, das unter dem Namen „Discovery" bekannt ist), was seine Arbeit sei, antwortete, dass er am Bau des Tempels von König Salomon gearbeitet habe. „Was stellt eine Meisterloge dar? Das Sanctum Sanctorum oder Allerheiligste, König Salomons Tempel."

Albert Mackeys „Enzyklopädie der Freimaurerei" führt unter Orient auf: „Der Ort, an dem sich eine Loge befindet, wird manchmal als ihr 'Orient' bezeichnet, richtiger aber als ihr 'Osten'. Der Sitz einer Großloge wird manchmal auch als ihr 'Großer Orient' bezeichnet, aber hier wäre 'Großer Osten' vielleicht besser. Der Begriff „Großer Orient" wurde verwendet, um einige der Obersten Körperschaften auf dem europäischen Kontinent und auch in Südamerika zu bezeichnen, wie der Großer Orient von Frankreich, der Großer Orient von Brasilien, der Großer Orient von Portugal und der Großer Orient von Neu-Grenada, usw. Der Titel bezieht sich immer auf den Osten als Ort der Ehre in der Freimaurerei."

Die Verehrung für den Osten in der gesamten Grand Orient Freimaurerei wird durch ihre Aktivitäten in der westlichen Zivilisation offenbart. Sie haben konsequent gearbeitet, um orientalische Despotismus auf die Bürger der westlichen Republiken durch totalitäre Regierungsapparat zu verhängen.

Der orientalische Despotismus ist besonders vorherrschend geworden in all unseren Gerichtsverfahren, dem „Gericht", in dem der Despot herrscht, der symbolischen Verbeugung oder dem Stehen, wenn der Despot den Raum betritt, und der Weigerung des Despoten, irgendeine Infragestellung seiner Entscheidung durch einen Bürger zu dulden, der sich dem Richter nur durch eine gesalbte Priesterschaft, die Anwaltschaft, nähern kann. Einige Amerikaner beschließen optimistisch, sich selbst vor Gericht zu vertreten, was das Volk von Shem in seiner Verfassung der Vereinigten Staaten ausdrücklich vorgesehen hat, aber die Richter machen mit solchen „Anwälten pro se" gewöhnlich kurzen Prozess. In Staaten wie Virginia, wo die freimaurerische Macht die Gerichte beherrscht, sind Richter dafür bekannt, sich damit zu brüsten, dass kein Anwalt pro se jemals eine günstige Entscheidung in ihrem Gericht erhalten wird. Ein Nicht-Freimaurer, der heute ein amerikanisches Gericht betritt, begibt sich auf die Gnade eines orientalischen Despoten, daher die tyrannischen Handlungen von Richtern bei der Verurteilung zu unbestimmten Gefängnisstrafen jeder, der zufällig zu missfallen, oder deren Eigentum ist von einem Mason begehrt.

Dieser orientalische Typus des Despotismus lässt sich zurückverfolgen bis zu Zoroaster in Persien, zu Ishtar und Tammuz in Babylon, zu den graeco-thrakischen Mysterien in Eleusis, den Mysterien von Demeter, Persephone und Dionysos; zu Cybele und Altis in Phrygien; zu Aphrodite und Adonis in Syrien; zu Isis und Osiris in Ägypten; und zu Mithra in Persien.

Diese Mysterienkulte wurden formell in einem Großteil des Textes des babylonischen Talmuds zusammengefasst, einem Buch mit religiösen Vorschriften, das nach dem Fall Jerusalems 586 v. Chr. formuliert worden war. Nebukadnezar brachte dieses Volk von 586 bis 537 v. Chr. als Gefangene nach Babylon, woraufhin Kyros von Persien Babylon eroberte und die Rückkehr nach Jerusalem genehmigte. Während der babylonischen Gefangenschaft kam es zu einer freien Vermischung der verschiedenen kanaanitischen Stämme; die

Edomiter vermischten sich mit dem kanaanitischen Zweig der Judaiter und Chers. Edom bedeutet rot; seit der Gefangenschaft bedeutet rot Revolution und kanaanitisches Massaker an den Unschuldigen. Die Rothschilds, als sie die Gründung der Illuminaten unterstützten, änderten ihren Namen von Bauer in Roth (rot) Kind (Schild). Diese Vermischung der verschiedenen Stämme verursachte eine große Verwirrung unter den Nachkommen, wie die Erbsitten aussehen sollten. Um diese Schwierigkeit zu lösen, begannen die Gefangenen, ein großes Buch mit religiösen Lehren zu verfassen. Talmud bedeutet auf Hebräisch „Lehre". Bis zum zweiten Jahrhundert n. Chr. war der Talmud als mündliches Gesetz, die Mischna, oder älterer Teil, und die Gemara, oder Kommentar zum Gesetz, abgeschlossen.

Es erschien erstmals 1520 im Druck, als Daniel Bomberg es in Venedig veröffentlichte.

Aufgrund ihrer Ursprünge in der dämonenanbetenden Hauptstadt der Welt, Babylon, spielt die Dämonologie im gesamten Text des Talmuds eine wichtige Rolle. Er bezieht sich auf den Demiurgen oder Oberdämon als Schöpfer des Universums und diffamiert die verschiedenen Erscheinungen der Dämonen als (1) mazzikim; (2) shedim; (3) ruhot (Avot. 5-6). Asmodeus wird als der König der Dämonen aufgeführt (Pes. 110a-112b).

Die Mischna lehrte im zweiten Jahrhundert v. Chr., dass zwei Dinge niemals der Öffentlichkeit oder den Uneingeweihten offenbart werden sollten: (1) das Werk der Schöpfung und (2) das Werk des Wagens (d.h. esoterische Operationen, der „göttliche Thron"). Diese Gebote wurden später in den geheimen Riten der Freimaurerei weiter formalisiert.

Im Jahr 1280 n. Chr. erschien eine Weiterentwicklung des talmudischen Denkens, der Zohar oder das Buch des Glanzes. Dies war bekannt als die Cabal, oder Tradition. Sie basierte auf zwei Dingen: (1) Generation, oder die Fruchtbarkeitsriten, als das heiligste Wort in den neuen Anweisungen (was natürlich auch das „G" in den freimaurerischen Symbolen wurde), und (2) das Gebot, dass Israel allein die zukünftige Welt besitzen soll (Vayschleh folio 177b). Der Zohar leitete sich vom Sefer

Yetsirah oder Buch der Schöpfung ab, das im Babylon des dritten Jahrhunderts erschienen war; die zehn Sephiroth oder Zahlen, basierend auf dem Glauben, dass das Universum von den zehn Zahlen und zwei Buchstaben des hebräischen Alphabets abstammt; dies wurde später zu den zweiundzwanzig Trümpfen des Tarot oder den zweiundzwanzig Pfaden, die zu Sephotorth führen, weiterentwickelt.

In der Kabbala[2] nimmt das Böse eine eigene, geheimnisvolle Existenz an, die ihre Vorschriften auf das physische Erscheinen des Lebens auf der Erde, oder Adam, zurückführen. Die Kabbala behauptet, dass Adam den gesamten Strom des Lebens aus dem Gleichgewicht bringt und dass die Kirche oder das Christentum durch die Formalisierung der physischen Existenz der Adamiten auf der Erde zu einem Problem geworden sind, das gelöst werden muss. Dies ist die Essenz des grundlegenden Anti-Lebens-Prinzips, das der gesamten Kabbala und ihrem Erben, der Freimaurerei, zugrunde liegt. Diese Grundsätze erklären, dass der Satanismus seinen endgültigen Triumph über die Kirche und das Christentum erringen wird und damit den „Dualismus" dieser Welt, den Kampf zwischen Gut und Böse, beendet. Kurz gesagt, das Problem von Gut und Böse wird beendet sein, wenn das Böse triumphiert und das Gute von der Erde eliminiert ist. Dieses Programm mag etwas vereinfacht klingen, aber es ist die grundlegende Prämisse der Kabbala und der Freimaurerei.

Diese lebensfeindlichen Gebote sind nun in vielen Entwicklungen unserer Zivilisation anzutreffen und zu bewältigen. Die Nachkommen der Kanaaniter hassen instinktiv den Fortschritt wie Technologie, städtisches Leben, Industrialisierung und die kulturellen Errungenschaften der Menschheit und stellen sich aktiv dagegen. Ihr grundlegendes Ziel ist es, die Erde in den Primitivismus ihres voradamischen Zustands zurückzuversetzen, als ein Neandertaler-Typ Mensch nach Belieben über eine Erde streifte, die keine „zivilisierten"

---

[2] Cabala erscheint in verschiedenen Schreibweisen durch die Geschichte, hauptsächlich „Cabala". Auch Kabbalah, Kabala, etc.

Aspekte hatte, die ihn an seinen Primitivismus erinnern konnten. Der Endzweck ist, den voradamischen Menschen „wiederherzustellen", so dass der adamitische Mensch als Schöpfung Gottes kein Hindernis mehr für Satan und seine Herrschaft über diese Welt darstellt.

So zielt die kabbalistische Freimaurerei auf die Ausrottung des Lebens, wie wir es kennen, und gipfelt im endgültigen Triumph des kanaanitischen Fluchs auf dieser Erde. Rückblickend bietet diese erstaunliche Beobachtung einen unwiderlegbaren Grund für die ansonsten unerklärlichen Massaker, Kriege und menschlichen Verwüstungen, die regelmäßig von den kanaanitischen Verschwörern über eine leidgeprüfte Menschheit gebracht wurden.

Die Encyclopaedia Judaica hat einen Eintrag von etwa einundsechzig Seiten allein über die Kabbala, bei weitem der größte einzelne Eintrag in dieser Enzyklopädie. Dieser Eintrag stellt fest, dass die „christliche Kabbala", d.h. die zentrale Entwicklung des säkularen Humanismus, zuerst in den theosophischen Systemen der Freimaurer in der zweiten Hälfte des achtzehnten Jahrhunderts auftauchte, also in der Zeit der „Aufklärung". Es war dieses vorherrschende Element im säkularen Humanismus, das zu den Revolutionen des achtzehnten und neunzehnten Jahrhunderts führte, und das zuvor zur Reformation geführt hatte. Diese politischen Ergebnisse waren das logische Ergebnis der Lehren des Zohar, der erklärt, dass En Soph (die ultimative Gottheit) die Welt auf indirekte Weise ins Dasein brachte, um zu vermeiden, dass sie durch physisches Sein oder Leben kontaminiert wird; dies drückt wiederum die grundlegende Anti-Lebens-Richtung dieses philosophischen Systems aus. Die einzige Manifestation dieser Gottheit auf der Erde ist durch die Zehn Sephiroth, oder göttliche Emanationen. Die Lehren des Zohar leugnen jede Anwesenheit Gottes oder seines Sohnes Jesus Christus auf der Erde; sie legen ihre ganze Betonung auf „nicht-göttliche oder humanistische Lehren".

Orthodoxe Juden stützen ihre religiösen Praktiken vollständig auf die Kabbala. Sie feiern ihren kommenden Triumph, das Laubhüttenfest, das im Zohar als die Zeit definiert ist, in der sie über alle Völker der Welt triumphieren. „Deshalb ergreifen wir während dieses Festes den Loulab und tragen ihn als Trophäe, um zu zeigen, dass wir alle anderen Völker (die Bevölkerung) besiegt haben" (Toldoth Noah 63b).

In seinem Standardwerk „The Magical Mason" führt W. Wynn Westcott, der Gründer des hermetischen Ordens der Goldenen Morgenröte in England, die Ursprünge der Freimaurer auf die Essener in Jerusalem, die pharisäischen Juden, die Anhänger des strengsten Judentums, die antiken Mysterien Ägyptens und Griechenlands, die Vehm-Gerichte Westfalens in Deutschland, die Handwerkszünfte des Mittelalters, die römischen Collegia, die französischen Compagnons und die Rosenkreuzer zurück. Westcott weist darauf hin, dass der Grundstein des Kapitols von Rom das Schlusssteinzeichen der „Overseers", einer heiligen Gruppe, trägt. Der Royal Arch hat einen Altar aus weißem Stein in der Form eines doppelten Würfels; er ist mit „the Sacred Name" graviert. Er sagt, dass die Mysterien, von denen alle freimaurerischen Rituale abgeleitet sind, dazu gedacht waren, die Angst vor dem Tod im Eingeweihten zu beenden, indem sie den Abstieg in den Hades nachstellten und so die große erste Ursache aller Dinge fanden, die dem Eingeweihten offenbart wurde. Westcott behauptet, dass der berühmte Schwarze Stein in der Heiligen Moschee in Mekka ebenfalls Teil dieses Rituals ist. Es gibt auch den Heiligen Stein unter dem Thron von England, von dem es heißt, er sei der Stein Jakobs in biblischen Zeiten gewesen.

Aus solchen alten Symbolen der Macht entstand das freimaurerische Motto „Per me reges regnant", „durch mich regieren die Könige". Indem sie Könige kontrollierten, übten die Freimaurer ihre Macht hinter den Kulissen aus. Wenn die Könige durch Revolutionen gestürzt wurden (die oft von den Freimaurern selbst organisiert wurden), konnten die Könige geköpft werden, aber die Anstifter hinter dem Thron würden vorgewarnt werden und ungeschoren davonkommen. Sie würden dann weiterhin durch den nächsten gewählten Führer regieren, in der Regel durch ihre inneren Räte bezeichnet.

Obwohl sie sich der Usurpation und Aufrechterhaltung der absoluten Macht durch einen orientalischen Despotismus verschrieben hat, hat die Freimaurerei einen Großteil ihres weltweiten Einflusses durch ihre Betonung und Förderung der Kraft von Revolutionen gegen die etablierte Ordnung erlangt. Ihr Slogan wurde zum Motto der Französischen Revolution, „Liberté, egalité, fraternité." Freiheit, Gleichheit, d.h. Gleichheit nur für Freimaurer, mit Sklaverei als Schicksal aller anderen, und Brüderlichkeit, d.h. die Brüderlichkeit des Freimaurerordens der Kanaaniter. Dieser Slogan erscheint in allen Dokumenten der Freimaurerei, die sich auch als „The New Age"-Bewegung bewirbt. Viele ihrer Publikationen, wie z.b. das Magazin der Washingtoner Freimaurer in der Hauptstadt unserer Nation, tragen den Namen „The New Age" und das symbolische Dreieck auf dem Titelblatt ihres Magazins, wobei das Dreieck an den Rändern mit dem Motto „Liberty, Equality, and Fraternity" geschmückt ist. Das Neue Zeitalter oder die Neue Ordnung bezieht sich auf die Ära, die nach dem endgültigen Armageddon eingeleitet wird, wenn die Kanaaniter die letzten Überlebenden des Volkes Sem ausrotten.

In der freimaurerischen Welt wird Jerusalem seit jeher als Geburtsort der Freimaurerei gepriesen. Eine andere Überlieferung besagt, dass die frühesten Freimaurerlogen den Tempel Salomos bauten. König Salomo vollendete den Tempel im Jahr 1005 v. Chr. Salomo starb im Alter von sechzig Jahren, nach einer Regierungszeit von etwa vierzig Jahren, und wurde von seinem Sohn Rehabeam abgelöst. In Mackeys „Enzyklopädie der Freimaurerei" heißt es unter dem Eintrag „Orientalischer Stuhl Salomons": „Der Sitz des Meisters in einer symbolischen Loge, der so genannt wird, weil man annimmt, dass der Meister symbolisch den Platz über das Handwerk einnimmt, der einst von König Salomon besetzt war. Aus demselben Grund erhält der Sitz des Großmeisters in der Großloge die gleiche Bezeichnung. In England wird er „Thron" genannt.

In der freimaurerischen Symbolik erscheint der Regenbogen als die heilige Darstellung Luzifers, des Lichtträgers, und er zeigt seine Helligkeit an. Auf Freimaurer-Diplomen ist der Vers eingeschrieben: „Und Gott sprach: Es werde Licht, und es ward Licht." In der Tat ist die Verwendung des Namens Gottes hier eine typische Täuschung, deren wahre Bedeutung nur den höheren Graden der Freimaurerei, den okkulten Graden, bekannt ist, und ist ein Beispiel für die innere Täuschung, durch die die okkulten Grade die Handwerkskollegen beherrschen. Luzifer ist der wahre Name des Wesens, das sie als Gott verehren, wie ihr Mentor, Albert Pike, in seinen Mitteilungen an Mazzini und andere Freimaurerführer deutlich machte.

Die Symbole der Freimaurerei mögen denen, die ihre kabbalistische Bedeutung nicht kennen, harmlos genug erscheinen, insbesondere der großen Mehrheit der Freimaurer, den Mitgliedern der drei Grade der Blauen Logen. Sie werden nie darüber informiert, dass das „Allsehende Auge" ihrer Symbolik sich nicht auf das Licht, sondern auf die Genitalien bezieht, das Auge von Hoor, das der Anus ist, und das die homosexuelle oder bisexuelle Verpflichtung unserer gegenwärtigen herrschenden Klasse, des Weltordens der Kanaaniter, bedeutet. Das „G" steht sowohl für Generation, oder den Akt des Koitus, als auch für Gnostizismus. Es verherrlicht auch den großen Gott Baal und den fehlenden Teil seiner Anatomie, den Phallus, der nach der Legende von Set und Nimrod entfernt worden war.

Die Verehrung des Phallus erscheint in freimaurerischen Zeremonien in den Meistergraden Ma-ha-bone, was den hermaphroditischen Sohn von Loth bedeutet. Die Meisterloge repräsentiert den Uterus, die mittlere Kammer. Die Akazie bedeutet, dass alle Mysterien ihren Ursprung in Indien haben, oder besser gesagt, dass ihre ursprüngliche Inspiration aus dieser Gegend kam. Im Akazienritus sind die Handwerkskollegen in Weiß gekleidet, was aus dem Griechischen kommt und Unschuld bedeutet, obwohl es auch die Korruption der Unschuld in vielen religiösen Riten bedeutet.

Der Hauptsitz der Acacia Mutual Life Insurance Company nimmt einen prominenten Platz in Washington in der Nähe der Kongresshallen ein. Zu seinen Lebzeiten nahm J. Edgar Hoover, langjähriger Leiter des Federal Bureau of Investigation, nur eine einzige geschäftliche Verbindung an. Er wurde zum Direktor der Acacia Mutual ernannt, die sich fast direkt gegenüber seinem Hauptquartier beim FBI befand. Aufgrund dieser Verbindung erwies es sich als unmöglich, ihn zu Lebzeiten aus dem FBI zu entfernen.

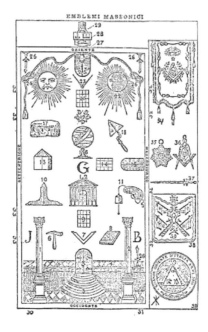

Die freimaurerischen Punkte stammen auch aus den alten Mysterien; die dreifachen Grade des Systems entsprechen den Mysterien von Serapis, Isis und Osiris. Der eingetretene Lehrling wird auf die drei Lichter verwiesen, Osiris im Osten, Isis im Westen und Horus, der Meister, oder lebender Herr anstelle von Osiris, im Süden war.

Die Hexapla, oder das Siegel Salomons, ist ein sechszackiger Stern. In der Kabbala wird die Sechs als männliche Zahl geschätzt, die von den Kabbalisten dem Mikroprospus, dem Vau des hebräischen Alphabets und den sechs mittleren Zeichen zugeordnet wurde. Die Kabbala selbst ist die Grundlage der Theosophie; in der Encyclopaedia Judaica heißt es unter dem Eintrag „Theosophie" lediglich, siehe Kabbala. Die Kabbala nahm nach dem Fall Jerusalems als ein definitives System Gestalt an, eine geheime Sophia oder ein Körper des Wissens. Sie stützte sich stark auf Numerologie und Beschwörungsformeln. Die hebräische Gematria ist ein Code, der auf der Numerologie basiert. Durch mühsames Nachvollziehen verschiedener numerologischer Werte werden Erklärungen und Prophezeiungen erarbeitet. Zum Beispiel wird durch Gematria gezeigt, dass Moses das Abschiedslied geschrieben hat; die ersten sechs Buchstaben der ersten sechs Sätze sind die gleichen wie Moses Name auf Hebräisch - 345. Die Kabbala behauptet, dass die heilige Zahl die Aussicht auf Wissen bietet. Diese Zahl, 142857, wird von der Ewigen Zahl, Eins, oder eine Million, oder Gott plus sechs Symbole der Unendlichkeit, geteilt; geteilt durch 7, kommt immer 142857 heraus. Die primären Zahlen, 1 bis 9, bilden das Dreieck der Ternäre, das vollendete Bild der drei Welten. 9 ist auch die Zahl für Mars; der geheime Name Gottes ist die Zahl 9, und die Dauer der Schwangerschaft beträgt 9 Monate; all diese Informationen sind in der Kabbala zu finden.

Die Gesänge und Beschwörungsformeln aus der Kabbala enthalten solche Esoterik wie den Schlüssel Salomons, der die Formel für die Zusammenfassung Luzifers gibt: „So komm heraus! Tritt ein! oder ich werde dich endlos mit der Kraft der mächtigen Namen des Schlüssels quälen: Alglon, Tetragramm, Vaycheons, Stimulametion, Ezphraes, Petregrammaton, Olzaran, Irion, Erython, Existron, Erzona, Onera, Orosyn, Mozan, Messias, Soter, Emanu, Saboot."

Ein Symbol, das in jeder Freimaurerloge zu finden ist, ist die Darstellung eines flammenden Sterns. Die Freimaurer, die offenbar seinen wahren Ursprung nicht kennen, behaupten, es sei das Symbol der Klugheit. In Wirklichkeit stellt er den Hundestern Sirius dar. Die Überschwemmung des Nils fand in Ägypten statt, als die Sonne unter dem Stern des Löwen stand. Den Ägyptern war er als der Gott Anubis bekannt; wir kennen ihn unter dem Namen aus dem Hebräischen, Sihor, der im Griechischen zu Serios wurde, und im Lateinischen zu Sirius. Seine Erscheinung war das Zeichen für die alten Ägypter, sich vor dem Ansteigen des Nils in höheres Gelände zurückzuziehen, eine Überlieferung, die den heutigen Freimaurern unbekannt ist, die ihr aber dennoch die richtige Deutung der Klugheit zuschreiben. Das Zeichen, das auf der Freimaurerschürze prangt, ist das dreifache Tau, eine Verbindung aus drei T's, oder, auf

Griechisch, Tau. Es steht für das altägyptische Nilometer, mit dem die Höhe der Nilüberschwemmung ermittelt wurde, von der das Leben der Bewohner abhing. So wurde es zum Symbol für Gesundheit und Wohlstand und hatte als Amulett die Kraft, Böses abzuwenden.

Eine wichtige freimaurerische Zeremonie basiert auf der Tradition, dass die drei großen Geheimnisse der Mysterienschule des Moses keinem einzigen Menschen bekannt waren; die drei Geheimnisse, auch „die drei Worte" genannt, waren König Salomon, König Hiram von Tyrus und Hiram Abiff von Tyrus bekannt, der von den Freimaurern „der Sohn der Witwe" genannt wird. Tyrus, natürlich, war eine der wichtigsten kanaanitischen Städte. Drei Freimaurer niederen Grades versuchten, Hiram Abiff zu zwingen, ihnen das Wort zu sagen, das in seinem Besitz war; er wurde von ihnen ermordet, weil er sich weigerte. Das Mordritual an Hiram Abiff ist eine der wichtigsten Zeremonien der Freimaurer, und es soll ihnen einprägen, wie wichtig es ist, sich dem Mord zu unterwerfen, anstatt irgendein Geheimnis der Freimaurer zu verraten. Es betont auch, wie Stephen King betont, die Bedeutung des Elements des Mordes in der gesamten Freimaurerei, vielleicht der einzige konstante Faktor, der alle ihre Zeremonien verbindet. Der Mord an Hiram Abiff wird bei der Aufnahme eines Freimaurermeisters feierlich nachgestellt. Die Kammer ist schwarz drapiert, an den Wänden ist der Kopf des Todes gemalt. Eine Leiche wird in einem Sarg ausgestellt und die gesamte Geschichte wird nachgespielt, die mit der Ermordung von Hiram Abiff durch zwei Lehrlinge gipfelt. Dies beeindruckt die Mitglieder der Handwerkskollegen, dass die blutigen Eide, die sie benötigt werden, um zu nehmen, keine müßigen Zeremonien sind, und dass sie treu zu den freimaurerischen kanaanitischen Ritus sein müssen, oder ihr Leben wird verwirkt werden.

In den freimaurerischen Zeremonien wurde von den Ritualisten ein neuer Name für Gott (den sie schon immer hassten) geprägt, weil sie es nicht wagten, den Namen ihres wahren Gottes, Luzifer, zu verwenden. Sie riefen nun den mystischen Jah-Bul-On an, einen Namen, den sie durch die Kombination der verschiedenen Gottheiten der kanaanitischen

Teufelsanbeter schufen: Jah, vom ursprünglichen Jahweh; Bul, der hebräische Name für den kanaanitischen Gott Baal; und On, der den ägyptischen Gott Osiris repräsentiert.

Aufgrund ihrer kabbalistischen Ursprünge ist die Zahl 13 von großer Bedeutung in freimaurerischen Riten. Ein Rat der Fünf, der sich aus den Familienoberhäuptern der Rothschilds und ihren engsten Mitarbeitern zusammensetzt, regiert die Weltordnung der kanaanitischen Freimaurerei. Darunter befindet sich der Rat der 13, der ebenfalls große Autorität hat; nach ihnen kommt der Rat der 500. Der Rat der 500 setzt sich aus den führenden Politikern und Wirtschaftsführern der Welt zusammen; ihm gehören auch die prominentesten Männer aus Bildung und Religion an. Die Mitglieder dieses Rates sind oft bei den politischen Sitzungen der Bilderberger-Organisation anwesend, mit der er im Wesentlichen korrespondiert.

Schlüsselelemente im Weltprogramm der Freimaurerei werden häufig an ihrem speziellen Datum, dem Dreizehnten, in Kraft gesetzt. So wurde der Federal Reserve Act, ein Schlüsselpunkt in der Kontrolle der Wirtschaftsysteme der Welt durch die Kanaaniter, am 23. Dezember 1913 als Gesetz erlassen. Der 16. Zusatzartikel zur Verfassung der Vereinigten Staaten, die Einkommenssteueränderung, die ebenfalls ein Schlüsselelement des Programms war, wurde am 31. Mai 1913 verabschiedet. Diese Änderung gab den Kanaanitern die Kontrolle über jeden wirtschaftlichen Aspekt der gefangenen Bevölkerung der Vereinigten Staaten.

Von diesem Tag an mussten sie jeden Pfennig sowohl des Einkommens als auch des Vermögens melden, wie es Lenin in seinem Programm „Die drohende Katastrophe" festgelegt hatte, das er 1917 veröffentlicht hatte. Dieses Programm forderte die Konfiszierung von Vermögenswerten als Strafe für das „Verschweigen von Einkommen"; es wurde von der Steuerbehörde übernommen. Das Lenin-Programm ist nun die offizielle Betriebsdoktrin der IRS. Der 17. Verfassungszusatz, der die Voraussetzungen für die Wahl von Senatoren in den Kongress änderte, wurde am 21. Mai 1913 verabschiedet. Diese drei Änderungsanträge sabotierten effektiv die Verfassung, indem sie ihren historischen Schutz des Volkes vor einer tyrannischen Regierung aufhoben. Da Einkommen eigentlich Eigentum ist, entzog der 16. Zusatzartikel den Bürgern der Vereinigten Staaten alle Eigentumsrechte, ebenso wie die späteren Bestimmungen zur Konfiszierung allen Geldes und Eigentums. Der Senatswahlzusatz entzog den staatlichen Gesetzgebungen ihr historisches Recht, Senatoren zu wählen; es war erforderlich gewesen, um das Gleichgewicht zwischen den bevölkerungsärmeren und den bevölkerungsreicheren Staaten aufrechtzuerhalten; nun kostet es zehn Millionen Dollar, einen Senator zu wählen. Diese Änderung überließ die Bewohner der einzelnen Staaten den bösartigsten Intrigen der barbarischen und teufelsanbetenden Kanaaniter. In der Tat verlor das Volk von Sem einen Rassen- und Religionskrieg wegen dieser drei Akte von 1913. Die Betonung der Zahl 13 verdeutlicht auch die Entschlossenheit der Freimaurer, ihren historischen Feind, Christus, und seine zwölf Jünger zu vernichten.

Als die Rockefellers ihre kriminelle Kontrolle über die staatlichen Gesetzgebungen, den Council of State Governments, einrichteten, installierten sie ihn symbolisch in einem Gebäude mit der Nummer 1313. Im Jahr 1813 wurde der Herzog von Sussex, der zweite Sohn von König Georg III, der Großmeister der englischen Freimaurerei. Dreizehn kleine Sterne, die Siegel Salomons, wurden auf der Währung der Vereinigten Staaten platziert, um ein sechszackiges Mogen David (Schild von David) zu bilden.

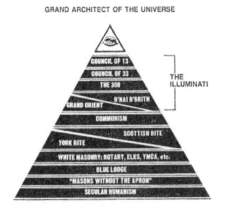

Die verschiedenen Grade des freimaurerischen Rituals sind von großer verborgener Bedeutung. Die ersten drei Grade, bekannt als die Blaue Loge, sind (1) eingegeben Lehrling; (2) Handwerkskollege; (3) Meister Mason. Die Eingeweihten der Blauen Loge werden während ihrer gesamten Mitgliedschaft absichtlich über die wahren Ziele der Freimaurerei getäuscht. Jeder Freimaurer hohen Grades, der sie über das okkulte Programm des Ordens hinter den Kulissen informiert, wird mit der Todesstrafe belegt. Folglich scheinen sich die Blauen Logen, die in den meisten amerikanischen Städten zu finden sind, kaum von den Organisationen anderer brüderlicher Orden, wie den Puritanern und den Lions, zu unterscheiden. Oberflächlich betrachtet scheinen alle drei Gruppen aus den gleichen Gesellschaftsschichten zu kommen, ernsthafte Familienväter, die oft in die Kirche gehen und die wesentlichen Eigenschaften des Kleinstadtlebens repräsentieren, aber die Ähnlichkeit ist nur oberflächlich. Der Freimaurerorden zieht seine Mitglieder gewöhnlich aus den führenden Kaufleuten und aus den Berufen, Bankiers, Ärzten und Anwälten. Sie kommen zu ihren Versammlungen, sie dilettieren in irgendeiner Wohltätigkeitsarbeit, und im Allgemeinen markieren sie die Zeit bis zu dem Tag, an dem sie gebeten werden, eine ungewöhnliche Aufgabe für einen Mit-Freimaurer oder für die nationale oder Weltordnung zu erfüllen. Zu diesem Zeitpunkt erkennen sie endlich, dass der Blutschwur eine Bedeutung hat, aber zu diesem Zeitpunkt ist es meist zu spät. Sie können gebeten werden, einen freimaurerischen Kandidaten für ein politisches Amt zu unterstützen, einem Mitfreimaurer ein Geschäft zu vermitteln oder sogar einen Meineid oder eine andere illegale Handlung für einen Freimaurerbruder zu begehen. Selbst dann werden ihnen niemals irgendwelche Vertraulichkeiten angeboten; ihnen wird lediglich gesagt, was sie zu tun haben, und sie müssen gehorchen. Die Lions und die Ruritans, auf der anderen Seite, haben keine solchen Anforderungen an ihre Mitglieder.

Die ersten sieben Grade der Freimaurerei sind die gleichen Novizenhandwerke wie die ersten sieben Grade der Großen Mysterien des Osiris. Sie sind auch die gleichen sieben Grade wie die Anforderungen für den Aufstieg im Jesuitenorden.

Heckethorns „Secret Societies" stellt fest, dass die Lehrlingszeremonien vermutlich jesuitischen Ursprungs sind; Weishaupt hatte einen jesuitischen Lehrstuhl an der Universität von Ingolstadt, als er die Illuminaten organisierte. Heckethorn sagt: „Er [der Lehrling] wird dann allen Metalls beraubt, das er bei sich hat; sein rechtes Knie und manchmal seine linke Seite werden aufgedeckt, und der Absatz seines linken Schuhs wird zertreten. Diese Zeremonien werden von einigen Schriftstellern als jesuitischen Ursprungs angesehen. Der Entzug der Metalle soll das Armutsgelübde versinnbildlichen, die Entblößung der Brust und des Knies soll die Aufnahme von Frauen verhindern, und das Zertreten des Schuhabsatzes soll den Kandidaten daran erinnern, dass Ignatius de Loyola, der einen schlechten Fuß hatte, so seine Pilgerreise begann. „

Der Schottische Ritus hat neunundzwanzig höhere Grade, wie z. B. den 16. Grad, Prinz von Jerusalem; Großpapst; den 20. Grad, Ritter; den 26. Grad, ein Ritus, der zur luziferischen Anbetung aufruft und im heiligen Namen fordert, den „Obskurantismus" auszutreiben, ein freimaurerischer Codebegriff für die Lehren Christi; der 30. Grad, Kadosch, ein jiddischer Begriff, der „Edler" bedeutet, dessen Initiationsritus die bedeutsame Phrase enthält: „Ich, ich allein, alles mein, alles für mich, mit allen Mitteln." Der wichtige 32. Grad, Erhabener Fürst des königlichen Geheimnisses, bedeutet, dass er nun weit genug fortgeschritten ist, um Informationen eines hohen Grades zu erhalten, d.h. Gnostizismus, das „Wissen" des Geheimnisses, das auf die Zerstückelung von Nimrod zurückgeht, als die Sekte in den Untergrund ging. Der Ritus des 32. Grades denunziert rituell Eigentum, Gesetz und Religion als „Meuchelmörder des Großmeisters de Molay. Sobald die Religion tot ist, werden Recht und Eigentum unserer Gnade anheimfallen, und wir werden in der Lage sein, die Gesellschaft zu regenerieren, indem wir auf den Leichen der Meuchelmörder des Menschen, der freimaurerischen Religion, des freimaurerischen Rechts und des freimaurerischen Eigentums, mitbegründen."

Dieser Ritus offenbart das grundlegende Ziel der Freimaurerei, die etablierten Institutionen der Gesellschaft zu stürzen und sie durch freimaurerische Institutionen der

Gesellschaft zu ersetzen, die von den Kanaanitern kontrolliert werden. Der Schottische Ritus hat auch den Ritus des Herodes, den Französischen Ritus, den Ritus des Großen Orients, den Mizraim-Ritus, der ein Ritus des alten Ägypten ist, der nach dem Sohn von Ham benannt wurde. Von diesen Graden erinnert der Ritus des Herodes an den brutalsten König der Geschichte. Viele Juden denunzierten Herodes wegen seines Blutrausches. Er befahl, alle Neugeborenen zu töten, um so die Tötung des neugeborenen Christus sicherzustellen.

Es ist der 33. Grad, der von größter Bedeutung ist, um die wahren Ziele der Freimaurerei kennenzulernen. Bekannt als „der revolutionäre Grad", verleiht er den Titel des Obersten Pontifex der universellen Freimaurerei. Nur diejenigen, die den 33. Grad erreichen, dürfen die Weltmacht ausüben, daher der Titel „Universal". Folglich sind die meisten Regierungschefs oder Personen von ähnlicher Bedeutung Freimaurer des 33. Grades. Grades Freimaurer. Natürlich können sie nicht loyal zu jeder Nation sein, die sie leiten, weil ihre Loyalität bereits unter Todesstrafe der universellen Freimaurerei verpfändet worden ist.

Ein typischer 33. Grad Mason war der verstorbene Präsident der Vereinigten Staaten, Harry S. Truman. In Ermangelung jeglicher bekannter Talente hatte er eine katastrophale Karriere als Kurzwarenhändler; er wurde dann als unbrauchbar für jeden bekannten Beruf angesehen. Sein Problem wurde gelöst, als er der Hauptorganisator für die Freimaurerlogen im ganzen Staat Missouri wurde. Diese erbärmliche Kreatur ließ später zu, dass die Farm seiner Mutter verkauft wurde, um seine Schulden zu bezahlen, während er den Kurs des Nichtzahlens fortsetzte. Nachdem er dem Freimaurerorden eine Reihe von Jahren gut gedient hatte, nominierte ihn der Orden dann für ein Richteramt, wie es der Orden oft tut, um seine eiserne Kontrolle über die Gerichte der Vereinigten Staaten aufrechtzuerhalten. Seine anschließende politische Karriere war damit gesichert. Um die Aufmerksamkeit von der freimaurerischen Unterstützung seiner Karriere abzulenken, wurde viel von einer vorübergehenden Verbindung mit dem Boss der Unterwelt von Kansas City, Boss Pendergast, als dem Mann hinter seinem kometenhaften Aufstieg erzählt. Tatsächlich war Pendergast auch ein Freimaurer.

Nachdem er den 33. Grad erreicht hatte, änderte Truman heimlich seinen Namen, indem er die Initiale S. hinzufügte, die für Solomon stand. Er sagte häufig zu Journalisten: Das S steht für nichts. Als Präsident war er der revolutionären Tradition des 33. Grades konsequent treu. Als er den blutigen Diktator Joseph Stalin als „Good Old Joe" begrüßte, initiierte er den Marshall-Plan, um die geheimen Lieferungen an die Sowjetunion fortzusetzen. Er bezeichnete den Verratsfall von Alger Hiss öffentlich als „Red Herring" und er autorisierte George Kennan vom Außenministerium, die „Eindämmungspolitik" zu entwerfen, die garantierte, dass Russland die mitteleuropäischen Nationen weiterhin ohne jegliche Einmischung besetzen würde, nachdem es sie durch bewaffnete Aggression erobert hatte. In all seiner revolutionären Arbeit wurde er von seinem engsten persönlichen Vertrauten, David Niles oder Neyhus, unterstützt, einem kommunistischen Homosexuellen, der eine Schwester hatte, die eine wichtige Position in der Regierung von Israel innehatte, und eine andere Schwester, die eine politische Position in Moskau hatte. Um ihn auf seinen nächtlichen, betrunkenen Streifzügen durch die Hinterhöfe Washingtons zu schützen, ließ Niles von J. Edgar Hoover zwei FBI-Agenten beauftragen, ihm zu folgen. Sie mussten sich hinter Mülltonnen verstecken, während er seinen gewohnten Beschäftigungen nachging, und sorgten dann dafür, dass er sicher ins Weiße Haus zurückkehrte. Diese FBI-Tradition wurde für Walter Jenkins während der Besetzung des Weißen Hauses durch Lyndon Johnson fortgesetzt.

Eine der rebellischsten Persönlichkeiten in der Geschichte der Vereinigten Staaten war der Hauptorganisator der Freimaurerei, Albert Pike. Geboren in Boston, besuchte er die Harvard University und zog später nach Arkansas. Während des Bürgerkriegs diente er als General in der konföderierten Armee, danach widmete er den Rest seines Lebens der Förderung der Freimaurerei. Ihm wird das Verdienst zugeschrieben, den Schottischen Ritus in den Vereinigten Staaten bekannt gemacht zu haben. Bezeichnenderweise datiert der Schottische Ritus alle seine offiziellen Mitteilungen mit dem Jahr des hebräischen Kalenders. Pike unterhielt weltweite Verbindungen zu so bekannten freimaurerischen Revolutionären wie Garibaldi und Mazzini. Sie arbeiteten bei der Gründung von vier Großzentralen für die Freimaurerei zusammen; der nordamerikanische Zweig hatte seinen Sitz in Washington, D.C.; der südamerikanische Zweig hatte seinen Sitz in Montevideo; der europäische Zweig in Neapel; und der Zweig für Asien und Ozeanien in Kalkutta. Auf ihn und Mazzini folgte Adriano Lemmi als Leiter der Weltfreimaurerei. Pike und Lemmi hatten eine ausgedehnte Meinungsverschiedenheit über den Namen des Gottes der Freimaurer, den sie in ihren Riten verwenden sollten; Pike war entschlossen, ihn Luzifer zu nennen, während Lemmi auf Satan bestand; schließlich einigten sie sich auf Luzifer. Pike später verwendet den Begriff, Sublime Pontifex von Luzifer, um sich selbst zu beschreiben.

Obwohl er aus bescheidenen Verhältnissen stammte, schien Pike während seiner Jahre in Arkansas über unbegrenzte Mittel zu verfügen, für die nie eine Quelle gefunden wurde. Als grobschlächtige, beleibte Kreatur mit den perversesten Vorlieben organisierte er häufig Expeditionen mit bis zu drei Wagenladungen von Freunden und Prostituierten. Sie zogen aufs Land, beladen mit Schnapsfässern, allen verfügbaren Delikatessen und anderen Erfrischungen. Dann vergnügten sie sich tagelang in wilden Orgien und waren blind für die Welt.

Nach dem Aufstieg zur Kontrolle der amerikanischen Freimaurerei verbot Pike die Erwähnung des Namens von Jesus Christus in einem Gebet in einer Freimaurerloge. Er organisierte die Adonaicide Mass für die Spitzenbeamten des Neuen Palladianischen Ritus. Sie basierte auf dem Initiationsritus des 25. Grades, in dem die Schlange als der wahre Freund des Menschen dargestellt wird und Christus oder Adonais als der wahre Feind der Menschheit. Eigentlich war es eine etwas konventionelle Schwarze Messe, der Pike einige originelle eigene Akzente hinzufügte; der Höhepunkt war die Einweihung einer nackten Prostituierten, Eva genannt, in die Riten des Geschlechtsverkehrs. Ein Huhn oder Tier wurde dann als blutiges Opfer für Luzifer geopfert, um den Sieg der Synagoge Satans über Christus zu feiern; gefolgt von der rituellen Verunreinigung der Hostie. Das Blut wurde an die Feiernden herumgereicht, um getrunken zu werden, wonach das Fleisch rituell gegessen wurde. Alle Anwesenden gaben sich dann einer Sauforgie hin.

Trotz seiner häufigen Ausschweifungen, war Pike ein unermüdlicher Organisator. Er schaffte es, das massive Lehrbuch „Moral und Dogma" zu produzieren, das bis heute die Bibel der amerikanischen Freimaurerei ist. Erstmals 1871 in Charleston (der Mutterloge) veröffentlicht, zeigt das Buch schon auf der ersten Seite die tyrannischen Absichten der Freimaurerei. „Die blinde Kraft des Volkes ist eine Kraft, die ökonomisiert und auch verwaltet werden muss - sie muss durch Intellekt reguliert werden. ... Die Kraft des Volkes ... kann eine einmal geschaffene freie Regierung nicht aufrechterhalten und in Aktion und Existenz fortführen."

Dies ist die kahle Entschlossenheit, dass die Freimaurerei kann nicht dulden, die Existenz einer freien Regierung. Daher müssen die amerikanische Republik und die Verfassung der Vereinigten Staaten, die von und für das Volk von Shem geschrieben wurde, beseitigt werden. Pikes Buch ist im Großen und Ganzen einfach eine Formulierung des Programms, das die Kanaaniter bereits seit dreitausend Jahren verfolgten. Es gab eine genaue Reihe von Anweisungen, durch die das amerikanische Volk unter Kontrolle gebracht werden könnte und gebogen, um die Ziele der Freimaurerei.

Pike identifiziert die dämonischen Ursprünge der Freimaurerei auf Seite 22 positiv: „Die Freimaurerei, Nachfolgerin der Mysterien, folgt immer noch der alten Art der Lehre. Die Freimaurerei ist identisch mit den alten Mysterien. Dies erklärt auch die enge Zusammenarbeit der Freimaurerei mit den Führern des säkularen Humanismus, der ebenfalls direkt von den Mysterienkulten abstammt."

Eine weitere sinnvolle Aussage findet sich auf Seite 152: „Freimaurerei ist Aktivismus." Diese drei Worte erklären die wütende Beteiligung der Freimaurer an jeder Art von aktivistischer Bewegung in den Vereinigten Staaten, ob es sich um Feminismus, Humanismus, Rassenintegrationen oder Kommunismus handelt. Pike hatte das Gesetz festgelegt -

Freimaurer müssen Aktivisten sein, und sie haben sein Diktum gehorcht. Infolgedessen kommt ein Großteil des Antriebs, sowie die Finanzierung, für alle Arten von Aktivisten Agitation in den Vereinigten Staaten direkt von der verborgenen Hand des Freimaurerordens. Wo immer Sie in diesem Land eine Gruppe marschieren sehen, werden Sie wahrscheinlich feststellen, dass Freimaurer die Anstifter sind.

Pike erklärt das Engagement der Freimaurerei für die Eine-Welt-Regierung, auf Seite 220. Er schreibt: „Die ganze Welt ist nur eine Republik, von der jede Nation eine Familie und jedes Individuum ein Kind ist. Dies erklärt den sozialistischen Paternalismus der gegenwärtigen amerikanischen Regierung, die eine fabianische, von der Wiege bis zur Bahre reichende Kontrolle über das tägliche Leben eines jeden Bürgers anstrebt. Die gut geölte Maschinerie der nationalen Freimaurerbewegung ist in der Lage, ein solches humanistisches Programm umzusetzen, das frei von religiöser Inspiration oder Werten ist. „Kindern" kann man nicht zutrauen, mit ihrem eigenen Geld umzugehen; nur eine weise Zentralregierung in Washington kann entscheiden, unsere Einkünfte an andere Nationen zu schicken, die unsere Hilfe verdienen, aber als Einzelpersonen sind wir vielleicht nicht großzügig genug, unsere Kinder zugunsten von Tyrannen in anderen Ländern zu berauben. Folglich nehmen uns die Agenten der IRS unsere Einkünfte weg, und die Bundesregierung in Washington setzt sie dann für „bessere" Zwecke ein.

Pike, der letzte Arbiter der gesamten amerikanischen Freimaurerei, definiert die okkulten Ursprünge der Freimaurerei, sowie seine Entschlossenheit, eine Eine-Welt-Tyrannei zu errichten. Eine solche antichristliche Lehre konnte nur von den rauchenden Altären des Baal und seinen dämonenanbetenden Jüngern kommen.

Um die Bedeutung seines Dogmas zu betonen, schreibt Pike, dass „jede Freimaurerloge ein Tempel der Religion ist, und ihre Lehrer sind Lehrer in der Religion." Aufgrund seiner früheren Aussagen sagt er tatsächlich, dass jeder freimaurerische Lehrer ein Lehrer in der Kabbala ist. Dies spiegelt sich im Eid des Meisterfreimaurers wider: „Ich werde alle gebührenden Zeichen und Aufforderungen anerkennen und befolgen, die mir von einer Meisterfreimaurerloge geschickt oder von einem Bruder dieses Grades gegeben werden ... Ich werde ihm zu Hilfe eilen. ... Das Versäumnis, dies zu tun, bedeutete keine geringere Strafe, als dass mein Körper in zwei Hälften geteilt, meine Eingeweide entnommen und zu Asche verbrannt würden. Dieser Eid wird mit verbundenen Augen auf den Knien abgelegt, um die Wirkung zu verstärken. Dies ist die wahre Offenbarung einer „brüderlichen Loge", die sich angeblich der Wohltätigkeit und guten Werken verschrieben hat. Hat jemand jemals für die Wohltätigkeitsarbeit mit der Ermahnung, dass, wenn sie sich weigern, werden sie in zwei Teile getrennt werden und ihre Eingeweide herausgenommen und verbrannt werden gebeten?

Albert Pike, der 1809 geboren wurde, starb 1891 in Washington, D.C. Seine Beerdigung wurde im Freimaurertempel um Mitternacht abgehalten, mit dem Ritus der Kadosch-Beerdigung. Der Raum war ganz in Schwarz gehüllt, nur von ein paar schaurig brennenden Kerzen beleuchtet, eine wahre Hexen-Zeremonie für einen Mann, der sein Leben der Sache Luzifers gewidmet hatte.

Von 1859 bis 1871 hatte Pike an seinem Masterplan für die Weltordnung der Freimaurerei gearbeitet. Er formulierte das Programm, das drei Weltkriege beinhaltete; den ersten, um den Zaren zu stürzen und einen kommunistischen Staat zu errichten; den zweiten Weltkrieg, der das kommunistische Imperium aufbauen würde; und den dritten Weltkrieg, der die christliche Zivilisation für alle Zeiten in der ganzen Welt zerstören würde. Am 15. August 1871 schrieb er einen Brief an Mazzini, der heute im Britischen Museum ausgestellt ist, über sein Programm für die luziferische Welteroberung, die geplant war, um „die Nihilisten und die Atheisten zu entfesseln ... überall werden die Bürger das eine reine Licht durch die universelle Manifestation der reinen Lehre Luzifers empfangen ... was der Zerstörung des Christentums und des Atheismus folgen wird, die beide zur gleichen Zeit erobert und ausgerottet werden." Es war Pike, der die geheime Technik formulierte, wonach Eingeweihte der Blauen Loge nur durch „die äußeren Türen ihrer Philosophie" gehen würden; die Eingeweihten müssen durch falsche

Interpretationen getäuscht werden; wahre Interpretationen waren für diejenigen von hohem Grad reserviert, die Prinzen der Freimaurerei, denen es verboten war, den unteren Eingeweihten die wahren Interpretationen zu offenbaren.

Wegen der zahlreichen päpstlichen Bullen, die gegen die Freimaurerei erlassen worden waren, beschlossen Pike und Lemmi, dass das Papsttum zerstört werden müsse. Das Bulletin des Grand Orient von Frankreich, 18. September 1885, rief zur Zerstörung der katholischen Kirche auf.

Monsignore Dillon war vielleicht die erste Person, die erkannte, dass die wahre Macht hinter der kommunistischen Bewegung die der Freimaurerei war. Er schrieb 1884, dass das Neue Zeitalter tatsächlich auf dem Wunsch nach dem Kommen eines neuen Messias, eines falschen, aufgebaut ist; dass der Tempel Salomons in Erfüllung der Prophezeiung Christi zerstört wurde, und dass der Grand Orient und die Logen des Schottischen Ritus die Quelle der modernen revolutionären Aktivität waren. Papst Leo XIII. prangerte die Freimaurerei als Naturalismus an: „Das Endziel der Freimaurerei ist es, die gesamte religiöse und politische Ordnung der Welt, die durch das Christentum ins Leben gerufen wurde, vollständig zu entwurzeln und sie durch eine andere zu ersetzen, die mit ihrer Denkweise in Einklang steht. Dies wird bedeuten, dass die Grundlage und die Gesetze der neuen Struktur aus dem reinen Naturalismus gezogen werden."

Abbe Lerudan hatte 1747 in Amsterdam geschrieben: „Das wahre Geheimnis der Freimaurerei ist der Unglaube an die Göttlichkeit Christi und ersetzt durch den Naturalismus oder die Lehre des Rationalismus, die von Socinus in Polen gepredigt wurde." Oliver Cromwell, der Königsmörder von England, war ein Socinianer aus Überzeugung; das ermöglichte es der Freimaurerei, sich in England formell zu organisieren. Napoleon, dessen Bruder Joseph Bonaparte Großmeister war, wurde von den Freimaurern für zu mächtig gehalten; Bernadotte, ein Freimaurer, überredete ihn, seinen verhängnisvollen Feldzug gegen Russland zu starten, der zur Vernichtung seiner Armee führte.

In Italien hatte Lord Sackville von England den Grand Orient von Italien gegründet, der von den hochgeheimen Carbonari über die Alta Vendita, ihren operativen Arm, geleitet wurde. Die Anweisungen an die Mitglieder enthielten diese Ermahnung: „Jede Handlung deines Lebens soll darauf abzielen, den Stein der Weisen zu entdecken. Die Alchemisten des Mittelalters verloren ihre Zeit und die ihrer Dummköpfe bei der Suche nach diesem Traum. Der der Geheimgesellschaften wird aus den einfachsten Gründen verwirklicht werden, weil er auf den Leidenschaften des Menschen beruht. Lassen wir uns also nicht durch eine Prüfung, eine Zurückhaltung oder eine Niederlage entmutigen. Bereiten wir unsere Waffen in der Stille der Logen vor, kleiden wir unsere Batterien ... schmeicheln wir allen Leidenschaften, den bösartigsten und den großzügigsten, und alles führt uns zu dem Glauben, dass unsere Pläne eines Tages erfolgreicher sein werden als selbst unsere unvorsichtigsten Berechnungen."

Eine weitere Anweisung der Alta Vendita lautete: „Wir hören nicht auf, euch zu empfehlen, Personen jeder Klasse und jeder Art von Vereinigungen anzuschließen, egal welcher Art, nur unter der Voraussetzung, dass Geheimnis und Geheimhaltung das vorherrschende Merkmal sein sollen. Gründet unter einem höchst unsinnigen, aber niemals politischen oder religiösen Vorwand von euch selbst, oder besser noch, lasst von anderen Vereine gründen, deren gemeinsamer Zweck die Musik, die schönen Künste sind. Dann infiltriert das Gift in diese ausgewählten Künste; infiltriert es in kleinen Dosen. Ein Fürst, der kein Königreich zu erwarten hat, ist ein Glück für uns. Es gibt viele von ihnen in dieser Notlage. Diese armen Prinzen werden unseren Zwecken dienen, während sie denken, nur für ihre eigenen zu arbeiten. Sie bilden ein prächtiges Aushängeschild, und es lassen sich immer genug Narren finden, die bereit sind, sich in den Dienst einer Verschwörung zu stellen, deren Rädelsführer der eine oder andere Fürst zu sein scheint. Es gibt wenig Moral, selbst unter den Moralischsten der Welt, und man geht schnell auf den Weg des Fortschritts. Ein guter Hass, durch und durch kalt, durch und durch berechnet, ist mehr wert als alle diese künstlichen Feuer und alle diese Erklärungen auf dem Podium. In Kürze wird uns eine Druckerei in Malta zur

Verfügung gestellt werden. Wir werden dann in der Lage sein, ungestraft, mit einem sicheren Schlag und unter britischer Flagge, Bücher, Pamphlete usw., die die Alta Vendita in Umlauf bringen will, von einem Ende Italiens zum anderen zu streuen."

Nesta Webster enthüllt in „Weltrevolution", Seite 14, weitere Drohungen an potenzielle Verräter: „Wenn du nur ein Verräter und Meineidiger bist, lerne, dass alle unsere Brüder aufgerufen sind, sich gegen dich zu bewaffnen. Hoffe nicht, zu entkommen oder einen Ort der Sicherheit zu finden. Wo immer du bist, Schande, Reue und die Wut deiner Brüder werden dich verfolgen und dich bis in die innersten Eingeweide quälen." Dies war keine leere Drohung; die Freimaurer waren dafür bekannt, diejenigen zu vergiften, die sie verdächtigten, sie verraten zu haben, so dass sie einen langsamen und qualvollen Tod starben, mit schrecklichen Schmerzen „in den innersten Tiefen ihrer Eingeweide".

Die Art der Hinrichtung ist oft symbolisch, um eine Warnung an andere Freimaurer oder an Außenstehende zu vermitteln, die mehr wissen könnten, als gut für sie ist. Eine solche war die Hinrichtung von Robert Calvi, einem der Hauptakteure im Skandal um die Banco Ambrosiano. Calvi wurde an der Blackfriars Bridge in London hängend aufgefunden, wobei der Ort gewählt wurde, um zu signalisieren, dass er in Ungnade gefallen war. Vor kurzem wurde von einem Richter in Mailand Haftbefehl gegen einen anderen Hauptverantwortlichen in diesem Fall erlassen, Erzbischof Paul C. Marcinkus, ein gebürtiger Chicagoer, der für die Finanzen des Vatikans verantwortlich war. Die Pleite der Bank kostete den Vatikan 250 Millionen Dollar, obwohl seine Haftung zu einem Zeitpunkt auf etwa 3 Milliarden Dollar geschätzt wurde. Erzbischof Marcinkus war verantwortlich für das Instituto per Ie Opere di Religione, das Institut für religiöse Werke des Vatikans, das die Finanzen kontrollierte. Der Skandal war nicht wirklich über das Bankwesen, sondern über die Freimaurerei.

Lord Sackville hatte 1733 die erste Freimaurerloge in Italien gegründet; bis 1861 begann Italien, sich als Weltmacht zu organisieren. Es gab damals drei Freimaurergruppen in Italien, in Turin, Neapel und Palermo. Garibaldi gelang es, sie 1864 zu vereinen und wurde so zum mächtigsten politischen Führer Italiens; sein Ansehen war so groß, dass Präsident Lincoln ihn bat, während des Bürgerkriegs Oberbefehlshaber der Armee der Vereinigten Staaten zu werden. Als Mussolini nach dem Ersten Weltkrieg an die Macht kam, erklärte er die Freimaurerei „zu einer Gefahr für den Frieden und die Ruhe des Staates". Die Logen wurden durch das Antifreimaurergesetz von 1925 verboten, was eine wütende weltweite Propagandakampagne gegen Mussolini als „Diktator" auslöste. Nach dem Zweiten Weltkrieg tauchten in Italien prompt wieder etwa fünfhundert Logen auf. Die Logen wurden großzügig mit Geldern finanziert, die von den Steuerzahlern der Vereinigten Staaten zur Verfügung gestellt wurden. Das Geld kam in solchen Mengen, dass eine supergeheime Gruppe benötigt wurde, um es zu verwalten. Ein Lucio Gelli war 1963 dem Grand Oriente d'Italia beigetreten; er organisierte nun eine neue Loge, die er Propaganda Due oder P-2 nannte. Sie wurde nach Mazzinis Loge Propaganda Uno benannt, die er gegründet hatte, um die Revolution von 1848 anzuführen. Gelli nahm den freimaurerischen Titel „supremo regulatore dell universo", Oberster Regulator des Universums, an. Innerhalb kurzer Zeit war fast jeder prominente Beamte, Bankier und Redakteur Italiens ein Mitglied von P-2.

P-2 wurde tief in viele hinterhältige Bankgeschäfte verwickelt, einschließlich der Kontrolle über die Banco Ambrosiano. Eine weitere Bank wurde gegründet, die Banco Privata, die ein Vehikel für Gelder zu sein schien, die seit dem Zweiten Weltkrieg versteckt worden waren, OSS-Millionen, die in geheimen Verstecken gebunkert worden waren. Die Auftraggeber der Banco Privata würden darauf hindeuten; zu ihnen gehörte John „McCaffery, der italienische Vertreter der Hambros Bank (Charles Hambro war Chef des SOE, des britischen Geheimdienstes in London); er kaufte 24,5% der Banco Privata für Hambros; Michael Sindona kaufte 51%. Später verkaufte Sindona die Banco Privata über Erzbischof Marcinkus an das IOR; die Kontrolle ging an eine Sindona-Firma in Lichtenstein, Fasco A. G. Eine weitere Holdinggesellschaft, La Centrale Finanzaria, wurde von Sindona gegründet, in deren Vorstand Robert Calvi, Evelyn de Rothschild und Jocelyn

Hambro saßen. Sindona bewegte bald 49 Milliarden Dollar in Eurodollars durch diese und andere Bank-Holdinggesellschaften, die er betrieb. Er machte dabei etwa 10 Millionen Dollar Gewinn. Die Banco Ambrosiano befand sich im Zentrum all dieser Aktivitäten; sie ging bankrott. Gelli hob 50 Millionen Dollar ab und floh in die Schweiz, wo er verhaftet wurde. Calvi wurde erhängt an der Blackfriars Bridge in London gefunden. Sindona, der auch am Zusammenbruch der Franklin National Bank in New York beteiligt war, wurde verhaftet und zu einer Gefängnisstrafe verurteilt. Er starb in einem amerikanischen Gefängnis. Vor seinem Tod erklärte er einem Interviewer die komplexen Zusammenhänge des großen Getreideschwindels, als die Sowjetunion im Juli 1972 Weizen von den Vereinigten Staaten kaufte. Die Sowjetunion konnte ihre Käufe auf folgende Weise bezahlen: die Zentralbank von Ungarn, die für die Sowjetunion handelte, gab den Auftrag, den Dollar für 20 Milliarden Dollar leer zu verkaufen; Finanzminister John Connally wertete dann den Dollar um 10% ab; die Sowjetunion machte 4 Milliarden Dollar mit ihrer Leerverkaufsoperation und bezahlte das Getreide; sie hatten 2 Milliarden Dollar Gewinn aus der Leerverkaufsoperation und 2 Milliarden Dollar aus der 10%igen Abwertung des Dollars. Sindona bemerkte: „In ihrer unergründlichen Naivität haben die Vereinigten Staaten den Sowjets 4 Milliarden Dollar zur Verfügung gestellt, Geld, das seitdem zweifellos in die Zerstörung ihrer Wohltäter investiert wurde; ich begann damals zu sehen, dass Amerika der Gefährte ihres eigenen Ruins war. Ich sage Ihnen, in der ganzen Geschichte hat keine Macht ihre Feinde so blindlings bewaffnet und unterstützt wie sie."

Tatsächlich umfasst „Amerika" nicht seine eigene Zerstörung; es wird von den freimaurerischen Kanaanitern zerstört, die seine höchsten Ämter infiltriert haben und die nun ihre Macht einsetzen, um das Volk von Sem und die Republik, die sie gegründet haben, zu zerstören.

Der Calvi-Mord brachte einige interessante Namen ans Tageslicht, darunter einen Francesco Pazienza, eine Washingtoner Figur, die dem ehemaligen Außenminister General Haig nahe stand; Flavio Carboni, ein Berater der Banco

Ambrosiano, der auch Armando Corona, dem Chef des Grand Orient von Italien, nahe stand; Ernesto Diotallevi und Danil Abbrudati, die Köpfe der römischen Unterwelt. Abbrudati wurde von Leibwächtern von Roberto Rosone, dem stellvertretenden Vorsitzenden der Banco Ambrosiano, getötet, als er versuchte, ein Attentat auf Rosone zu verüben. Carboni war mit Calvi in London, als Calvi beseitigt wurde. Carboni war im Sheraton Hotel in London gemeldet, während Calvi sich in der Nähe in Chelsea aufhielt. Sindona sagte später, dass südamerikanische Freimaurer den Mord an Calvi verübt hätten.

Carboni hatte zuvor von Calvi 100.000 Dollar erhalten, die auf das Schweizer Bankkonto seiner Geliebten, Laura Concas, überwiesen wurden; Calvi hatte außerdem 530.000 Dollar an Ernesto Diotallevi gezahlt. Ein Londoner Richter hob das Urteil, dass Calvi Selbstmord begangen hatte, auf und erklärte es zu einem Tod durch unbekannte Personen. Die Ermittlungen wurden eingestellt.

Der Freimaurerorden der Kanaaniter operiert in den Vereinigten Staaten unter offener Missachtung der Gesetze gegen kriminellen Syndikalismus. 46 CJS 1 besagt: „Syndikalismus ist die Lehre, die die Abschaffung des bestehenden politischen und sozialen Systems mittels eines Generalstreiks, einer friedlichen Demonstration oder revolutionärer Gewalt befürwortet ... es liegt in der Macht des Gesetzgebers, die Befürwortung von Propaganda zu bestrafen, die die Zerstörung der Regierung oder der Eigentumsrechte zum Ziel hat, zu deren Erhaltung diese Regierung gegründet wurde, und zwar bevor eine gegenwärtige und unmittelbare Gefahr des Erfolgs des befürworteten Plans besteht. Die anfängliche und jede andere wissentlich zur Erreichung dieses Zwecks begangene Tat kann verboten und zum Verbrechen erklärt werden. Sie können auch die Verbindung mit oder die Mitgliedschaft in Organisationen verbieten und bestrafen, die solche Doktrinen befürworten oder andere einladen, solchen Organisationen beizutreten ... Die Befürwortung innerhalb eines Staates oder die Befürwortung von Gewalttaten gegen einen anderen Staat oder gegen die Vereinigten Staaten kann kriminellen Syndikalismus darstellen."

Es gibt also genügend Gesetze, um das Volk Sem vor seiner geplanten Ausrottung durch die freimaurerischen Kanaaniter zu schützen. Die Freimaurerei verstößt auch gegen Gesetze, die Handelsbeschränkungen, Kombinationen, die zur Schädigung anderer Personen eingegangen werden, und viele andere illegale Aktivitäten verbieten. Ständiger Schaden wird der gesamten Wirtschaft durch die Existenz einer kleinen, supergeheimen Gruppe zugefügt, die jeden Fortschritt in der Wirtschaft und in den Berufen kontrolliert, die die Vergabe von Bankkrediten, die Aufnahme eines Verlagsgeschäfts wie Bücher, Zeitschriften oder Zeitungen, den Betrieb eines Radio- und Fernsehsenders, die Gründung einer Bank und viele andere Handelswege kontrolliert.

Eltern wollen immer die bestmögliche Zukunft für ihre Kinder und bringen große Opfer, um sie durch die Schule zu bringen und sie aufs College zu schicken. Sie erkennen nie, dass ihre Kinder ohne das „Offene Sesam öffne dich" des Freimaurerordens dazu verdammt sind, Holzfäller und Wasserschöpfer zu sein, dass sie nie hoffen können, große Summen zu verdienen oder in ihrem Bereich voranzukommen. Alles ist bereits von den Kanaanitern für ihre eigene Art vorweggenommen. Nur die Kinder der konspirativen Elite werden zu den besten Schulen zugelassen, bekommen die besten Jobs und leben das gute Leben. Für den Rest von Amerika ist die Party vorbei.

KAPITEL 3

SÄKULARER HUMANISMUS

Der freimaurerische Orden der Kanaaniter hat gedeiht, weil er seine Propagandamittel mit großer Sorgfalt ausgewählt hat. Das vielleicht effizienteste von ihnen, eines, das einen großen und lautstarken Teil der christlichen Kirche zu seiner Arbeit bekehrt hat, ist der säkulare Humanismus. Die grundlegende Prämisse des säkularen Humanismus ist, dass menschliche Interessen Vorrang vor allen anderen Dingen haben sollten. Aufgrund seines Beharrens darauf, dass „Regierungsinteressen" das primäre Instrument zur Umsetzung des Guten der menschlichen Interessen sind, ist der säkulare Humanismus zum primären Befürworter des Statismus oder der großen Regierung geworden, was natürlich eine totalitäre Regierung bedeutet. Diese Umsetzung durch Regierungsbürokraten stellt immer „menschliche Interessen" gegen „geistige Interessen". Die geistigen Interessen werden schnell beiseite geschoben. Der säkulare Humanismus ist, richtiger gesagt, der Humanismus der weltlichen Angelegenheiten, der Angelegenheiten dieser Welt. Für diejenigen, die glauben, dass es kein Leben nach dem Tod gibt, ist es von höchster Wichtigkeit, die totale Kontrolle über dieses Leben zu behalten, da sie glauben, dass es kein anderes gibt. Diejenigen, die an ein Leben nach dem Tod glauben, sind dagegen versucht, zu tolerant gegenüber Missständen auf der Erde zu sein, in der Annahme, dass die Dinge in der nächsten Welt besser sein werden.

Viele Menschen verwechseln in ihren Köpfen den Begriff „Humanität" mit dem des Humanismus. Humanismus ist niemals humanitär; sein am meisten wahrgenommenes Beispiel im zwanzigsten Jahrhundert sind die Todeslager Sowjetrusslands, in denen etwa sechsundsechzig Millionen Seelen umgekommen sind.

Humanitarismus resultiert aus Mitgefühl - und dem Wunsch, das Leiden eines anderen zu lindern. Der Humanismus hingegen, der direkt aus der Dämonenanbetung und den Kindermorden des alten Babylon stammt, hat als oberstes Ziel, seinen Feinden oder jedem, den er als Feind wahrnimmt, Leid zuzufügen. Humanistische Sozialbehörden in den Vereinigten Staaten erniedrigen und demütigen ständig die Personen, denen sie angeblich „helfen" wollen. Der Internal Revenue Service ist die herausragende humanistische Behörde in den Vereinigten Staaten; ihr Ziel ist es, den Reichtum der Bürger an „besser verdienende" Empfänger umzuverteilen; ziemlich oft sind diese Empfänger in fremden Ländern ansässig, und sie würden nichts lieber tun, als die Vereinigten Staaten zerstört zu sehen.

Der Humanismus hat immer eine bestimmte politische Richtung. Sein Ziel ist es, die politischen Institutionen des Menschen zu usurpieren und zu ersetzen und an ihrer Stelle eine permanente Art von Sozialismus zu errichten, in dem „das Wohl der Menschheit" von der Bürokratie eines totalitären Staates verwaltet werden wird. Der „Wohlfahrtsstaat", der in so vielen westlichen Nationen eingerichtet wurde, ist ein Riesenschritt auf dem Weg zu diesem Ziel.

Trotz der vielen Verweise auf den säkularen Humanismus, sowohl von seinen Befürwortern als auch von seinen Gegnern, hört man selten eine konkrete Diskussion darüber, was der säkulare Humanismus ist, oder über seine Quellen. Dies ist besonders erstaunlich, da sowohl seine Ursprünge als auch seine Geschichte in den üblichen Referenzquellen leicht zugänglich sind. Außerdem sind die lautstärkeren Befürworter des säkularen Humanismus oft in der akademischen Welt zu finden, wo die Wissenschaft eine Lebensform ist und wo dieses Thema viele verlockende Möglichkeiten der Forschung bietet.

In der vorliegenden Arbeit hatte dieser Autor nicht erwartet, das Thema Humanismus aufzugreifen. In der Tat, als er mit der Erforschung der Dämonologie der Geschichte begann, schien es unwahrscheinlich, dass der Humanismus in irgendeiner Rolle erscheinen würde. Wie die meisten anderen Gelehrten auch, hatte der vorliegende Autor einen wesentlichen Aspekt des Humanismus nicht berücksichtigt. Für die Enthüllung dieses besonderen Aspekts sind wir einem russischen Emigranten, Vladimir Voinovich, zu Dank verpflichtet. Er zitiert A. Surkov, einen Redner auf dem Ersten Kongress der sowjetischen Schriftsteller: „Die Dichter übersehen irgendwie einen vierten Aspekt des Humanismus, der sich in dem ernsten und schönen Begriff des Hasses ausdrückt." In der Tat würden die meisten Schriftsteller nicht wahrnehmen, dass der Hass ein wesentlicher Aspekt des Humanismus ist. Vielleicht ist er in Sowjetrussland offensichtlicher als in anderen Ländern. Voinovich fährt fort, den Hass als die vielleicht wichtigste Einzelkomponente des Humanismus zu charakterisieren. Aber wie ist das möglich? Wie kann der Humanismus, der die Interessen der Menschheit über die der geistigen Belange stellt, der die Menschheit verbessern will, indem er jede geistige Rolle in der Entwicklung des Menschen leugnet und sich strikt auf „seine eigenen" humanistischen Interessen konzentriert, die grundlegende Zutat des Hasses enthalten? Nur jemand, der mit den Schrecken des modernen Sowjetstaates vertraut ist, könnte qualifiziert sein, den Hass als die Hauptzutat des Humanismus zu identifizieren. Die sowjetische Regierung, Verwalter des humanistischsten Staates der Welt, hat seit der bolschewistischen Revolution etwa sechsundsechzig Millionen ihrer eigenen Bürger ermordet, wie ihr führender Schriftsteller, Aleksander Solschenizyn, sagt. All dies wurde im Namen des „sozialistischen Realismus" oder Humanismus getan.

Die wesentliche Zutat des Humanismus, der Haß, läßt sich direkt bis zu seiner Quelle zurückverfolgen, den Dämonenanbetern des Baal in der alten Geschichte, den Kanaanitern, die ihrem Appetit auf Menschenopfer im Namen der „Religion", dem Kannibalismus im Ritus der Ehrung ihrer Götter und dem Kindermord im Namen des Moloch frönten. Es sind dieselben Kanaaniter, die heute die großen Nationen der Welt beherrschen und die sich sehnlichst auf weitere Massaker freuen, die sie im zwanzigsten Jahrhundert verübt haben und die unsere Zeit zum Schauplatz der größten Massenmorde in der Geschichte der Menschheit gemacht haben.

Die dämonischen Quellen des Humanismus spiegeln sich nicht nur in der Leugnung Gottes und der kabbalistischen Behauptung wider, dass Gott an der eigentlichen Erschaffung der Welt nicht beteiligt war, sondern auch in seiner philosophischen Inspiration, die allein von Satan und seinen bösen Aktivitäten stammt. Wie I. M. Haldeman schreibt: „Die ganze Geisterwelt wird von der Weisheit des gefallenen Engels bewegt. Die Geister der dunklen Zone tauchen in einer spiritistischen Periode auf ... Der Spiritismus ist nur die Agentur in den Händen jenes großen gefallenen Engels, der noch immer den Titel als Fürst und Gott dieser Welt innehat und seit langem entschlossen ist, ihn zu erfüllen und zu wirken." So sehen wir, dass sehr viele Menschen, Spiritisten, Spiritualisten und ihresgleichen, glauben, dass Satan die Kontrolle über diese Welt hat. Aus ihren Handlungen geht hervor, dass die Humanisten dies ebenfalls zu glauben scheinen. Sicherlich hätten sie den Hass auf das Leben nicht zu einem Hauptbestandteil ihrer Philosophie gemacht, wenn sie nicht die Praxis des Satanismus übernommen hätten.

Wenn wir die lange Geschichte des Humanismus untersuchen und seine Manifestationen von der Antike bis zur Gegenwart verfolgen, finden wir einzigartige Koeffizienten, die in allen seinen verschiedenen historischen Perioden auftauchen. Die erste war natürlich die kanaanäische Welt von Baal und Aschtoreth, mit ihrem Schwerpunkt auf dämonischen Methoden der Anbetung. In ihren späteren Erscheinungsformen nahm sie, wahrscheinlich aufgrund des zunehmenden öffentlichen Widerstands, eine schützende Färbung des „intellektuellen" Kostüms an. Baal wurde zu Dr. Faustus. Die rauchenden Altäre der Kanaaniter wurden durch eine wachsende Betonung des philosophischen Diskurses verdunkelt. Die erste dieser „Schulen des Humanismus" war die des Pythagoros (582-507 v. Chr.). Die pythagoreische Schule, die in Crotona gegründet wurde, fungierte als „Mysterienschule", d.h. als eine Schule, in der die „geheimnisvollen" Aspekte der Philosophie für eine begrenzte Gruppe sorgfältig ausgewählter „Eingeweihter" betont wurden. Die pythagoreische Gleichung basierte auf dem Dualismus der ersten Prinzipien - das Begrenzte, oder die Quelle der Bestimmtheit, und das Unbegrenzte, oder die Quelle der Teilbarkeit. In der Tat war dies die erste Schule der Dialektik, eine Form der Lehre, die ihren Höhepunkt im neunzehnten Jahrhundert in der Arbeit von Hegel und seinem berühmtesten Schüler, Karl Marx, erreichen sollte.

Die pythagoreische Schule enthielt auch viele Grundsätze, die in späteren Jahrhunderten im Buch Zohar, der Kabbala, erscheinen sollten. Eines dieser Prinzipien war die Numerologie, ein Versuch, sich auf das Universum als mathematische Gleichung zu konzentrieren und so eine magische Formel auszuarbeiten oder zu entdecken, die Kontrolle über das Universum geben würde. Bei den Pythagoräern gab es die Tetraktys, die heilige Zahl Zehn, die durch Addition der ersten vier Zahlen erreicht wurde.

Die pythagoreische Schule in Kroton hat eine interessante Korrelation in unserer eigenen Zeit. In den 1930er Jahren befand sich die amerikanische Zentrale der Theosophischen Gesellschaft in Krotona, Kalifornien.

Ob diese Stadt absichtlich nach der Stadt des Pythagoras benannt wurde, ist nicht bekannt.

Der Satz des Pythagoras oder die Metaphysik der Zahlen hat Platon stark beeinflusst. Obwohl er uns in erster Linie als Philosoph bekannt ist, übte er während seines gesamten Erwachsenenlebens erheblichen politischen Einfluss aus. Er war der anerkannte Führer einer politischen Fraktion im Mittelmeerraum, die sich gegen die Expansion des persischen Reiches stellte. Platon war führend bei der Entwicklung einer Elite, die die Griechen wieder zur politischen Vorherrschaft im Mittelmeerraum bringen konnte. Der Einfluss der Pythagoräer veranlasste ihn, ein Programm zu entwickeln, das dem der Freimaurer heute sehr ähnlich ist, eine geheime Elite, die ihren Einfluss hinter den Kulissen ausüben konnte, aber immer ihrem eigenen verborgenen Programm gewidmet war, dessen Prinzipien nur einer Elite bekannt waren.

Platon unterstützte Dionysos I., Herrscher von Syrakus, als Anführer der griechischen Koalitionsstreitkräfte. Dionysos wurde Platons Vorbild für seinen zukünftigen Philosophen-König. Im Gegenzug gab Dionysos' Schwager, Dion, Platon Geld, um seine Philosophenschule zu gründen, indem er Mittel für den Bau einer Gruppe von Gebäuden vorstreckte, die heute als der Hain der Akademiker in die Geschichte eingegangen sind. In diesen Gebäuden, am Rande von Athen, schrieb Platon „Die Republik" als Leitfaden für die Humanisten der Zukunft, damit sie die totale Kontrolle über ihre Gesellschaft erlangen konnten. Platon beriet dann Dionysos II in seinem heiligen Krieg gegen Delphi. Während dieses Krieges wurde der Tempel des Apollo erobert, einschließlich der riesigen Mengen an Gold, die dort gelagert worden waren. Platon schrieb später den Dialog „Timaios" als Elegie für seinen Mentor Dion.

Sowohl Platon als auch Pythagoros glaubten an die Lehre der Seelenwanderung, eine beliebte Theorie in der Mystik. Platon bleibt die wichtigste Figur in der Entwicklung des Humanismus, weil er ihn fast im Alleingang von einem Glauben, der auf der Dämonenanbetung des Baal basierte, in eine respektablere „Schule der Philosophie" verwandelte, ein Prozess, der von Pythagoros eingeleitet worden war. Dennoch blieb der Humanismus ein Glaubensbekenntnis, das sich der verschwörerischen Versklavung der Menschheit durch eine geheime Elite widmete, die sich als besonders „auserwählt" und gnostisch, d.h. wissend, im Gegensatz zu den Nichtwissenden, betrachtete. Während er sich mehr und mehr in den säkularen Aspekten der Gesellschaft engagierte, ist der Humanismus seinen Grundprinzipien treu geblieben, die aus einer Mischung der Lehren der wichtigsten „Mysterienkulte" bestehen: Pantheismus, Anbetung der Natur, Gnostizismus (der immer eine Manifestation des Satanismus ist, der unwiderlegbar auf Gnostizismus oder dem Wissen um die Geheimnisse basiert) und Hermetismus. Es war die Bedrohung durch diese Lehren, die Christus veranlasste, seine berühmte Warnung auszusprechen: „Hütet euch vor den falschen Propheten, die in Schafskleidern zu euch kommen, inwendig aber sind sie reißende Wölfe. An ihren Früchten sollt ihr sie erkennen. Sammelt man denn Trauben von den Dornen oder Feigen von den Disteln?" (Matthäus 7: 15-16). Der Humanismus ist der Wolf im Schafspelz. Er wirbt mit seinem Mitgefühl für die Menschheit, mit seiner Sorge um die Obdachlosen und Armen, aber wie Christus sagt: „Erkennt sie an ihren Früchten. Fragt nicht, was sie zu tun beabsichtigen. Findet heraus, was sie tun. Auf diese Weise werden Sie nicht versuchen, Trauben von Dornen oder Feigen von Disteln zu sammeln.

Die hermetische Philosophie wird auf Hermes Trismegistus zurückgeführt, den griechischen Namen für den ägyptischen Gott Thoth, den Gott der Weisheit und der Buchstaben. Der Name selbst bedeutet „dreifach bewaffnet", das Gebot, dass derjenige, der mehr Informationen als andere hat, größeren Schutz hat. Francis Yates weist in „Giordano Bruno und die hermetische Tradition" darauf hin: „Die Theorie der universellen Animation ist die Grundlage der Magie. Die hermetische Sequenz par excellence ist die Alchemie - die berühmte Smaragdtafel, die Bibel der Alchemisten, wird Hermes zugeschrieben."

Trotz der Bemühungen der christlichen Führer, Ketzerei auszumerzen, war das Mittelalter voll von vielen Formen des Aberglaubens und der schwarzen Magie. Während die Alchemisten versuchten, unedle Metalle in Gold zu verwandeln, wurde eine neue Dialektik des Mystizismus, die Kabbala, zu einer starken Kraft in ganz Europa. Kabbala bedeutet einfach Traditionen. Sie wurde als das Buch Zohar formuliert, das der jüdische Mystiker Moses ben Shemtob de Leon im Jahr 1280 n. Chr. als Midrasch über das Grundgesetz schrieb.

Die Legende besagt, dass Gott, als er Moses das Gesetz gab, auch eine zweite Offenbarung über die geheime Bedeutung des Gesetzes gab. Es war jahrhundertelang verboten, diese geheime Bedeutung aufzuschreiben; sie wurde mündlich an eine ausgewählte Gruppe von Eingeweihten weitergegeben. Die „geheimen Bedeutungen" sind grundlegend für die „Mysterien"-Kulte. Die Theosophie basiert auf geheimen Bedeutungen; ihre Lehren wurden direkt aus der Kabbala übernommen, doch das am weitesten verbreitete Buch über amerikanische Kulte, „The Kingdom of the Cults" von Walter Martin, Bethany Press, 1965, erwähnt im Kapitel über Theosophie nicht ein einziges Mal die Kabbala.

Das Buch Zohar wird als ein theosophisches System beschrieben, das auf den zehn Sephiroth oder göttlichen Emanationen und den zweiundzwanzig Buchstaben des hebräischen Alphabets basiert, die die Namen Gottes umfassen. Mit der Vertreibung der Juden aus Spanien im Jahr 1492 wurden Lehrer der Kabbala nach ganz Europa geschickt. Ihre Lehren brachten die dominanteste philosophische Schule der Renaissance hervor, die neuplatonische Schule. Der Neoplatonismus wiederum wurde zur Quelle anderer philosophischer Entwicklungen, die direkt zur Reformation, der Aufklärung und dem Zeitalter der Revolution führten.

Der Zohar betont die talmudische Legende, dass die Dämonen auf der Erde durch sexuelle Kongresse zwischen Menschen und dämonischen Mächten entstanden sind, wodurch so bekannte Dämonen wie Lilith entstanden. Aus diesem Grund betonen dämonische Riten immer sexuelle Handlungen. Die Neolatonisten wurden weithin kritisiert, weil viele ihrer Lehrer und Schüler für ihre Verwicklung in Homosexualität bekannt waren.

Der Neoplatonismus kombinierte hermetische Schriften mit dem Gnostizismus, organisiert vor dem Hintergrund der Kabbala. Er betonte die innere Erleuchtung (ein Gebot, das direkt zur Entwicklung des Illuminatenkults in Deutschland führte), die Ekstase und die Korrelation von Mystik und Nationalismus. Die Anziehungskraft des Neoplatonismus auf seine Anhänger war das Angebot der „Befreiung des Selbst" durch mystische Erfahrung. Dieses System der Philosophie machte die Renaissance bald zur dominierenden kulturellen Kraft in Europa. Beeinflusst durch den byzantinischen Plethon, fand es seinen Höhepunkt in der Karriere von Pico della Mirandola. In der neuplatonischen Philosophie hat die Seele eindeutig Zugehörigkeiten innerhalb der Sphäre. Die Seelensubstanz ist um die konzentrische Sphäre der vier Elemente über dem feurigen Himmel gelegt.

Wie im Fall von Platon wurde auch dieser Philosophenschule eine Anziehungskraft auf die herrschende Ordnung zugesprochen, und sie wurde bald in Dienst gestellt. Der mächtigste Bankier der Renaissance, Cosimo de Medici,

Anführer des „schwarzen Adels" in Italien, der Welfen, gab das Geld, um die Accademia Platonica in Florenz im fünfzehnten Jahrhundert zu gründen. Mit dieser finanziellen und politischen Unterstützung gewann der Neuplatonismus schnell an Akzeptanz. Im Jahr 1486 präsentierte Pico della Mirandola an der Accademia 900 Thesen über diese neue Philosophie; 72 dieser Thesen waren offensichtlich kabbalistische Konzepte. Als bekannter Hebräisch-Gelehrter stützte della Mirandola einen Großteil der Philosophie des Neuplatonismus auf seine Studien auf diesem Gebiet. Durch seine Betonung eines Universums, das auf den Menschen zentriert ist, wird ihm zugeschrieben, die Philosophie des Existentialismus des zwanzigsten Jahrhunderts vorweggenommen zu haben. Della Mirandola wurde an der Accademia von Johann Reuchlin abgelöst, der für seine Entwicklung des „christlichen Kabbalismus", d.h. einer christlichen Version der Kabbala, berühmt wurde. Er wurde auch eine Hauptfigur bei der Verbreitung der neuplatonischen Lehre. Der Neoplatonismus oder die christliche Kabbala, später einfacher als „Renaissance-Humanismus" bekannt, schloss den Glauben an Gott oft aus seiner Philosophie aus. Seine Hauptthese war die kabbalistische Theorie, dass die Materie (oder das Leben) im Wesentlichen unvollkommen ist und daher Unordnung in einer ansonsten perfekten Welt verursacht. Platons Republik versuchte ebenfalls, die Unvollkommenheiten der Gesellschaft zu „korrigieren", indem sie eine „perfekte" Nation errichtete, deren Vollkommenheit durch eine Diktatur geschützt und aufrechterhalten werden sollte; dies wurde die Grundlage aller zukünftigen Entwürfe für „Utopien", von denen der Kommunismus der bekannteste ist. Marx verkündete, dass, wenn dieser Zustand der Vollkommenheit erreicht sei, der Staat verkümmern würde und keine diktatorische Macht mehr ausüben müsse. Allerdings hat noch kein kommunistischer Staat diesen Zustand der Vollkommenheit erreicht. Das war das Ziel der Vollkommenheit, das aus einer Abscheu gegen den Lebensprozess entstand; wegen dieser Abscheu hatten die „Humanisten" keine Skrupel, 66 Millionen Menschen in Sowjetrussland zu ermorden. Dies war das Ergebnis der „perfekten Ehe" des Neuplatonismus zwischen der Kabbala und den orientalischen Lehren des Gnostizismus, einer Vereinigung, die auf der Leugnung der Rolle Gottes im Universum beruhte.

Die Kombination von Hochfinanz, in der Person der Medici, und Neoplatonismus, der die Möglichkeit unbegrenzter Verhaltenskontrolle bot, schuf eine Situation, die den Kanaanitern in ihrem anhaltenden Kampf gegen das Volk Sem wie auf den Leib geschneidert war. Plotin und sein Schüler Porphyr hatten den Grundaspekt des Neuplatonismus entwickelt, dass das Erste Prinzip und die Quelle der Wirklichkeit, das Eine oder das Gute, das Sein und das Denken transzendiert und von Natur aus unerkennbar ist.

Der Gnostizismus beginnt immer mit dem Grundsatz, dass bestimmte Dinge „unwissbar" sind, dass aber ihre verborgenen Bedeutungen einer ausgewählten Gruppe offenbart werden können, die die entsprechenden Initiationsriten durchlaufen hat. So wurde die Doktrin des Neuplatonismus zum idealen Vehikel für die neue weltweite säkulare Priesterschaft, die Erben der Riten des Baal, aber nun in die kulturellen Gewänder der Renaissance und später der Aufklärung gekleidet. Seine letzte Phase waren die Illuminaten, die geheime Sekte, die die Freimaurerei leitet.

Das Oxford English Dictionary definiert Humanismus als Beschäftigung mit rein menschlichen Interessen, im Unterschied zu göttlichen. In den Anmerkungen finden wir: „1716; M. Devion Athen. Brit. 170, 'Ihr jesuitisches prahlerisches Monopol und ihre prahlerische Tyrannei über humanistische Schulen."

Da der Humanismus auf dem Relativismus des Protagoros basierte, entwickelte er sich sukzessive in die Renaissance, die Reformation, die Aufklärung, den Marxismus und den Freudianismus ... Der Freudianismus entwickelte dann seine eigenen Ableger des Feminismus, der Bisexualität und der Drogenkultur. Der Humanismus wurde zur führenden Kraft bei der Entwicklung des Sozialismus und des Fabianismus in England und den Vereinigten Staaten. Seine wichtigsten Propagandisten waren darauf bedacht, dass der Humanismus auf Atheismus, Amoralität und einem sozialistischen Eine-Welt-Staat basierte. Corliss Lamont, der Sohn eines Teilhabers der

Firma J. P. Morgan Co. wurde der wichtigste Sprecher des Humanismus in den Vereinigten Staaten.

Er sagt: „Eine wirklich humanistische Zivilisation muss eine Weltzivilisation sein." Er entwarf eine humanistische Hochzeitszeremonie, die jetzt weithin verwendet wird, um den traditionellen christlichen Ritus zu ersetzen.

Im Jahr 1953 erschien ein offizielles Humanistisches Manifest. Es besagt, dass (I) das Universum aus sich selbst heraus existiert und nicht erschaffen wurde; (2) der Mensch rein von der Natur ist (der edle Wilde, wie er von Rousseau, dem Vorläufer der Französischen Revolution, definiert wurde); (3) die moderne Wissenschaft die einzige akzeptable Definition des Universums oder der menschlichen Werte liefert; (4) jede übernatürliche Erklärung des Universums oder der menschlichen Werte ausgeschlossen wird; (5) das Ende des Lebens die vollständige Verwirklichung der menschlichen Persönlichkeit durch Liberalismus und liberale Erziehung ist. Die Betonung der „Persönlichkeitsentwicklung" wurde erst wirksam, nachdem die traditionellen Werte zerstört worden waren. Die Menschen wussten nicht mehr, wer sie waren oder was der Sinn ihres Lebens sein könnte. Sie waren dann reif für die Schule der „Persönlichkeit", das heißt für humanistische Propagandisten, die sie für „alternative Lebensstile" oder Homosexualität und für das Programm der kommunistischen Revolution rekrutieren konnten. Der Humanismus liefert auch die absolute Rechtfertigung für die repressive Einmischung der liberalen Beamten in jeden Aspekt des Lebens der Bürger. Unsere persönliche Freiheit und Rechte kommen direkt von Gott; keine Regierung kann sie entweder verleihen oder wegnehmen; sie kann sie nur verwalten. Die Doktrin des Humanismus, die die Rolle Gottes in den Angelegenheiten der Menschheit leugnet, öffnet die Tür für einen kabbalistischen Staat, der alle Menschenrechte wegnehmen und so einen sowjetischen Gulag oder ein Weltkonzentrationslager einrichten kann. Dies würde den endgültigen Sieg der Kanaaniter über das Volk Sem sicherstellen und den Hass, der den Kern der humanistischen Philosophie bildet, in ihrer absoluten Macht über ihre historischen Gegner verankern.

Die wichtigsten Agenturen des Humanismus in den Vereinigten Staaten sind in einer kleinen Gruppe von Milliarden-Dollar-Stiftungen, die eingerichtet wurden, um die amerikanische Republik zu untergraben zentralisiert. In „Die Weltordnung"[3] habe ich die Geschichte dieser Stiftungen bis zum Peabody-Fonds zurückverfolgt, der obersten carpetbagger Macht in den eroberten Südstaaten nach 1865. Peabody, ein Amerikaner, der sich heimlich mit dem Rothschild-Bankhaus in London verband, gründete sein eigenes Bankhaus, Peabody and Co, das später zu J. P. Morgan & Co. wurde. Sein Peabody-Fonds, der eng mit den Bundesstreitkräften zusammenarbeitete, die ihre Besetzung der Südstaaten bis 1877 aufrechterhielten, wurde später zum General Education Board. Noch später wurde er von der Rockefeller Foundation absorbiert. Seit dem Zweiten Weltkrieg waren mindestens vier Außenminister Präsidenten der Rockefeller Foundation, darunter John Foster Dulles, Dean Rusk, Cyrus Vance und Henry Kissinger (letzterer war ein Direktor).

Die humanistischen Stiftungen nutzen ihre steuerfreien Milliarden, um das amerikanische Bildungswesen, die Religion und die Regierung zu unterwandern und zu kontrollieren. Die humanistischen Funktionäre der Stiftungen werden, nachdem sie sich einer ausgedehnten Gehirnwäsche bei Tochtergesellschaften des Tavistock-Instituts unterzogen haben (selbst ein Zweig der Abteilung für psychologische Kriegsführung der britischen Armee), gründlich in das kanaanäische Programm der Weltkontrolle indoktriniert. So Dean Rusk, der von einem alten Georgia Familie war, als er von seiner Weltordnung Controller informiert wurde, dass er seine Tochter zu einem schwarzen Mann heiraten muss, rief begeistert eine Pressekonferenz, um das glückliche Ereignis zu verkünden.

Überraschenderweise waren die großen amerikanischen Stiftungen die Schöpfung eines Mannes, eines Mitglieds der deutschen Illuminaten namens Daniel Coit Gilman. In der Akte

---

[3] Herausgegeben von Omnia Veritas Ltd - www.omnia-veritas.com

„Bruderschaft des Todes" befindet sich eine Karte von der deutschen Gruppe an Gilman. Gilman war Vizepräsident des Peabody-Fonds und eines anderen Teppichhändler-Fonds namens Slater-Fonds, der die Südstaatenpolitik nach dem Bürgerkrieg kontrollierte. Gilman traf sich mit Frederick T. Gates, dem Direktor von John D. Rockefellers „wohltätigen Unternehmen", und gründete für sie 1898 eine neue Stiftung, das Southern Educational Board, das den Peabody und den Slater Fund zusammenführte. Diese Stiftung wurde weiter zentralisiert, als Gilman Rockefeller riet, sie General Education Board zu nennen, ein bemerkenswerter Schritt, der signalisierte, dass ihr Zweck nicht nur darin bestand, die Bildung im Süden, sondern in den gesamten Vereinigten Staaten zu kontrollieren. Heute firmiert sie unter dem Namen The Rockefeller Foundation. Gilman war nicht nur Gründungsmitglied des General Education Board, sondern auch des Carnegie Instituts, dessen erster Präsident er wurde, und der Russell Sage Foundation. 1856 hatte Gilman zusammen mit Andrew White und Timothy Dwight den Russell Trust an der Yale University gegründet. Diese Gruppe wurde als „Skull and Bones" (Schädel und Knochen) bekannt, wegen ihrer Symbole, die diese Teile darstellen. Sie ist auch bekannt als die „Bruderschaft des Todes", weil zu ihren Mitgliedern viele der führenden Frontmänner in den Vereinigten Staaten gehören, die Planer von Krieg, Frieden, Revolution und finanziellen Kalamitäten. Dazu gehören der verstorbene W. Averell Harriman und viele Mitglieder seiner Bankgesellschaft, Brown Brothers Harriman, wie Prescott Bush und sein Sohn, George Bush, der Vizepräsident der Vereinigten Staaten; der unermüdliche Propagandist William Buckley, und viele andere.

Die drei Gründer des Russell Trusts übten einen tiefgreifenden Einfluss auf unsere Bildungseinrichtung aus; Dwight wurde Präsident von Yale; White wurde der erste Präsident von Cornell; und Gilman wurde Präsident der University of California und später der Johns Hopkins University, wo Woodrow Wilson unter seinen Einfluss geriet.

Die Russell Sage Foundation, die ebenfalls von Gilman gegründet wurde, spielt seit vielen Jahren eine wichtige Rolle hinter den Kulissen in den Vereinigten Staaten. Frederick A.

Delano, einer der Gründer und Erbe des Opiumvermögens seines Vaters, war 1914 Mitglied des ursprünglichen Federal Reserve Board of Governors; später wurde er von seinem Neffen, Franklin Delano Roosevelt, zum Präsidenten der Federal Reserve Bank of Richmond ernannt. Ein weiterer Direktor der Russell Sage Foundation, Beardsley Ruml, diente als Präsident der einflussreichen Federal Reserve Bank of New York, die als unsere Geldmarktbank bekannt ist. Er fügte dem amerikanischen Volk während des Zweiten Weltkriegs auch die Quellensteuer als „Notmaßnahme" zu. Der Notfall scheint immer noch zu bestehen. Wir könnten noch viele Seiten lang den enormen Einfluss der humanistischen Stiftungen auf jeden Aspekt des amerikanischen Lebens aufzählen. Sie sind allein verantwortlich für die Umsetzung der zunehmenden staatlichen Kontrolle über jeden Bürger, denn jeder Plan für mehr Kontrolle und höhere Steuern wird von den Stiftungen entworfen, deren Mitarbeiter ihn dann unseren willigen Kongressabgeordneten zur fast automatischen Verabschiedung als Gesetz vorlegen. Weil wir den dämonischen Einfluss und den Ursprung dieser humanistischen Revolutionäre in den rauchenden Altären der Menschenopfer in Babylon nicht verstehen, sind wir nicht in der Lage, uns gegen ihre Plünderungen zu schützen. Doch die Beweise existieren, und sie sind verfügbar, wenn wir nur Gebrauch davon machen würden.

Im Jahr 1876 erschien in Yale ein Artikel über Skull and Bones, der sich mit einem heimlichen Eindringen in die heiligen Räumlichkeiten des Ordens brüstete. An einer Wand war eine Gravur zu sehen, die ein offenes Gewölbe, vier Schädel und andere Utensilien zeigte. Darunter befand sich eine Karte mit der folgenden Aufschrift: „Vom deutschen Kapitel. Präsentiert von Patriarch D. C. Gilman aus D. 50." Patriarch ist ein grundlegender Titel für Funktionäre sowohl der Illuminaten als auch der Freimaurerei. Man würde jedoch irren, wenn man aus dieser Entdeckung schließen würde, dass Skull and Bones lediglich ein weiteres Kapitel der Freimaurer ist. Es ist eines der geheimen höheren Graden, durch die die Illuminaten übt seine Weltmacht, aber es hat keine direkte Verbindung mit einem Freimaurer-Gruppe.

KAPITEL 4

ENGLAND

D ie Kanaaniter oder Phönizier nutzten ihre Herrschaft über verschiedene Monopole, um die Kontrolle über den Handel im gesamten Mittelmeerraum zu erlangen. Nachdem sie ihre Stützpunkte entlang der Küsten des Mittelmeers errichtet hatten, fanden sie heraus, dass der am zentralsten gelegene Hauptsitz für alle ihre Operationen an der Adria lag. Hier gründeten sie 466 n. Chr. die Stadt Venedig (Phönizien). Aufgrund ihrer einzigartigen Lage und der Hingabe der Kanaaniter an das Streben nach Geld und Macht, wurde sie bald zum Kommandoposten der Handelswelt.

Die Volkszählung von 1152 weist etwa 1300 Juden in Venedig aus; sie zahlten eine Steuer von fünf Prozent auf ihre Geldleihgeschäfte. Sie waren auch als Warenmakler tätig. Im Jahr 1366 erhielten sie das Recht, sich in Venedig selbst niederzulassen; vor diesem Datum war es ihnen verboten, sich in der Stadt niederzulassen, und sie waren darauf beschränkt, auf dem Festland bei Mestre zu leben. Sie erhoben üblicherweise zehn bis zwanzig Prozent Zinsen auf Darlehen. Wegen der großen kommerziellen Möglichkeiten Venedigs strömten sie aus vielen Teilen der Welt herbei. Im Jahr 1492, nach ihrer Vertreibung aus Spanien, ließen sich viele Juden und Marranos in Venedig nieder. Die Kolonie wurde dann in drei Gruppen aufgeteilt: die Deutschen, bekannt als tudeschi; die levantini, aus der Levante; und die ponantini, oder Westler.

Im Jahr 1797 öffnete die französische Besatzung die Tore des Ghettos. Napoleon gewann dann die Macht und errichtete sein italienisches Königreich, von 1805 bis 1814, das ihnen weitere Rechte gab. Während der Revolution von 1848 berichtet Kastein in seiner „Geschichte der Juden", dass das revolutionäre Venedig von Daniel Manini und zwei anderen Juden regiert wurde.

Die Venezianer waren schon immer als Meister der Intrige bekannt; sie halfen den Türken bei der Eroberung von Konstantinopel im Jahr 1453, die die zwölfhundertjährige Herrschaft der Kaiser von Byzanz beendete. Die Türken waren schockiert über die Raffgier der Venezianer, die einen Großteil der legendären Kunstschätze, Gold und Juwelen der Stadt erbeuteten. Nachdem sie mit ihrer Beute nach Hause zurückgekehrt waren, stritten sich die Venezianer aktiv mit den Türken um die Kontrolle des Mittelmeers und bekämpften sie kontinuierlich von 1453 bis 1718. Venedig war nun zum Hauptquartier einer rücksichtslosen, sozial aufsteigenden Bande von Unternehmern geworden, die sich Titel erkauften oder aus dem Nichts schufen, prächtige Villen bauten und die Kunstschätze Europas sammelten. Ihren neuen Lebensstil finanzierten sie mit den enormen Summen, die sie durch Handel, Piraterie und Geldverleih erwirtschafteten.

Ab dem Jahr 1171 wurde diese Gruppe in ganz Europa als „schwarzer Adel" bekannt, weil sie kanaanitischen Ursprungs waren, im Gegensatz zum hellhäutigen Adel des Volkes Sem. Der schwarze Adel infiltrierte nach und nach die Adelsfamilien Europas; heute stellen sie den größten Teil der überlebenden europäischen Königshäuser.

Aufgrund ihrer Skrupellosigkeit erlangten die Venezianer einen weltweiten Ruf als internationale Schiedsrichter von Intrigen, Revolutionen, Vergiftungen und anderen Formen der Ermordung. Sie verschworen sich oft, um jeden Gegner in den Bankrott zu treiben, und waren bekannt dafür, die Töchter von jedem in der Oligarchie grausam zu vergewaltigen, der es wagte, sich ihnen zu widersetzen. Von Venedig aus breiteten sie sich schnell nach Norden aus, wie eine neue Form der Pest, und gründeten Geschäfte und Bankniederlassungen in den nördlichen Städten Italiens. Sie kauften weitere Titel und vermischten sich mit verarmten Familien des alten Adels. In Florenz war die herausragende Familie die de Medici, die ihren Reichtum nutzte, um eine Accademica zu gründen, die den Humanismus in die Welt setzte. Die de Medici etablierten Florenz als europäisches

Zentrum des schwarzen Adels, der Guelfen, wie sie nun genannt wurden.

Der schwarze Adel knüpfte über die Familien Savoyen und Este auch enge Beziehungen zu den herrschenden Familien Englands. Die Savoyen regierten Italien von 1146 bis 1945. Die Familie Este regierte Ferrara vom zwölften Jahrhundert bis zur Vereinigung Italiens im Jahr 1860. Peter, der neunte Graf von Savoyen, heiratete seine Nichte Eleanor mit König Heinrich III. von England und wurde dadurch dessen Geheimrat. König Heinrich stattete ihn mit großen Ländereien aus und verlieh ihm den Titel eines Earl of Richmond. Peter brachte andere Mitglieder des schwarzen Adels dazu, englische Adelige zu heiraten, darunter Richard de Burgh und den Earl of Lincoln. Peters jüngerer Bruder, Boniface, wurde zum Erzbischof von Canterbury ernannt. Peter starb im Jahr 1268.

Die Begründer der europäischen Dynastien, die bis ins zwanzigste Jahrhundert andauerten, waren Rupert, Graf von Nassau, der 1124 starb, und Christian, Graf von Oldenbourg, der 1167 starb. Von Rupert stammen die Linie Hessen-Darmstadt, die Linie Hessen-Kassel, die Herzöge von Luxemburg, die Battenberger, die Prinzen von Oranien und Nassau sowie die Könige der Niederlande ab. Von Christian stammen die Könige von Dänemark und Norwegen, die schleswig-holsteinische Linie und die Hannoveraner, die von 1717 bis heute Könige von Großbritannien sind. Ebenfalls aus dem schwarzen Adel stammten die Herzöge der Normandie, die Angevins und die Plantagenets, die zu den Tudor- und Stuart-Königen von England wurden, die Sachsen-Coburgs und die Wittelsbacher.

Die hannoversche Linie war immer tief mit der Freimaurerei verbunden. Die Hannoveraner wurden 1717 Könige von England. Im selben Jahr wurde die erste Großloge in England gegründet. Die Freimaurergesellschaft war in England 1376 in London gegründet worden und hatte 1472 von König Heinrich VIII. ein Wappen erhalten; 1677 wurde sie von König Karl II. inkorporiert. Aber dies war die Zunft der Maurer, der Bauleute, die 1717 von der „spekulativen Freimaurerei" übernommen wurde, die die Gruppen für Mitglieder anderer Berufe öffnete. 1723 erschien in London ein Gedicht, „The Freemasons; a

Hudibrastic Poem", das sich reimte: „If history be not ancient fable, Free Masons came from the Tower of Babel"

Es wurde eine Tradition eingeführt, dass ein Mitglied der königlichen Familie oder jemand mit engen Beziehungen zum Buckingham Palast zum Großmeister der englischen Logen ernannt wurde. Ab 1782 waren der Duke of Cumberland, der Prince of Wales und der Duke of Sussex Großmeister. Der Herzog von Sussex war der zweite Sohn von König Georg II.; er heiratete Louise, die Tochter des Königs von Preußen. Er hatte später zwei Kinder mit seiner Mätresse. Sie nahmen den Familiennamen Este an. Königin Victoria war immer stolz auf ihre Verbindung mit dem Haus Este, das als Haus Azoll begonnen hatte.

Das Haus Windsor ist heute die weltweit führende Familie der regierenden Monarchen. Sie repräsentieren den endgültigen Triumph der welfischen Fraktion oder des schwarzen Adels, den Höhepunkt des kanaanäischen Machtstrebens. Ihr Aufstieg war seit dem 13. Jahrhundert kontinuierlich, als sie ihre mächtigsten Gegner, die germanischen Staufer, die als ghibellinische Fraktion bekannt waren, besiegten. Sie hatten sich nach einer der staufischen Hochburgen, Weiblingen, benannt. Friedrich I. Barbarossa hatte als Oberhaupt der Staufer seine Herrschaft bis nach Oberitalien ausgedehnt, wo er von der unerwartet starken Herausforderung durch die Welfenfraktion überrascht wurde. Der Kampf, der mehr als ein Jahrhundert andauerte, wurde von der niederen Adelsfraktion der Welfen aufgrund ihrer Stärke in der aufstrebenden Kaufmannsschicht gewonnen; die Ghibellinen, oder der Hochadel, waren weiterhin die Ritter zu Pferd und weigerten sich, ihre Hände mit dem Handel zu besudeln. Die Ghibellinen beherrschten die nördlichen Städte Siena, Mailand und Pisa, während die Stärke der Welfen sich auf Florenz und Farrara konzentrierte. Otto IV. von Welfen führte den Kampf gegen Philipp von Schwaben, einen Staufer, weiter, aber die Staufer waren den Kräften des Rheinischen Städtebundes, einem Handelsbündnis, das große Summen zur Ausrüstung der Condottieri aufbringen konnte, zahlenmäßig unterlegen. Am Ende des 15. Jahrhunderts hatten die Welfen gesiegt.

Alfonso I. von Este heiratete Lucrezia Borgia. Seine Schwester, Maria von Modena, heiratete Jakob II. von England und brachte die Este-Linie in die englische Herrscherfamilie.

Die Ghibellinen favorisierten eine starke Zentralherrschaft und eine kaiserliche Macht, während die Guelfen für eine dezentrale Macht und die „Rechte des Menschen" agitierten, ein Motto, das später zu ihrer Parole für ihr Streben nach Macht wurde.

Jahrhundert wurden die überlebenden Erben der Welfen und der Ghibellinen in zwei Weltkriegen gegeneinander aufgehetzt. Deutschland war durch den militärischen Instinkt und die Tatkraft der preußischen Ghibellinen zu einer Weltmacht geworden. 1866 hatte Bismarck, um sein Ziel der Einigung Deutschlands voranzutreiben, eine Reihe deutscher Fürsten von ihren Ländereien enteignet. Der Herzog von Nassau und der Kurfürst von Hessen verzichteten formell auf ihre Ansprüche, nur die hannoverschen Prinzen als Braunschweiger Thronfolger weigerten sich, ihre Besitzungen aufzugeben. Jahrzehntelang sahen sich die Hannoveraner danach im Krieg mit Preußen. Tatsächlich kam es zu zwei Weltkriegen, die zum Teil auf den anhaltenden Unmut des englischen Herrscherhauses gegen die Herrschaft in Deutschland zurückzuführen waren. Interessant ist, dass die siegreichen Hannoveraner dafür sorgten, dass ein besiegtes Deutschland nach dem Zweiten Weltkrieg in zwei kleine, militärisch besetzte Länder aufgeteilt wurde - die endgültige Rache der Sieger.

Der Calvinismus, ein starker Einfluss in England während des sechzehnten Jahrhunderts, machte sich die wachsende Macht der Handelsflotte und des schwarzen Adels zunutze, deren Hauptinteresse dem Geld galt. Im Gegensatz zu früheren religiösen Institutionen, die großen Wert auf Enthaltsamkeit und Armutsgelübde gelegt hatten, betonte diese neue religiöse Lehre, dass die Erhebung von Zinsen für Darlehen und die Anhäufung von Reichtum der neue Weg war, das Werk des Herrn zu tun. Es war eine willkommene Offenbarung für die wachsende Kaufmannsschicht, dass Gott wirklich wollte, dass wir wohlhabend werden. „Enrichissez-vous!" wurde der neue Schlachtruf, der über Europa hinwegfegte, als die Kanaaniter große Handelsimperien aufbauten. Der Prophet dieser neuen göttlichen Offenbarung war ein gewisser Jean Cauin aus Noyons in Frankreich. Er wurde am College du Montagu ausgebildet, wo auch Loyola, der Gründer der Jesuitensekte, studiert hatte. Cauin zog später nach Paris, wo er von 1531-32 seine Studien bei den Humanisten fortsetzte.

Während seines Aufenthalts in Paris war er als Cauin bekannt. Dann zog er nach Genf, wo er die Philosophie formulierte, die heute als Calvinismus bekannt ist. In Genf zunächst als Cohen bekannt (die übliche Aussprache von Cauin), anglisierte er seinen Namen zu John Calvin. Diese religiöse Bewegung basierte auf einer wörtlichen jüdischen Auslegung der Zehn Gebote, der Philosophie des Alten Testaments und dem Verbot von Götzenbildern. Die frühen Anhänger des Calvinismus waren als „christliche Hebraisten" bekannt. Das Aufkommen des Calvinismus ermöglichte die große Ausbreitung der Juden in weitere Zweige des europäischen Handels neben dem Geldverleih. Für diese Leistung ehrt die Enzyklopädie Calvin mit der Aussage: „Calvin segnete die Juden."

Rückblickend kann Calvin nur als eine weitere der kanaanäischen Bewegungen gesehen werden, die periodisch über Europa fegten und revolutionäre Komplotte schufen, die dann in andere Länder exportiert wurden. Es ist kein Zufall, dass mit dem Aufkommen Calvins die Schweiz zum privaten Bankenzentrum der Welt wurde, oder dass die aufeinanderfolgenden revolutionären Komplotte von der Schweiz aus sowohl ausgebrütet als auch finanziert wurden. Sogar Lenin fand in der Schweiz einen Zufluchtsort, als er jahrelang an den Techniken arbeitete, die es ihm erlauben würden, Russland von der Familie Romanow zu übernehmen, die diese Nation tausend Jahre lang regiert hatte. Die willkommene Aufforderung des Calvinismus, mehr Geld anzuhäufen, wurde von Anfang an durch die Tatsache konterkariert, dass er als ein brutales, tyrannisches System eingeführt wurde, das auf der Grundlage orientalischer Despotie funktionierte, was wiederum seine kanaanäischen Ursprünge offenbart. Das Volk Sem glaubt nie daran, jemanden zu etwas zu zwingen; dies ist eine Grundlage ihres Gesetzes; sie glauben, dass die Menschen aus natürlichem

Instinkt heraus immer das Richtige tun werden. Die Kanaaniter hingegen, die sich des Fluchs über ihr Volk und des Befehls Gottes an die Kinder Israels, sie auszurotten, stets bewusst sind, erkennen, dass ihr Überleben davon abhängt, die brutalsten Maßnahmen anzuwenden. Der Calvinismus blieb seiner Linie treu.

Im November 1541 erließ Calvin seine kirchlichen Verordnungen, eine Sammlung von Anweisungen, die allen Bürgern absolute Disziplin auferlegte. Calvins Verordnungen verhängten die Todesstrafe gegen jeden Gegner; sein führender Kritiker, Jacques Gruet, wurde wegen Gotteslästerung geköpft; ein anderer religiöser Gegner, Michael Servetus, wurde auf dem Scheiterhaufen verbrannt. Andere Kritiker wurden gefoltert und enthauptet. Calvin ermutigte die Verbrennung von Hexen und setzte seine Verordnungen rücksichtslos durch und schuf so die tyrannischste und autokratischste Theokratie in Europa.

Der Import des Calvinismus nach England war darauf berechnet, einen Keil zwischen Kirche und Staat zu treiben. Die traditionelle Kirche von England hatte als ihr titulares Oberhaupt den König. Die spaltende Propaganda des Calvinismus führte zum Triumph von Cromwell und zur Ablösung der Könige der Stuart-Linie durch das Haus Oranien-Nassau. Das erste Opfer dieser Säuberung war König Karl I., der von den Verschwörern geköpft wurde. Details der Verschwörung wurden Jahrhunderte später in Lord Alfred Douglas' Publikation „Plain English," September 3, 1921 veröffentlicht: „L. D. Van Valckert kam in den Besitz der fehlenden Bände der Aufzeichnungen der Synagoge von Mülheim, die seit den napoleonischen Kriegen verloren gegangen waren und in deutscher Sprache verfasst waren. Diese Aufzeichnungen enthalten den Eintrag vom 6. Juni 1647 von O. C. an Ebenezer Pratt: 'Als Gegenleistung für finanzielle Unterstützung werde ich mich für die Aufnahme von Juden in England einsetzen; dies ist jedoch unmöglich, solange Karl lebt. Charles kann nicht ohne Gerichtsverfahren hingerichtet werden, wofür es derzeit keine ausreichenden Gründe gibt. Empfehle daher, dass Charles ermordet wird, werde aber nichts mit der Beschaffung eines Attentäters zu tun haben, obwohl ich bereit bin, bei seiner Flucht zu helfen.' Die Antwort kam von Pratt am 12. Juli 1647: 'Will finanzielle Hilfe gewähren, sobald Charles entfernt und Juden zugelassen sind. Meuchelmord zu gefährlich. Charles sollte eine Gelegenheit zur Flucht gegeben werden. Seine Wiedererfassung wird dann einen Prozess und eine Hinrichtung ermöglichen. Die Unterstützung wird großzügig sein, aber es ist sinnlos, die Bedingungen zu diskutieren, bis der Prozess beginnt.'"

Lord Alfred Douglas wurde daraufhin unter der Anklage, Winston Churchill in seiner Zeitung verleumdet zu haben, ins Gefängnis gesteckt - eine Leistung, die die meisten vernünftigen Menschen für unmöglich halten würden.

Das Komplott verlief wie von Pratt beschrieben. Am 12. November 1647 „entkam" König Karl. Er wurde wieder eingefangen, und während seines anschließenden Prozesses saß das Haus die ganze Nacht, den 5. Dezember 1648, zusammen und stimmte schließlich zu, dass Charles einen Vergleich zu den von ihnen festgelegten Bedingungen aushandeln würde. Dies führte zu der berühmten Pryde's Purge. Cromwell, wütend darüber, dass das Haus kein Todesurteil gefällt hatte, entließ alle Mitglieder, die einen Vergleich mit Karl befürwortet hatten. Die fünfzig verbliebenen Mitglieder wurden als das „Rumpfparlament" bezeichnet. Sie hatten die absolute Macht an sich gerissen. Am 9. Januar 1649 riefen sie einen Hohen Gerichtshof aus. Es setzte sich aus Levellers aus Cromwells Armee zusammen. Manasseh ben Israels Agent in England, Isaac Dorislaus, verfasste die Anklageschrift gegen König Karl. Manasseh ben Isreal, der die Gelder aus Amsterdam für Cromwells Revolution übermittelte, wird in der Encyclopaedia Judaica als „Cromwell's English Intelligencer" bezeichnet. Am 30. Januar 1657 wurde König Karl in Whitehall enthauptet.

Cromwell lebte nicht lange, um seinen Triumph zu genießen. Er starb 1661 und ermöglichte damit König Karl II. die Wiedererlangung des Throns. Viele von Cromwells engagiertesten Revolutionären wanderten in die amerikanischen Kolonien aus, wo sie seither einen verderblichen Einfluss ausüben. Die Cromwellianer waren die führende Inspiration der abolitionistischen Bewegung, die den Bürgerkrieg auslöste; sie waren hinter den Kulissen an vielen anderen Katastrophen in den Vereinigten Staaten beteiligt.

Da Karl II. nun auf dem englischen Thron saß, leiteten die Amsterdamer Bankiers 1674 eine große finanzielle Depression in England ein. Die dadurch ausgelösten Unruhen ebneten den Weg für das Haus Nassau, den englischen Thron zu besteigen. England schloss 1677 Frieden mit seinem Erzfeind, Holland, ab. Als Teil des Abkommens heiratete Wilhelm von Oranien Maria, die Tochter des Herzogs von York, der nach dem Tod Karls II. 1685 König Jakob II. wurde. Jakobus war nun das einzige Hindernis für die Übernahme des englischen Throns durch Wilhelm. Die Amsterdamer Bankiers starteten nun eine frenetische Kampagne zur Bestechung der führenden aristokratischen Unterstützer von König James II. Der erste, der ihnen erlag, war der Herzog von Marlborough, John Churchill, Vorfahre von Winston Churchill. Als Oberhaupt der Armee war Marlboroughs Unterstützung entscheidend. Er akzeptierte Bestechungsgelder in Höhe von etwa 350.000 Pfund von de Medina und Machado. Der nächste war Lord Shrewsbury (Charles Talbot), der sowohl während der Herrschaft von Charles II. als auch von James II. hohe Ämter bekleidet hatte. Als sie sahen, dass sich das Blatt nun wendete, gingen Persönlichkeiten wie Sidney Godolphin, der Herzog von Sunderland und die Herzogin von Portsmouth heimlich zu den Befürwortern der Thronbesteigung Wilhelms von Oranien über.

Währenddessen schien James II. nichts von dem Verrat zu ahnen, der ihn umgab. Marlborough unterzeichnete am 10. November 1688 sogar einen erneuten Treueeid auf James. Am 24. November schloss er sich den Truppen von Wilhelm von Oranien an.

Mit Williams Invasionstruppe segelte Lord Polwarth, dessen Nachfahre, der heutige Lord Polwarth, im amerikanischen und englischen Bankwesen und in der Industrie prominent ist; Hans Bentinck, ein Holländer, der William durch einen Pockenanfall gepflegt hatte; er nannte seinen Sohn William nach dem König. Der Earl of Devonshire stand in geheimer Korrespondenz mit William in Den Haag; Devonshire stimmte zu, William das gesamte Gebiet der Midlands zu übergeben, nachdem er einen historischen Brief unterzeichnet hatte, in dem er ihn einlud, den Thron von England zu besteigen. In den 1930er Jahren arbeitete sein Nachkomme, der Duke of Devonshire, kurzzeitig für J. P. Morgan in New York; Morgan nannte ihn oft „Lord Useless". Der Erbe der Devonshire-Ländereien heiratete Kathleen Kennedy, die Tochter von Joseph P. Kennedy. Er wurde im Krieg getötet. Die Devonshires sahen sich nun mit der lästigen Aussicht konfrontiert, dass die Kennedys Anspruch auf ihre Ländereien erheben würden. Das Problem wurde gelöst, als Kathleen Kennedy bei einem Flugzeugunfall ums Leben kam, während sie zu einem Champagner-Treffen mit ihrem Liebhaber nach Frankreich flog.

Jetzt König von England, ernannte Wilhelm III. Bentinck zum ersten Earl of Portland. Der zweite Herzog heiratete in das Cavendish-Vermögen ein; der dritte Herzog wurde Generalgouverneur von Indien und ging in die Geschichtsbücher ein, als er 1829 die Praxis der Suttee abschaffte. Diejenigen, die Wilhelms Invasion unterstützt hatten, wurden gut belohnt; sie sind seither die reichsten Familien Englands. Die erste Amtshandlung war die Gründung der Bank of England im Jahre 1694, bei der William von den Bankiers von Amsterdam unterstützt worden war. Dies machte die kanaanäische Sache zu einer echten Weltmacht. Williams Thronbesteigung brachte den Thron von England fest in die Linie des schwarzen Adels, wo er seither geblieben ist. Lord Shrewsbury wurde einer der ersten Anteilseigner der Bank of England und investierte zehntausend Pfund. Er prophezeite enthusiastisch, dass die Bank of England nicht nur den Handel finanzieren, sondern auch die Last ihrer Kriege tragen würde - eine Vorhersage, die sich bewahrheitete. Da keine revolutionäre Fraktion eine Finanzierung erhalten konnte, nachdem die Bank of England die Kontrolle über das Geld Englands erlangt hatte, hat es nie wieder einen Bürgerkrieg oder eine Revolution in England gegeben. Die Cavendish-Bentinck-Linie, wie auch andere, die William unterstützten, hat sich immer gut entwickelt. Der gegenwärtige Herzog heiratete eine Mrs. Quigley aus Kentucky und ist ein Direktor der Rothschild-Firma Rio Tinto. Während des Zweiten Weltkriegs war er Vorsitzender der Joint Chiefs of Staff (Intelligence).

Die schottischen Lords waren Jakob II. gegenüber loyal gewesen; der erste, der vor Wilhelm das Knie beugte, war ein gewisser Patrick Lyon. Er wurde zum Earl of Strathmore. Die Tochter des vierzehnten Earl, Elizabeth Bowes-Lyon, ist heute die Königinmutter von England.

Wilhelm III. hatte bald eine schöne Mätresse, Elizabeth Villiers; er führte auch eine längere Liebesbeziehung mit einem hübschen jungen Adligen, Arnold van Keppel, den er zum Earl of Albemarle ernannte. Als Wilhelm III. starb, wurden zwei Personen ausdrücklich in seinem Testament genannt: der Earl of Portland und der Earl of Albemarle. Beide erhielten Vermächtnisse von Land und Juwelen.

Die Kanaaniter stellen sicher, dass sie diejenigen belohnen, die ihnen gut dienen. Typisch war die Karriere von John Buchan, der Susan Grosvenor heiratete. Die Grosvenors (Duke of Westminster) sind die reichste Familie Englands und besitzen etwa sechshundert Morgen erstklassigen Londoner Grundbesitzes. Drei Jahre lang war Buchan Privatsekretär von Lord Alfred Milner, während Milner den Burenkrieg vorantrieb. Milner gründete auch die Round Tables (den heutigen Council on Foreign Relations). Buchan wurde ein viel publizierter Romanautor und wurde zum Generalgouverneur von Kanada ernannt. Ihm wurde der Titel Lord Tweedsmuir verliehen. In seiner Autobiographie, „Pilgrim's Way", erwähnt Buchan en passant „die verschleierten Propheten, die in einer Krise hinter den Kulissen agieren." Er bietet keine weitere Identifikation an. Er schreibt auch: „Ich träumte von einer weltweiten Bruderschaft mit dem Hintergrund einer gemeinsamen Rasse und eines gemeinsamen Glaubens, die der Sache des Friedens geweiht ist." In dieser scheinbar harmlosen Fantasie gab er in Wirklichkeit seine Hingabe an die weltweite kanaanäische Verschwörung an, mit ihrem Pseudoprogramm der „Rechte des Menschen", der Weltbruderschaft und des Weltfriedens, all dies in Wirklichkeit die Projektionsfläche für eine universelle Tyrannei, die von den kanaanäischen Despoten auferlegt wird.

Die Gründung der Bank of England war das Ergebnis eines Königsmordes und einer internationalen Verschwörung, die erfolgreich den englischen Thron an sich riss. Dennoch schrieb

John Buchan in seiner Autobiografie: „Ich hatte lange Zeit Lord Roseberys Ansicht über ihn [Oliver Cromwell] als den größten aller Engländer geteilt." Lord Rosebery war der erste der englischen Aristokraten gewesen, der in die Rothschild-Familie einheiratete. Es war zu erwarten, dass er die Erinnerung an Englands einzigen Regizid verehren würde.

Die Rothschilds hatten das europäische Netzwerk der Illuminaten als Transmissionsriemen für ihre schnelle Übernahme der Finanzstruktur des Kontinents genutzt. Sie bedienten sich einer Reihe von Strategemen, von denen Guy de Rothschild in seinem Buch „Launen des Glücks" einige aufgedeckt hat: Die Korrespondenz der Rothschilds wurde immer in hebräischer Sprache verfasst; sie wurde nie unterschrieben, so dass jede Unterschrift, die vorgab, von einem der fünf Brüder zu stammen, als Fälschung erkannt werden würde. Er berichtet: „Kurz nach dem Ersten Weltkrieg musste sich die französische Regierung Dollar leihen. Sie wandte sich an das Haus Morgan, das es jedoch vorzog, mit den Rothschilds zu verhandeln, anstatt mit einer Regierung."

Das war ein bisschen Schadenfreude von Seiten Rothschilds; er wusste, dass das gepriesene Haus Morgan nie mehr als ein Anhängsel des Rothschild-Netzwerks gewesen war; es war angewiesen, mit dem Haus Rothschild zu verhandeln. Er merkt auch an: „Meine Familie war immer einer der Hauptaktionäre der britischen Rio Tinto gewesen ... traditionell war die Hälfte des Kapitals französisch."

Eine der Spuren, die die Rothschilds in der Welt hinterließen, war das traditionelle rote Schild der Heilsarmee. Im neunzehnten Jahrhundert begann Baron Rothschild, General Booth in London beträchtliche Summen zu spenden, immer durch einen nicht identifizierten Vertreter. Eines Tages kam er herein und offenbarte, dass er der mysteriöse Wohltäter war. Er erklärte, dass er seine Spenden fortsetzen würde, aber er würde gerne einen Vorschlag machen. Die Heilsarmee könnte mehr Aufmerksamkeit erregen, wenn sie vielleicht ein unverwechselbares Logo annehmen würde. „Was würden Sie vorschlagen?", fragte General Booth. „Ich nehme an, ein rotes

Schild wäre wirkungsvoll, meinen Sie nicht?", sagte Baron Rothschild.

Die Heilsarmee trug das rote Schild in die ganze Welt.

Eine der wichtigsten Agenturen des kanaanäischen Netzwerks war der Rhodes Trust, der seit fast einem Jahrhundert junge Männer in den Prinzipien des kanaanäischen Programms für Weltmacht ausbildet. Cecil Rhodes war der Agent für die Rothschilds, als er sich deren Kontrolle über die riesigen Diamanten- und Goldreserven Südafrikas sicherte. Sie üben immer noch die Kontrolle durch DeBeers (Diamanten) und die Ango-American Corporation (Gold) aus. Rhodes hatte selbst beträchtliche Besitztümer; als er starb, trat 1891 Lord Nathan Rothschild als sein alleiniger Treuhänder auf. Diese Kontrolle wurde später um andere Mitglieder der Society of the Elect, R. H. Brand von Lazard Freres, Sir Alfred Beit, einen weiteren der Rand-Millionäre, den Earl of Rosebery und Sir Alfred Milner erweitert. Diese Gruppe gründete nicht nur den Rhodes Trust, sie finanzierte später auch das Royal Institute of International Affairs und dessen amerikanischen Ableger, den Council on Foreign Relations.

Nachdem sie die Kontrolle in England erlangt hatten, kehrten die Kanaaniter zu ihren traditionellen Praktiken als Dämonenanbeter zurück. England war bald voll von Kulten, die Hexerei, Schwarze Messen und Blutrituale beinhalteten. Der Earl of Pembroke war ein früher Unterstützer von Wilhelm von Oranien und ein Gründungsmitglied der Bank of England. Die Gräfin von Pembroke wurde zusammen mit ihrem Bruder Sir Philip Sidney, der den Mystizismus mit der Veröffentlichung seiner „Faerie Queene", die er seiner Schwester gewidmet hatte, in die englische Literatur einführte, zur Anführerin der neuen „Mysterienkulte".

Humphrey, Herzog von Gloucester, spielte ebenfalls eine wichtige Rolle in den Mysterienkulten. Er entstammte dem schwarzen Adel, da er von den beiden unehelichen Söhnen des Herzogs der Normandie, Richard dem Furchtlosen, abstammte. Die Gloucesters folgten Wilhelm dem Eroberer nach England.

Der Mystizismus wurde zu einem dominierenden Thema in der englischen Literatur dieser Zeit. Sir Philip Sidney wurde stark von Hubert Languet beeinflusst, einem französischen Intellektuellen, der offen für die „Rechte des Menschen" und das eintrat, was heute als „Befreiungsdoktrin" bekannt ist. Er sprach häufig über das Recht der Menschen auf bewaffneten Aufstand und die Legitimität des Widerstands. Sir Philips Vater, Sir Henry, war ein Protegé der mächtigen Familie Cecil gewesen; er wurde später zum Präsidenten von Irland ernannt.

Das Werk von Shakespeare enthält viele mystische Einflüsse, Prospero's revels, etc. Einer der größten Dramatiker Englands, dessen Werk weitgehend ignoriert wird, ist Christopher Marlowe. Er schrieb drei große Stücke, die alle der Entlarvung des Mysterienkults gewidmet sind: Tamburlaine, Der Jude von Malta und Dr. Faustus. Nachdem er Dr. Faustus fertiggestellt hatte, starb er auf etwas mysteriöse Weise, indem er in einem sogenannten Streit erstochen wurde. Der Jude von Malta soll eine Dramatisierung des Werdegangs von Dr. Frederigo Lopez sein, dem ehemaligen Arzt des Grafen von Leicester. Lopez wurde 1593 beschuldigt, ein Komplott zur Vergiftung von Königin Elisabeth geschmiedet zu haben; er wurde 1594 durch Erhängen hingerichtet. Einige Gelehrte behaupten, dass Königin Elisabeth heimlich mit dem Earl of Liecester, Robert Dudley, verheiratet war und dass sie zwei Söhne hatten, Sir Francis Bacon, der von Sir Nicholas Bacon adoptiert worden war, und Robert, Earl of Essex. Lopez könnte bei diesen Geburten amtiert haben; sein Schweigen würde die Thronfolge schützen. Andere behaupten, dass Bacon tatsächlich die Person war, die die William Shakespeare zugeschriebenen Stücke schrieb.

Sir Francis Bacon führte die „neue Philosophie" in England ein. Sie basierte auf der Induktionstheorie und der „Pyramide des Wissens", die beide mystische Konzepte waren. Sie waren die Prinzipien des Humanismus, die in einer „wissenschaftlicheren" oder plausibleren Form dargelegt wurden. Von 1350 bis 1425 waren die mittelalterlichen Zünfte durch ein Regierungsdekret ausgestorben, weil der Adel höhere Lohnforderungen fürchtete. Bacon begann die geheime Wiederbelebung dieser Zünfte, zunächst durch die Rosenkreuzer-Bewegung, die er gegründet haben soll, und später durch die Freien und Angenommenen (Spekulativen) Freimaurer. Die Rosenkreuzer, oder Ritter des Rosenkreuzes, trugen das Symbol eines Rosenkreuzes. Die Senkrechte war das Symbol des Lebens; der Kreuzbalken das Symbol des Todes. Das Rosensymbol sollte erstens die Verschwiegenheit in allen Dingen und zweitens das Erblühen der weiblichen Geschlechtsorgane bedeuten. Der Kult war bereits 1615 in Böhmen bekannt, wo ein Alchemist, Dr. John Dee, seine Anhänger organisierte.

Francis Yates' wichtiges Werk „The Occult Philosophy in the Elizabethan Age" (Die okkulte Philosophie im elisabethanischen Zeitalter) führt einige von Bacons Werken auf das Rosenkreuzer-Manifest zurück. Yates stellt fest, dass Marlowes Stücke mit ihrer gnadenlosen Untersuchung der Kräfte hinter dem Mystizismus möglicherweise absichtlich von den mystischeren Werken Shakespeares überschattet wurden. Der Jude von Malta berührte einige der empfindlichsten Hofgeheimnisse des elisabethanischen Zeitalters; Tamburlaine ist ein Stück, das einen saturnianischen Tyrannen entlarvt, dessen Farbe schwarz (kanaanäisch) war, und eine Fulmination gegen diktatorische Macht. Es ist vielleicht sein größtes Werk, aber es wurde zugunsten von Dr. Faustus beiseite geschoben. In diesem Stück wird offen dargestellt, wie sich die dämonenanbetenden Kanaaniter als Agenten Satans dem Teufel als Gegenleistung für irdische Reichtümer und Macht verpflichten. Marlowes Stück greift die Macht der Beschwörungen und Gesänge, der magischen Formeln auf und zeigt das Arbeitszimmer des Dr. Faustus, das mit den Planeten und den Tierkreiszeichen geschmückt ist. Auf der anderen Seite zeigt Shakespeare, dass er stark von kabbalistischen Werken, wie Georgios De Harmonica Mundi, beeinflusst war. Sein Kaufmann von Venedig, obwohl häufig wegen seines vermeintlichen Antisemitismus angeprangert, ist tatsächlich ein kraftvolles Plädoyer für rassische Toleranz.

In neueren Werken geben sich englische Gelehrte große Mühe, zu leugnen, dass Sir Francis Bacon jemals irgendeine Verbindung zur Rosenkreuzer-Bewegung oder zu den Freimaurern hatte. Da es sich dabei um hochgeheime Organisationen handelte, erscheint es seltsam, dass diese Gelehrten in ihren Leugnungen so positiv sein konnten. Bacon, dem der Titel „Viscount of St. Albans" verliehen worden war, wurde Lordkanzler von England. Er wurde später aufgrund von Hofintrigen unter der Führung von Lord Buckingham aus diesem Amt entfernt. Die Royal Society of London wurde vierunddreißig Jahre nach Bacons Tod gegründet; 1660 würdigten der Bischof von Rochester und die anderen Gründer offiziell Bacons Werke als Grundlage ihrer Gesellschaft.

Das Oxford English Dictionary bietet einige Anmerkungen zu den Kabbalisten dieser Zeit: „Scott Monast. ... „Ich habe früher an der Existenz von Kabbalisten und Rosenkreuzern gezweifelt", dachte der SubPrior. 1891, Rosie Cross. „Es wird allgemein angenommen, ... dass es eine enge Verbindung ... zwischen den Alchemisten und den Rosenkreuzern gibt." W. Taylor, Monthly Mag. VIII 797, „Die Jünger ... haben in den Kirchen einen esoterisch-gnostischen oder illuminierten Orden gebildet, eher als Gemeinden." Dieses Zitat ist wichtig, weil es zeigt, dass die Illuminaten in die etablierten Kirchen eindrangen. Die 9. Ausgabe der Encyclopaedia Britannica identifiziert das fehlende Bindeglied zwischen diesen Gruppen als Ignatius Loyola, der den Jesuitenorden am Fest Mariä Himmelfahrt am 15. April 1541 in der Nähe von Rom gründete; dieses Datum wird von einigen Autoritäten als 1534 angegeben. Zuvor hatte er in Salamanca studiert; ab 1520 war er Mitglied einer Illuminaten-Sekte in Salamanca, die sich Alombrados nannte; 1527 wurde er wegen seiner Mitgliedschaft in dieser Sekte von einer kirchlichen Kommission angeklagt; er wurde freigesprochen. In der Gesellschaft Jesu richtete er sechs Grade für den Aufstieg ein, die denen der Freimaurerei entsprechen; ihre Lehren sind denen der jüdischen Mischna ähnlich.

Vier Logen trafen sich am 24. Juni 1717 im Goose and Gridiron alehouse in London, um die erste Großloge von England zu bilden. Jacob Katz schreibt in seinem Buch „Jews and Freemasonry in Europe", dass zu den ersten Mitgliedern Mendez, de Medina, Alvarez und Baruch gehörten, von denen die meisten Marranos waren. Während der Herrschaft von Elisabeth hatten sich die Rosenkreuzer als Freimaurer organisiert, vielleicht unter Bacons Anleitung. Die Encyclopaedia Judaica sagt, dass das Wappen der englischen Freimaurerei von Jacob Judah Leon Templo entworfen wurde. 1717 war das Jahr, in dem die Hannoveraner den Thron von England bestiegen. Unter der Führung des Sohnes von Georg III., dem Herzog von Sussex, wurden nun die rivalisierenden Logen der „Ancient" und „Modern" zusammengeführt. Die Mitglieder der Royal Society, die Bacon gehuldigt hatten, traten durch Rev. John Desaguliers, Englands zweiten Großmeister, den Freimaurern bei. Elia Ashmole war eine wichtige Figur für das Wachstum der englischen Freimaurerei. Er war nicht nur eine wichtige intellektuelle Figur; er organisierte auch die verschiedenen Mysterienkulte in das funktionierende System der Freimaurerei. Gemeinsam kontrollierten Lord Acton und Ashmole die Außenpolitik von William Pitt sowie die Royal Society of London, den Vorläufer des Royal Institute of International Affairs. Ashmole's Name überlebt heute als das prestigeträchtige Ashmolean Museum in Oxford.

Das Wachstum der Freimaurerei in Deutschland verdeutlicht die Macht der kanaanäischen Kraft, die die hannoverschen Könige in England an die Macht brachte. Ihr Erfolg konzentrierte sich auf die Karriere von Adam Weishaupt, geboren 1748. Im Alter von zweiundzwanzig Jahren wurde er auf den Lehrstuhl für Gewohnheitsrecht an der Universität Ingolstadt gewählt, der seit 1750 ununterbrochen von Jesuiten besetzt war. Am 1. Mai 1776 gründete er den Orden der Illuminaten. Die anderen Gründer waren der Herzog von Braunschweig; Großherzog Ernest von Gotha und der Kurfürst von Hessen (dessen Geschäft mit König Georg III. zur Bereitstellung hessischer Söldner zur Niederschlagung der amerikanischen Revolutionäre die Grundlage des Rothschild-Vermögens war).

Am 16. Juli 1782 vereinigte Weishaupt auf dem Kongress von Wilhelmsbad formell den Illuminatenorden mit den Freimaurern. Die kombinierten Gruppen hatten nun über drei Millionen Mitglieder, darunter einige der mächtigsten Männer in Europa. Weishaupt war der ideale Frontmann für diese Organisation, wegen seiner Fähigkeit, Ideen zu formulieren und seinem Organisationstalent. Er schrieb: „Die Freimaurer sollten alle Menschen jeder Klasse, Nation und Religion beherrschen, sie ohne offensichtlichen Zwang beherrschen; sie durch ein starkes Band vereinen; sie mit Enthusiasmus inspirieren, um gemeinsame Ideen zu verbreiten; und mit äußerster Geheimhaltung und Energie, sie auf dieses einzigartige Ziel in der ganzen Welt zu richten. Durch die Intimität der Geheimgesellschaften werden diese Meinungen gebildet werden. „ (München, 1765, zitiert von Barruel.)

Weit davon entfernt, ein blauäugiger Idealist oder phantasierender Intellektueller zu sein, wurde Weishaupt in seinem Plan für die Weltmacht von vielen der führenden kanaanäischen Bankiers Europas unterstützt; Moses Mendelssohn von Deutschland, Daniel Itzig von Wien; Friedlander, Mayer, Meyer Cerfbeer, Moses Mocatta, und die Goldsmid-Brüder von London, Benjamin und Abraham. Sie blieben hinter den Kulissen von Weishaupts Operationen, während sie das Wachstum seiner Bewegung großzügig finanzierten, und fungierten insgeheim als der Souveräne Patriarchalische Rat von Hamburg, die Oberste Jüdische Loge.

Jacob Katz, „Jews and Freemasonry in Europe", Harvard Press, 1970, stellt fest, dass die deutschen Freimaurer ihren

Ursprung im Orden der Asiatica hatten, dessen Oberhaupt der reiche Bankier Daniel Itzig war. Itzig war auch der Hintermann von Weishaupt. Im Jahr 1811 wurde die Frankfurter Freimaurerloge von Sigismund Geisenheimer (Geisenheimer war der Oberamtmann des Hauses Rothschild) und Rabbi Zvi Hirsch, Oberrabbiner von Frankfurt, gegründet. Hirsch war später führend in der Bewegung des Reformjudentums, die das politische Programm des Zionismus formulierte. Die Frankfurter Loge zählte alle führenden Bankiers Frankfurts, die Rothschilds, die Adlers, die Speyers, die Hanuers und die Goldschmidts zu ihren Mitgliedern; sie hielt später gemeinsame Sitzungen mit dem Sanhedrin von Paris ab. Herzog Carl von Hessen aus Schleswig wurde dann das Oberhaupt der deutschen Freimaurer. Als Landgraf verwaltete er die Provinz Schleswig für ihre abwesenden Besitzer, die dänische Monarchie. Sein wichtigster Abgesandter war ein mysteriöser „Johnston", von dem man sagt, er sei ein Jude namens Leicht, Leucht oder Becker. Er wurde während einer Mission für die Freimaurerbewegung verhaftet und starb in der Wartburg.

Friedrich der Große, noch als Kronprinz, wurde 1738 in Braunschweig in die Freimaurerei eingeweiht. Im Jahr 1761 wurde er zum Oberhaupt des Schottischen Ritus ernannt. Als junger Mann hatte er erlebt, wie sein Vater seinen Liebhaber enthauptete, um ihn zur Aufgabe seiner homosexuellen Praktiken zu zwingen.

Die Anführer der Freimaurerei-Illuminaten waren bekannt als der Orden der Strengen Observanz; sie waren Prinz Karl von Hessen (Eques a Leoni Resurgente) und von Haugwitz, Friedrichs Kabinettsminister, bekannt als „Eques a Monte dancti. Hinter ihm stand noch eine andere Gruppe, bekannt als „die Unsichtbaren" oder die „Unbekannten Oberen", die zuvor als der Souveräne Patriarchalische Rat identifiziert worden waren.

Von Anfang an hatte die Allianz der Illuminaten und der Freimaurer ein klar definiertes Programm: (1) Abschaffung aller geordneten Regierung; (2) Abschaffung des Privateigentums; (3) Abschaffung der Vererbung; (4) Abschaffung des Patriotismus (5) Abschaffung aller Religionen; (6) Abschaffung der Familie, der Moral und Kontrolle der Erziehung der Kinder; (7) Schaffung einer Weltregierung.

Dieses Programm mag dem Leser bekannt vorkommen; es ist als Arbeitsanleitung für jede revolutionäre Bewegung in der Welt seit 1782 anzutreffen; Kommunismus, Befreiungsbewegungen, Widerstandskämpfer, alle beziehen ihr Programm aus diesem Grundplan. Er gibt auch die Ziele des säkularen Humanismus in seinem Angriff auf die Familie und dem Plan, die Erziehung der Kinder zu kontrollieren, vor. Da ständig Nachrichten von und zu den verschiedenen Chaptern der Illuminaten transportiert wurden, wurden diese Anweisungen von gefangenen Kurieren beschlagnahmt und den europäischen Regierungen bekannt. Selbst dann wurden keine Maßnahmen ergriffen, möglicherweise aufgrund von Komplizen in hohen Positionen. Außerdem gab es einen wichtigen Stolperstein, um die bedrohten Bevölkerungen von der Bedrohung durch die Illuminaten-Revolutionäre zu überzeugen. Dies war die dominante Präsenz vieler der mächtigsten Banker der Welt im Herzen der Verschwörung. Es war zu viel verlangt, dass der durchschnittliche Beamte oder sogar ein Mitglied der Öffentlichkeit glauben sollte, dass die prominentesten Aristokraten, Landbesitzer und Bankiers der Welt ein Programm dieser Art unterstützen würden. Sicherlich würden Banker nicht die Beschlagnahmung von Privateigentum befürworten. Sicherlich würden Aristokraten nicht das Recht auf Erbschaft abschaffen. Sicherlich würden Landbesitzer mit riesigen Anbauflächen nicht die Verstaatlichung von allem Land befürworten. Das Problem war, dass niemand verstand, dass dies das Programm der Kanaaniter war, das einzig und allein darauf abzielte, das Volk Sems auszurauben und zu versklaven. Natürlich hatten die kanaanitischen Bankiers nicht die Absicht, ihr eigenes Eigentum zu beschlagnahmen. Natürlich beabsichtigte der schwarze Adel nicht, seine eigenen Erbschaften zu verstaatlichen. Das Programm der Illuminaten besagt nirgends, dass dies der Plan ist, der den Fluch von Kanaan überwinden soll; der Plan der Illuminaten formalisiert lediglich den Willen von Kanaan als einen Satz von Arbeitsanweisungen. Die Ermahnung Kanaans an seine Erben, „liebt den Raub - hasst eure Herren", war nun das Programm einer weltweiten Gruppe von Verschwörern. Das Volk von Shem ist nach wie vor davon überzeugt, dass Banker den Kommunismus nicht finanzieren und dass reiche Leute ihre Besitztümer nicht aufgeben werden. Der Plan der Illuminaten-Kommunisten setzt den Kampf der Kanaaniter gegen das Volk von Sem fort. Solange sie das nicht erkennen, bleibt das Volk von Sem dem Untergang geweiht.

Aus dem Illuminaten-Hauptquartier in Frankfurt kamen die beiden kanaanäischen Übel, die seitdem die Welt geplagt haben, Zionismus und Kommunismus. Die erste Kommunistische Internationale wurde von Lionel de Rothschilds, Heinrich Heine und Karl Marx gebildet. Weishaupt war 1830 im Alter von 82 Jahren gestorben; sein Nachfolger als Oberhaupt der Illuminaten war der italienische Revolutionsführer Giuseppe Mazzini. Unter Mazzinis Führung gingen die Illuminaten schnell zu einer Politik direkterer Aktionen über, zu revolutionären Ausbrüchen und offenen Versuchen, Regierungen zu ergreifen und zu stürzen. Die Kommunistische Internationale war der erste Schritt in diesem Programm des Aktivismus. Am Anfang war sie einfach als die Liga der Gerechten bekannt, ein Zweig der Illuminaten. Diese Gruppe beauftragte Karl Marx, 1847 das Kommunistische Manifest zu schreiben; es wurde 1848 veröffentlicht und erhielt sofort weltweite Verbreitung durch die internationalen Büros der Freimaurerei. Während seiner langen politischen Karriere war Marx dafür bekannt, dass er sowohl mit den Jesuiten als auch mit den Freimaurern aktiv zusammenarbeitete. 1864 organisierte Marx die International Workingmen's Party in London; 1872 verlegte er sie nach New York, wo sie mit der Socialist Party verschmolzen wurde. Marx erhielt ein regelmäßiges Stipendium von amerikanischen Zeitungen als Kolumnist, eine Beschäftigung, die von den Freimaurern für ihn arrangiert worden war.

Mazzini ernannte General Albert Pike 1860 zum Leiter der amerikanischen Freimaurerei; Pike war den Freimaurern erst zehn Jahre zuvor beigetreten. Am 22. Januar 1870 schrieb Mazzini an Pike von seinem Plan, einen obersten Regierungsrat der geheimen Freimaurer hohen Grades zu etablieren, der die gesamte Freimaurerei regieren würde; allerdings würde kein

Verband der Freimaurer jemals über den Obersten Rat wissen dürfen, ein Gebot, das bis heute in Kraft bleibt. Die meisten Freimaurer werden nachdrücklich leugnen, dass ein solcher Rat irgendwo in ihrer Organisationsstruktur existiert. Bekannt als der Neue und Reformierte Palladianische Ritus, bestand er aus drei Obersten Räten, mit Sitz in Charleston, Rom und Berlin. Die Oberhäupter dieser drei Räte kommunizierten täglich über ihre Arcula Mystica Magic Box, die eigentlich eine frühe Entwicklung des Radios war. Zu dieser Zeit gab es nur sieben solcher Boxen in der Welt.

Der andere Arm der weltweiten revolutionären Bewegung war der Zionismus, der darauf abzielte, die internationale Kraft der Juden für eine Kampagne zu gewinnen, um einen Staat Israel als die oberste herrschende Macht der Welt zu errichten. Da dies auch das gelobte Ziel der Freimaurerei war, den Tempel Salomons wieder aufzubauen und ihn mit allen Reichtümern der Welt zu füllen, kam das erste Auftreten des Zionismus durch die Freimaurerei. Er war zunächst als „Reformjudentum" bekannt. Graetz' Geschichte der Juden, V. 5, S. 674, stellt fest, dass: „die erste jüdische Freimaurerloge, in Frankfurt am Main, war das Herz der jüdischen Reformbewegung. „ 1842 gab die Gesellschaft der Freunde der Reform (des Judentums) in Frankfurt ihre Grundsätze heraus: (1) die Ablehnung der rechtlichen Autorität des babylonischen Talmuds, an dessen Stelle das Alte Testament trat; (2) die Leugnung, dass der Messias sie zurück nach Jerusalem führen würde; (3) der Tempeldienst sollte in der Volkssprache abgehalten werden; (4) Frauen durften nun in der Synagoge neben den Männern sitzen, anstatt getrennt zu sein, wie es das orthodoxe Judentum immer verlangt hatte. Das Reformjudentum führte neben dem Zionismus eine Reihe von Programmen ein; Ökumene, d.h. aktive Zusammenarbeit mit Führern und Gemeinden anderer Glaubensrichtungen; Feminismus, Gleichberechtigung der Geschlechter; aber ihr wichtigstes Konzept, dass der Messias niemals auf Erden erscheinen würde, um sie zurück nach Jerusalem zu führen, öffnete die Tür für die Suche nach diesem Ziel durch politischen Aktivismus, d.h. Zionismus. Das ursprüngliche Programm des politischen Zionismus wurde zuerst von Rabbi Hirsch Kalisher, einem engen Mitarbeiter von Mayer Amschel Rothschild in Frankfurt, in Angriff genommen. Sir Moses Montefiore und Adolphe Cremieux, der Gründer der Alliance Israelite Universelle, gaben der neuen Bewegung zusätzlichen Auftrieb. Ihre Ziele wurden durch die Arbeit von Moses Hess, einem engen Freund von Karl Marx, stark propagiert. Das ist ironisch, angesichts der Tatsache, dass die gegenwärtige Sowjetregierung erklärt, ideologisch gegen den Zionismus zu sein. Moses Hess wurde als „der Vater des Zionismus" bekannt. Ein Journalist, der von seinen Schriften stark beeinflusst wurde, Theodor Herzl, wurde zum Aktivismus bekehrt, und er ist jetzt als „der Gründer des zionistischen Staates" bekannt. Die *Encyclopaedia Judaica* sagt, dass Moses Hess ein jüdischer Sozialist und Nationalist war, der die Reformbewegung anführte und die Kolonisierung Palästinas forderte. Sein Hauptwerk, „Rom und Jerusalem", das weite Verbreitung fand, war das Buch, das großen Einfluss auf Theodor Herzl hatte.

Im Jahr 1860 veranstaltete Rabbi Kalisher ein geheimes Treffen in seinem Haus in Thoru, um die Lehren zu rekapitulieren, die aus der Revolution von 1848 gezogen worden waren. Diese Revolution hatte zum Ziel, alle Regierungen Europas zu stürzen und sie durch kommunistische Regierungen zu ersetzen. Dies gelang nur in wenigen Einzelfällen, wie z.B. in Venedig, wo Daniel Manini eine kommunistische Regierung einrichtete. Aus dem Thoru-Treffen ging 1861 Kalishers Buch „Drishal Zion" hervor und später Moses Hess' „Rom und Jerusalem". Diese beiden Werke waren weitgehend dafür verantwortlich, die Juden Europas zum zionistischen Programm zu bekehren, dem politischen Ziel der Wiederherstellung Palästinas für das jüdische Volk.

Einer der Verschwörer, die bei diesem Treffen 1860 anwesend waren, gab das Protokoll an einen Schriftsteller namens Maurice Joly weiter. Der Schuldige soll ein gewisser E. Laharane gewesen sein, ein Vertrauter von Adolphe Cremieux, dem Chef der einflussreichen Alliance lsraelite Universelle. Cremieux, eine Macht in der französischen Politik, hatte für Laharane den Posten des Privatsekretärs von Napoleon III.

erwirkt. Joly veröffentlichte später die Protokolle unter dem Titel „Dialogue aux Enfers entre Machiavelli et Montesquieu", der frühesten Version des Buches, das jetzt unter dem Titel „Protokolle von Zion" kursiert. Das Material deckte sich in weiten Teilen mit dem Text von Kallishers Buch „Drishal Zion" und mit der von Goedsche 1868 gehaltenen Rabbinerrede. Sie stimmte auch mit den Protokollen der Jüdischen Synode in Leipzig von 1869 überein. Die Kattowitz-Konferenz von Hoveve Zion 1884 fällt auch mit dem ersten Satz von Dokumenten zusammen, die als die Protokolle von Zion erschienen; die Kattowitz-Papiere waren von einem Joseph Schorst-Shapiro aus der Mizraim-Loge in Paris extrahiert worden. Er verkaufte sie an eine Mlle. Justine de Glinka, die sie an das russische Innenministerium weiterleitete, wo sie von einem General Orgewsky in Empfang genommen wurden. Kurze Zeit später wurde Schorst-Shapiro in Ägypten ermordet. Nach der Odessa-Konferenz von Hoveve Zion und B'Nai Moshe, die von Ashed Ginsberg (Ahad Ha-am) geleitet wurde, und seinem anschließenden Aufenthalt in Paris im Jahr 1894 erschienen die Protokolle, wie sie jetzt bekannt sind; sie wurden von Philip Stepwoff in Moskau veröffentlicht. Es handelte sich im Wesentlichen um die gleichen Dokumente, die später von Sergei Nilus 1905 veröffentlicht wurden. Auszüge von Vorträgen, die in B'Nai B'Rith-Logen in New York bei geheimen Treffen vorgelesen wurden, wurden ebenfalls extrahiert und dem russischen Generalkonsul in New York in die Hände gegeben. Diese Auszüge stimmten in allen Punkten mit der Version der Protokolle von 1895 und denen des ersten Basler Kongresses von 1897 überein. Sie wurden auch von B. Butmi im Jahre 1901 veröffentlicht. Es war wegen dieser gut etablierten Vorgeschichte, dass die Protokolle als „Fälschungen", das heißt, als nicht autorisierte Kopien denunziert wurden.

Wegen ihres gut beworbenen revolutionären Programms ist die Freimaurerei wiederholt von europäischen Regierungen verboten worden - aber nie in den Vereinigten Staaten, wo sie seit 1776 politische Macht ausübt. Sie wurde wiederholt vom Papsttum angeprangert. Holland verbot die Freimaurerei 1735; Deutschland 1738; Zürich 1740; Bern 1745. Russland verbot die

Freimaurerei erstmals 1792, erneut 1822 und durch die Sowjetregierung 1922. Am 28. April 1738 erließ Papst Clemens VII. die Schrift „In eminenti", die die Freimaurerei wegen ihres Naturalismus und ihrer Forderung nach Eiden verurteilte. Benedikt XIV. verurteilte die Freimaurerei in seinem Edikt „Providas" vom 18. Mai 1751; Pius VII. in „Ecclesiam" vom 13. September 1821; Leo XIII. in „Quo graviora" vom 13. März 1825; Gregor XVI. in „Mirari" vom 15. August 1832; Pius IX. in sechs separaten Edikten aus den Jahren 1846-1873; Leo XIII. in fünf Edikten, die die Freimaurerei von 1882-1902 verurteilten. General Pike reagierte, indem er das Papsttum in seinem Brief an den italienischen Großmeister Timoteo Riboli als „einen tödlichen, verräterischen Feind" bezeichnete. „Das Papsttum ist seit tausend Jahren der Folterknecht und Fluch der Menschheit, die schamloseste Hochstapelei in seiner Anmaßung geistiger Macht aller Zeiten."

Trotz dieser Edikte wurde der katholische Herzog von Norfolk 1730 Großmeister der englischen Freimaurer; der katholische Viscount Montagu, der neunte Lord Petre, der das Oberhaupt der englischen Katholiken war, war auch der Großmeister von England von 1772-77. Am 19. März 1902 sagte Papst Leo XIII. im fünften seiner Edikte zur Verurteilung der Freimaurerei: „Die Freimaurerei ist die Personifizierung der Revolution ... deren Ziel es ist, eine okkulte Oberherrschaft über die Gesellschaft auszuüben, und deren einzige Daseinsberechtigung darin besteht, Krieg gegen Gott und seine Kirche zu führen." Schade, dass Papst Leo XIII. nichts von dem Fluch von Kanaan wusste, oder dass die Freimaurerei einfach Satans Rebellion gegen Gott war, die im zwanzigsten Jahrhundert von seinen Nachkommen, den Kanaanitern, weitergeführt wurde.

Jahrhundert waren der Herzog von Sussex, jüngerer Sohn von König Georg II., 1813-43; der Earl of Zetland, 1843-70; der Marquess of Ripon, 1870; der Earl of Limerick, 1871; der Prince of Wales, späterer König Edward VII, 1874; Hugh David Sandeman, aus der prominenten Weinimportfamilie, 1895; Lord Ampthill, 1908; der Herzog von Connaught, bis 1938. Dies waren alles führende Aristokraten; der Earl of Zetland heiratete die Tochter des Earl of Scarborough, der später zum Vizekönig von Irland 1889-92 ernannt wurde; er war der Schwager des Duke of Westminster, des reichsten Mannes in England; der zweite Marquess of Zetland, Lawrence Dundas, trug das Staatsschwert bei der Krönung von König Georg VI.; er war auch Gouverneur der National Bank of Scotland, Vorsitzender des National Trust, Gouverneur von Bengalen; er leitete die Round Table Konferenzen von 1930-32, war Staatssekretär für Indien 1935-40, wurde in den Orden des Hl. Johannes von Jerusalem aufgenommen, und er schrieb die Biographien von zwei führenden Persönlichkeiten Englands, Lord Cromer, Chef des Bankhauses Baring Brothers, und Lord Curzon, Generalgouverneur von Indien.

Der Marquess of Ripon, George Frederick Samuel, wurde in der Downing Street 10 geboren, während sein Vater Premierminister war; er wurde Kriegsminister und Sekretär für Indien unter Lord Palmerston, und wurde unter Gladstone zum Ersten Lord der Admiralität ernannt. Er war Kolonialminister 1892-95, Lordsiegelbewahrer im Oberhaus und Führer der Liberalen Partei, 1905-08. Sein Name wird in den Vereinigten Staaten von der Ripon Society verewigt, einer Gruppe von „liberalen" Republikanern, die hinter den Kulissen erheblichen Einfluss auf die Politik der Republikanischen Partei ausübten.

Der heutige Earl of Limerick, Patrick Pery, ist stellvertretender Vorsitzender des internationalen Bankhauses Kleinwort Benson.

Der zweite Marquess of Ripon trat 1894 als Großmeister zurück und schloss sich der katholischen Kirche an; er war von 1901 bis 1923 Schatzmeister des Haushalts von Königin Alexandra (Ehefrau von König Edward VII.); er war der Schwager des Earl of Pembroke und er heiratete die Witwe des vierten Earl of Lonsdale.

Lord Ampthills Vater, Odo W. Russell, diente von 1850-52 im Büro von Lord Palmerston; von 1957-70 diente er in der Gesandtschaft in Florenz und galt in diesen Jahren als inoffizieller Botschafter im Vatikan; anschließend wurde er während des Deutsch-Französischen Krieges als

Sondergesandter zum deutschen Armeehauptquartier in Versailles geschickt. Später diente er als britischer Botschafter in Wien und Berlin. Der zweite Baron Ampthill war Großmeister der englischen Freimaurer von 1908 bis zu seinem Tod im Jahr 1935. Es handelt sich um dieselbe Russell-Familie, die den Titel der Herzöge von Bedford trägt, zu der auch Bertrand Russell, der berühmteste Humanist des zwanzigsten Jahrhunderts, gehört. Der zweite Baron wurde in Rom geboren, während sein Vater dort diente; er wurde Präsident der Oxford Union; er heiratete die Tochter des Earl of Beauchamp (ihr Vater trug den Titel eines Lord of the Cinque Ports); seine Frau war Lady-in-Waiting von Königin Mary; er war auch ein Schwager des Herzogs von Westminster; er trat dem Orden des Heiligen Johannes von Jerusalem bei und diente als Großmeister der Loge, die in der Bank von England, Loge Nr. 263, gegründet worden war. Er schrieb die „History of the Bank of England Lodge" und wurde zum Oberhaupt der Freimaurer von Madras, Indien, ernannt, bevor er Großmeister von England wurde; er diente als Privatsekretär von Hon. J. Chamberlain, Gouverneur von Madras und Vizekönig von Indien.

Die Hintergründe dieser Großmeister beweisen, dass die englische Freimaurerei schon immer Zugang zu den höchsten Kreisen der Regierung hatte; Disraeli, ein Freimaurer, wurde Premierminister; er bezog sich auf „entschlossene Männer der Freimaurerei", womit jene Freimaurer gemeint waren, die mit den entscheidenden Aufgaben der Ermordung beauftragt wurden.

Einer der Kanaaniter, der als führender englischer Ökonom bekannt wurde und auch heute noch großen Einfluss in den Vereinigten Staaten genießt, war David Ricardo (1772-1823), der dritte Sohn von Abraham Israel, der ein bedeutendes Mitglied der jüdischen Gemeinde in Amsterdam war. Israel emigrierte mit Wilhelm III. nach London und wurde später eines der reichsten Mitglieder der Londoner Börse, wo er eng mit seinen Emigrantenkollegen zusammenarbeitete. Sein Sohn David wurde ein intimer Freund von Lord Nathan Mayer Rothschild und spekulierte auf Anraten Rothschilds in großem Umfang mit Staatsanleihen. Gemeinsam profitierten sie enorm von dem finanziellen Coup, der sich aus den frühen Nachrichten über den Ausgang der Schlacht von Waterloo ergab. David Israel, jetzt bekannt als David Ricardo, begann, ökonomische Diktate zu schreiben, die das letzte Wort darüber werden sollten, wie viel die Arbeiterklasse bezahlt werden sollte. Er entwickelte eine Formel, die als „Subsistenzlohn" bekannt wurde und besagte, dass der Arbeiter niemals mehr als das für seinen Lebensunterhalt notwendige Minimum erhalten sollte. Wenn sein Lohn erhöht werden sollte, wurde die Regierung beauftragt, dafür zu sorgen, indem sie umgehend seine Steuern erhöhte (kommt das irgendeinem Amerikaner bekannt vor?). Die Kanaaniter in Amerika entwickelten eine neue Wendung mit der Quellensteuer, die sicherstellte, dass der Arbeiter seinen Lohn gar nicht erst erhielt, sondern nur einen verstümmelten Teil, von dem die Kanaaniter bereits „ihren" Teil abgezogen hatten. Ricardos Diktum, das auch als „das eiserne Gesetz der Löhne" bekannt wurde, wobei eisern bedeutet, dass der Arbeiter unter keinen Umständen jemals der Nutznießer eines Ausbruchs von Großzügigkeit sein würde und ihm auch nur eine kleine Erhöhung zugestanden werden würde, kam, als Rita Ricardo-Campbell, die Frau des Direktors der Hoover Institution und eine direkte Nachfahrin von David Ricardo, als ein Schlüsselmitglied von Reagans Stab nach Washington kam, die Reagan antikommunistische, humanitäre Revolution. Sie wurde Reagans Beraterin in Sachen Sozialversicherung und Renten. Ricardos ökonomische Theorien über Löhne und Arbeit waren auch von Karl Marx begeistert aufgenommen worden, der sie als die Richtlinien übernahm, nach denen die Sklavenarbeiter in Sowjetrussland heute regiert werden.

Stephen Knight's Buch, „The Brotherhood", enthüllt viele interessante Details über die englische Freimaurerei. Er weist darauf hin, dass die Unlawful Societies Act von 1799 erforderlich, dass die Freimaurer könnten Treffen nur halten, wenn die Namen der Mitglieder wurden an die lokalen Clerks of the Peace eingereicht; diese Anforderung wurde nie eingehalten werden. Knight sagt, dass Königin Elisabeth die gegenwärtige Großpatronin der englischen Freimaurerei ist. Eine seiner verblüffendsten Enthüllungen ist die Information, dass von fünfzig bis siebzig Prozent aller englischen Richter Freimaurer sind. Anwälte finden, dass sie den Freimaurern beitreten müssen, wenn sie erwarten, irgendwelche Klienten zu bekommen. „Die Law Society ist eine der freimaurerischsten Institutionen der Welt", bemerkt King. Neunzig Prozent ihrer Mitglieder sind Freimaurer. Das schafft große Ungerechtigkeiten, denn die Law Society entscheidet in letzter Instanz, wer Prozesskostenhilfe erhält und wem sie verweigert wird. Ein Nicht-Freimaurer hat keine Chance, in einem Prozess gegen einen Freimaurer Prozesskostenhilfe zu erhalten. Dies ist typisch für den Willen von Kanaan; die geheime Verschwörung gegen alle, die nicht Mitglieder des Stammes sind.

Die freimaurerische Verschwörung, die einen Schleier über die juristischen Vorgänge in England wirft, ist nur eine Manifestation ihres finsteren Einflusses. Während des elisabethanischen Zeitalters tauchte die Faszination für das Okkulte in vielen Untergrundorganisationen auf; sie tauchte nun im viktorianischen Zeitalter auf. Hexerei wurde weit verbreitet, sogar in den höchsten Kreisen der Gesellschaft, mit ihren Ritualen, bei denen bewusstseinsverändernde Drogen, Pflanzen und satanischer Schmuck im Vordergrund standen. Orgien und Blutopfer wurden diskret im Herzen der Londoner Slums und auf abgelegenen Landgütern der Vorfahren vollzogen. Eine der bekannteren dieser Gruppen war die Hermetic Society of the Golden Dawn, die 1887 von drei Mitgliedern der Rosenkreuzergesellschaft gegründet wurde. Alle drei waren Freimaurer hohen Grades und als Kabbalisten bekannt - Rev. A. F. A. Woodford, Dr. Wynn Westcott, ein Londoner Gerichtsmediziner, und ein Schotte namens Sam Liddell Mathers. Der Gruppe schlossen sich bald William Butler Yeats, der Dichter, und Aleister Crowley an, der für seine Praxis der schwarzen Magie weltweit bekannt werden sollte.

Der Zweck der Hermetischen Gesellschaft war die Verehrung der Zehn Sephiroth, also der Kabbala, um dann mit magischen Kräften ausgestattet zu werden und übernatürliche Kräfte als Verbündete anrufen zu können. Die Mitglieder richteten folgende Grade ein: Neophyt, vier Grade; Unterer Orden, vier Grade; und der Dritte Orden, vier Grade.

Yeats, der führende irische Dichter, behauptete später, er habe sich der Gruppe angeschlossen, um der schwarzen Magie Crowleys seine eigene weiße Magie entgegenzusetzen. Crowley ist berühmt als der engagierteste Satanist des zwanzigsten Jahrhunderts. Jahrhunderts. Er taufte einmal eine Kröte auf den Namen Jesus Christus und kreuzigte sie dann langsam, wobei er in ihren Qualen schwelgte. Er soll an 150 Ritualmorden beteiligt gewesen sein, von denen die meisten Kinder waren. Die Opfer wurden meist mit einem Silbermesser getötet. In seinen „Bekenntnissen" schreibt er: „In Mexiko war ich unter dem Namen 'Bestie 666' bekannt. Ich wurde einem alten Mann namens Don Jesus Medina vorgestellt, einem Nachkommen des großen Herzogs von Armada und einem der höchsten Häuptlinge der schottisch-ritischen Freimaurerei. Da mein quabalistisches Wissen nach heutigen Maßstäben bereits tiefgreifend war, hielt er mich für würdig, die höchste Einweihung zu erhalten, die in seiner Macht stand; in Anbetracht meines begrenzten Aufenthaltes wurden besondere Vollmachten erteilt, und ich wurde schnell durchgeschleust und in den 33. und letzten Grad aufgenommen, bevor ich das Land verließ. So wurde der führende Satanist dieses Jahrhunderts als Freimaurer des 33. Grades bestätigt!

Madame Blavatsky wurde als Organisatorin der Theosophie berühmt. Sie entwickelte die Gesellschaft nach einem Aufenthalt in Indien; die indischen Chapter gerieten später in Verruf, weil ihre Mitglieder wegen der Ausübung von Homosexualität verhaftet wurden. Danach zog sie nach Großbritannien, wo sie die dortige Theosophische Gesellschaft gründete, den Vorläufer der gleichnamigen amerikanischen Gruppe. Sie gründete auch die Hermetische Gesellschaft. Ihre Hauptassistentin in der Theosophischen Gesellschaft, einer kabbalistischen Organisation, war Mrs. Annie Besant, die auch als eine der Gründerinnen der Fabian Society im Jahr 1884 bekannt ist. Die Mitbegründer der Fabian Society waren alle Freimaurer; es waren George Bernard Shaw, Lord Haldane, Ramsay MacDonald sowie Sidney und Beatrice Webb. Die Gruppe nahm ihren Namen von dem römischen General Fabius, der für seine überlegte und weitreichende Strategie gefeiert wurde. Der Plan der Fabianer war es, zu warten, wie Fabius Cunctator gewartet hatte, um Hannibal anzugreifen, um auf den richtigen Moment zu warten. In England schlugen die Fabians vor, die Strategie des römischen Generals zu nutzen, um dem Volk von England durch eine hinterhältige Langfristplanung allmählich eine tyrannische sozialistische Regierung aufzuzwingen. Dieser konspirative Ansatz brachte den Fabians den Spitznamen „die Jesuiten des Sozialismus" ein. Als Teil ihrer Strategie wurde Annie Baesant 1890 die Hauptagitatorin in der englischen Textilindustrie, die in Lancashire zentriert war.

In den 1930er-Jahren organisierten die Fabians eine Kampftruppe namens PEP, die Initialen für Political and Economic Planning. Angeführt wurde sie von Israel Moses Sieff, dem Multimillionär und Chef des riesigen Einzelhandelsimperiums Marks and Spencer. Im Jahr 1931 verteilte Sieff ein Dokument an führende Mitglieder der PEP, das mit „Streng vertraulich" gekennzeichnet war. Das darin skizzierte Programm enthielt Punkte wie: „Ob es uns gefällt oder nicht, der individualistische Landwirt wird durch die Ereignisse gezwungen sein, sich weitreichenden Veränderungen der Ansichten und Methoden zu unterwerfen. Er wird Anweisungen bezüglich der Quantität und Qualität seiner Produkte erhalten. Er wird weniger frei sein, Marketing- und Willkürentscheidungen in Bezug auf seinen eigenen Betrieb zu treffen ..." (Dies wurde bald darauf als „Pig Marketing Board" umgesetzt.

Planwirtschaft muss eindeutig drastische Erhöhungen der Eingriffe in das Recht auf Eigentum an Grund und Boden beinhalten. Was erforderlich ist ... ist die Übertragung des Eigentums an großen Blöcken von Land. Dieses Programm des PEP wurde später als Lehrbuch von G. D. H. Cole, „Principles of Economic Planning," im Jahr 1935 vorgestellt. Das Buch kennzeichnete den Zirkel und das Quadrat der Freimaurerei prominent auf dem Cover prangt, obwohl nichts in dem Buch identifiziert die Rolle der Freimaurer in dem Programm.

Die wohlhabenden Direktoren von PEP hatten nicht die Absicht, das Eigentum an ihren eigenen großen Landblöcken oder an den Geschäftsimperien, die sie kontrollierten, zu übertragen. Sie wollten lediglich große Ländereien von ihren

Konkurrenten übernehmen, ihren Konkurrenten ruinöse Vorschriften aufzwingen, kurz gesagt, jeden außer ihrer eigenen kleinen Gruppe von Kanaanitern ausrauben und ruinieren.

Die aktivsten Führer des PEP waren solche Koryphäen wie Viscount Astor, Sir Herbert Samuel (Gouverneur von Palästina), Sir Herbert Simon, Sir C. M. Joad, Professor Gilbert Murray und der Master of Balliol. Alle von ihnen waren Freimaurer und auch Mitglieder des Royal Institute of International Affairs. Sie waren eng verbündet mit einer Gruppe, die sich World Fellowship of Faiths nannte. Auf dem Zweiten Internationalen Kongress dieser Gruppe, der 1936 in London stattfand, sprachen unter anderem Canon Barry, Kaplan von König Edward VIII. und Ex-Bischof Montgomery Brown. Brown sagte dem Publikum: „Die UdSSR ist nur der Vorläufer des internationalen kommunistischen Staates, der allmählich alle kapitalistischen Staaten absorbieren wird. Wenn irgendeine Regierung, Kirche oder Institution sich dem kommunistischen Staat widersetzt oder ihm im Wege steht, muss sie rücksichtslos gestürzt und zerstört werden. Wenn die Welteinheit erreicht werden soll, muss dies durch den internationalen Kommunismus geschehen, der nur durch den Solgan erreicht werden kann: „Verbanne die Götter vom Himmel und den Kapitalisten von der Erde." Dann, und nur dann, wird es eine vollständige Weltgemeinschaft der Religionen geben. „Dies ist eine prägnante Aussage über die Ambitionen der internationalen kanaanäischen Verschwörung. Verbanne die Götter; Satans Rebellion gegen Gott - der Fluch von Kanaan hatte seine Parolen in dreitausend Jahren aufgezeichneter Geschichte nicht geändert."

Rabbi Ben Mozeg sagte der World Fellowship: „Sicher ist, dass die freimaurerische Theologie im Grunde nur Theosophie ist und der der Kabbala entspricht ... Diejenigen, die sich die Mühe machen, die Verbindung zwischen dem Judentum und der philosophischen Freimaurerei, der Theosophie und den Mysterien im Allgemeinen sorgfältig zu untersuchen ... werden aufhören, über die Andeutung zu lächeln, dass die kabbalistische Theologie eine Rolle bei der religiösen Transformation der Zukunft spielen könnte. Sie enthält den Schlüssel zum modernen religiösen Problem."

Auch hier wird uns von den Kanaanitern die Lösung aller
Probleme angeboten: die Rückkehr zur Anbetung des Baal, die
im zwanzigsten Jahrhundert auf den neuesten Stand gebracht
wurde, und wir treten in eine religiöse Transformation ein.

Das ist der Schierlingsbecher, den uns die Fundamentalisten
anbieten.

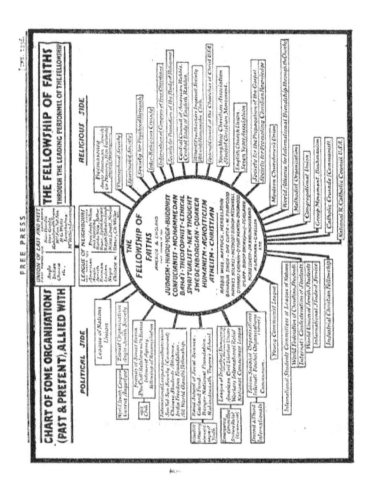

KAPITEL 5

DIE FRANZÖSISCHE REVOLUTION

E s ist eine grimmige Aufgabe für einen Schriftsteller, die schrecklichen Massaker aufzuzeichnen, die dem Volk von Shem zugefügt wurden. Es ist sogar noch beunruhigender zu wissen, dass sogar jetzt die Pläne für noch größere und gründlichere solche Massaker an diesem Volk gezeichnet worden sind. In der Chronik der Schreckensherrschaften der Französischen Revolution, der Bolschewistischen Revolution und der Spanischen Revolution wird den Amerikanern nicht ein weiteres Fernsehdrama geboten, sondern eine Vorschau auf ihre eigene Zukunft.

Wer heute durch Frankreich reist, dem müssen die Schrecken der Französischen Revolution in der Tat weit entfernt erscheinen. Beim Genießen der unvergleichlichen Küche, beim Besuch großer Schlösser und beim Betrachten der Kunstwerke, die den Namen Frankreichs zu einem Synonym für die Schaffung von Kunst gemacht haben, fällt es schwer, sich vorzustellen, dass die Straßen und Flüsse dieser Nation einst mit dem Blut Unschuldiger geflossen sind, als Tausende von Frauen und Kindern in obszönen Riten ermordet wurden. Vielleicht ist das der Grund dafür, dass auch heute noch Touristen, oder besser gesagt, Ausländer, in Frankreich kaum willkommen sind. Bestenfalls werden sie in diesem schönen Land geduldet. Liegt es nicht an einem tief verborgenen Schamgefühl, dem Wunsch, ein unangenehmes Familiengeheimnis zu verbergen, das selbst die traditionell gastfreundlichen Gastwirte dazu veranlasst, kühle Zurückhaltung zu üben, wenn Touristen mit ihrem Geld wie mit einer Fahne wedelnd eintreten? Das ist verständlich, denn die Französische Revolution, eine der drei großen Orgien der kanaanäischen Dämonenkrieger in der neueren Geschichte, könnte dem französischen Volk als bewusste Strafe Gottes widerfahren sein. Diese Strafe wäre eine direkte Vergeltung für eine der weniger bekannten Gräueltaten der europäischen Geschichte gewesen, die Massaker an den Hugenotten im 16. und 17.

In den zwei Jahrhunderten vor diesen Gräueltaten hatte das Volk von Shem große Veränderungen in der wirtschaftlichen Lage der französischen Nation bewirkt und sie von einem mittelalterlichen Staat in das vielversprechendste Industrieimperium Europas verwandelt. Aufgrund ihrer großen Energien, Intelligenz und Fähigkeiten hatten die hellhäutigen Menschen von Shem enormen Reichtum und wirtschaftlichen Fortschritt in Frankreich geschaffen. In dieser Zeit des explosiven Wachstums ähnelte das damalige Frankreich am meisten dem Deutschland von zwei Jahrhunderten später: Es war sehr produktiv, äußerst erfinderisch und ließ das Land aufblühen und seine Früchte hervorbringen. Dieser Fortschritt und der damit verbundene Reichtum wurde von den Kanaanitern, die in Frankreich große Macht ausübten, mit großem Neid, aber auch mit Furcht betrachtet. Als schwarzer Adel hatten sie die Krieger der Normandie gestellt, die in die britischen Inseln eindrangen und sie eroberten; sie verschworen sich ständig, um ihre Macht auszuweiten und ihren langjährigen Vernichtungskrieg gegen das Volk Sem fortzusetzen. Aufgrund ihrer großen Macht in den höchsten Ämtern der Kirche, des Staates und der Armee begannen die Kanaaniter, die Voraussetzungen für das zu schaffen, was als die Hugenottenmassaker bekannt wurde. Sie waren in der Lage, beträchtliche Unterstützung für ihren Plan von französischen Adligen zu gewinnen, die selbst keine Kanaaniter waren, die aber alarmiert waren über die wirtschaftliche Macht, die das Volk von Shem erlangt hatte und von der sie wussten, dass sie sich bald in politische Macht verwandeln würde. Sie wurden auch durch die Versprechungen von Gold und Eigentum angelockt, die durch das Berauben und Töten der wohlhabenden Leute von Sem gewonnen werden sollten.

Aufgrund ihrer Blutgier und ihres ständigen Verlangens nach Menschenopfern waren die Kanaaniter in der Lage, die Hugenottenmassaker in eine große Orgie von Ritualmorden zu verwandeln. Kinder wurden ergriffen und in Töpfe geworfen, um gekocht oder in großen Pfannen gebraten zu werden, während die Menge johlend dastand und sich an der Unterhaltung ergötzte. Familien wurden auf die Plätze der Städte und Dörfer gezerrt, um eine nach der anderen ermordet zu werden. Niemand blieb vom Terror des Mobs verschont, weder Alte noch Kranke.

Ihr Besitz wurde dann unter den sehnsüchtig wartenden Anstiftern der Morde aufgeteilt, die sich dann auf die Suche nach weiteren Opfern begaben.

Der physische Akt der Ermordung ganzer Familien in einer Stadt nach der anderen konnte nicht geheim bleiben, und ein Strom des Schreckens erfasste nun die Nation. Viele Tausende von Hugenotten konnten fliehen und ließen ihr Hab und Gut zurück, vor allem in den nördlichen Bezirken Frankreichs. Es gelang ihnen, über die Grenzen in die Niederlande zu gelangen, wo sie kaum willkommen waren. Die meisten von ihnen schifften sich an den Küsten Irlands ein, und nachdem sie dort bis zu hundert Jahre lang geblieben waren, konnten sie zu den Küsten der Neuen Welt segeln.

Es ist kaum verwunderlich zu erfahren, dass die Repressionen gegen die Hugenotten begannen, nachdem Katharina de Medici mit der Thronbesteigung Karls des Neunten Regentin wurde. Wir haben bereits festgestellt, dass die de Medici für die Formulierung der Doktrin des säkularen Humanismus bezahlt haben, als Cosimo de Medici die Accademia in Florenz gründete, die ihre Lehren um die christliche Kabbala zentrierte.

In der Encyclopaedia Britannica heißt es über Katharinas Herrschaft in Frankreich: „Sie führte italienische Regierungsmethoden ein und wechselte zwischen Zugeständnissen und Verfolgung, die beide gleichermaßen unaufrichtig waren. Am 28. September 1568 erließ sie das Edikt, das die Hugenotten außerhalb des Schutzes des Gesetzes stellte, was eine offene Einladung für den Beginn der Massaker war. Zu diesem Zeitpunkt machten sie ein Zehntel der Bevölkerung

Frankreichs aus. Ihr Sohn, Karl der Neunte, erkannte, dass die Pläne seiner Mutter eine Katastrophe für die Nation bedeuten würden, und er nahm Verhandlungen mit den Hugenottenführern auf, in der Hoffnung, das Gemetzel abwenden zu können. Katharina, getreu ihrem schwarzen Adelserbe, plante das Massaker, das stattfinden sollte, während er die Anführer bequem versammeln ließ. Das berüchtigte Massaker von St. Bartholomew's fand am 24. August 1572 statt, bei dem der Hugenottenführer Coligny und alle wichtigen Hugenotten getötet wurden. Die Encyclopaedia Britannica stellt fest,

„Dieses Datum markiert eine verhängnisvolle Epoche in der Geschichte Frankreichs. Auf das Massaker von Paris folgten Massaker in ganz Frankreich. Ein Opfer war König Karl selbst. Überwältigt vom Entsetzen über die Gräueltaten, die durch die Tragödie von St. Bartholomäus begangen wurden, verstarb er."

Es besteht die Möglichkeit, dass Katharina ihn vergiftet hat, da sie von seinem Unwillen wusste, mit dem Massaker an den Hugenotten fortzufahren, und von seinen Plänen, ihnen Zugeständnisse zu machen. Auch dies hätte zu ihrem schwarzen Adelserbe gepasst. Auch Karls Nachfolger, Heinrich II., starb gewaltsam; er wurde von dem Mönch Jacques Clement ermordet, der glaubte, dass auch er nicht gewillt sei, mit den Massakern an den Hugenotten fortzufahren.

Das Edikt von Nantes, 13. April 1598, war ein Versuch, diesen Prozess umzukehren. Es gewährte den Hugenotten eine Charta, die ihnen religiöse und politische Freiheit garantierte, aber viele Beamte ignorierten es und setzten die Verfolgungen fort. Während der schrecklichen Dragonnaden (1663-83) wurden viele Protestanten gefoltert, bis sie ihrem Glauben abschworen. Am 18. Oktober 1685 erklärte König Ludwig XIV. die Aufhebung des Edikts von Nantes. Wie die *Encyclopaedia Britannica* kommentiert, wurde damit einer der eklatantesten politischen und religiösen Fehler in der Geschichte Frankreichs begangen, das im Laufe weniger Jahre mehr als 400.000 seiner Einwohner verlor, Männer, die, da sie sich zwischen ihrem Gewissen und ihrem Land entscheiden mussten, die Nationen, die sie aufnahmen, mit ihrem Heldentum, ihrem Mut und ihren Fähigkeiten ausstatteten.

Es war die Aufhebung des Edikts von Nantes, mehr als jedes andere Einzelereignis in der Geschichte, das die Vereinigten Staaten auf ihren zukünftigen Kurs zur Größe brachte. Während der amerikanischen Revolution und der Ausarbeitung der Verfassung, die auf ihren Sieg folgte, waren es die Hugenotten, die in jeder Schlacht und jeder Beratung die Oberhand hatten. Die Geschicke Frankreichs hingegen sanken in einen stetigen Niedergang, von dem es sich nie wieder erholt hat. In der Tat taumelte diese Nation in der Folge von einer Katastrophe in die nächste, nicht zuletzt durch die Napoleonischen Kriege, deren Exzesse die Nation noch weiter ihrer Tapfersten und Besten beraubten. E. E. Cummings, der amerikanische Dichter, pflegte über Napoleon zu sagen: „Er hackte jedem Franzosen sechs Zoll von der Höhe ab."

Seit dem Massaker von St. Bartholomäus ist Frankreich in seiner einst stolzen Geschichte zurückgefallen. Dies war natürlich ein großer Trost für seinen historischen Rivalen, England, das nicht nur die Vorteile des französischen Niedergangs nutzte, sondern auch einige der nachfolgenden Unglücke verursacht zu haben scheint.

Frankreichs Geburtenrate sank, seine Beherrschung der Meere ging zurück, und seine Erfindungsrate sank. Am wichtigsten war, dass es nie wieder einen Krieg gewann. Trotz der großen militärischen Erfolge Napoleons verlor Frankreich die napoleonischen Kriege bei Waterloo; im Deutsch-Französischen Krieg und in den darauffolgenden Weltkriegen wurde es von den Deutschen besiegt, wobei seine Feinde nur durch die Ankunft von Truppen aus Amerika, von denen viele hugenottischer Abstammung waren, aufgehalten und zurückgedrängt wurden.

Wenn Gott die Schreckensherrschaft über das Volk von Frankreich als Strafe für die Massaker an den Hugenotten besucht haben mag, wurde es auch durch ihre Abwesenheit unvermeidlich gemacht. Nachdem der nüchterne, zügelnde Einfluss der Hugenotten aus Frankreich entfernt worden war, war nun der Weg frei für alle möglichen Exzesse der dämonenanbetenden Kanaaniter. Sexorgien, Finanzskandale und auswärtige Intrigen waren unter den hohen Beamten des schwarzen Adels an der Tagesordnung, während die Könige von Frankreich, die keine andere Möglichkeit sahen, als „mit dem Strom zu schwimmen", der Willkür freien Lauf ließen. Es war kein Zufall, dass Frankreich das einzige Land in Europa war, das zu dieser Zeit eine große Revolution erlebte. Es war das einzige Land in Europa, in dem die Zentralregierung sich von den Gelüsten der schlimmsten Elemente der Nation überwältigen ließ.

Jede Art von Ketzerei blühte in Frankreich. Müßiggang und das Streben nach dem Laster standen im Vordergrund, während die Wirtschaft durch eine Fülle von Prozessen gelähmt wurde, die zum Teil über Generationen hinweg geführt wurden und Unruhe in der ganzen Nation erzeugten. Wie in den Vereinigten Staaten heute, diktierten Vorurteile und Voreingenommenheit jede Entscheidung in den Gerichten, und diese Vetternwirtschaft wurde zu einer der Hauptursachen, die zum Ausbruch der Revolution beitrugen.

Die Fäulnis war sehr hoch am Rebstock. Der Schwager des Königs, der Duc d'Orléans, wurde wegen seiner engen Identifikation mit den neuen Kräften der „Befreiung" Philippe de Égalité genannt. Der Duc war von Mirabeau überredet worden, alle Blauen Logen mit dem Grand Orient von Frankreich zu verschmelzen; gleichzeitig überredeten Mirabeau und sein Mentor, Moses Mendelssohn, den Duc zu einigen riskanten Investitionen, bei denen er, wie sie es geplant hatten, sein Vermögen verlor. Um 1780 hatte er 800.000 Livres Schulden. Er war gezwungen, sein prächtiges Haus, den Palais Royal, an kanaanäische Kreditgeber zu überschreiben. Sie beauftragten de Laclos, es in eines der aufwändigsten Bordelle der Welt zu verwandeln. Als seinen Gehilfen holte de Laclos aus Palermo den berüchtigten „Grafen" Cagliostro, geboren als Balsamo, der den Namen seiner Patentante angenommen hatte. Er war Großmeister des Rosenkreuzerordens von Malta, dem er im Alter von dreiundzwanzig Jahren beigetreten war. Er nutzte nun den Palais Royal als Hauptquartier für revolutionäre Propaganda und druckte Tausende der aufrührerischsten Pamphlete, mit denen er Paris überschwemmte. Der Sturz des Duc d'Orleans war sorgfältig geplant worden. Mirabeau war ein Stammgast des

Salons von Henrietta Herz in Wien und Paris gewesen; hier war er unter den Einfluss von Moses Mendelssohn, dem Begründer der Freimaurerei, geraten. Er wurde zum Hauptwerkzeug von Mendelssohn und anderen Verschwörern, darunter die Rothschilds, bei der Auslösung der Ereignisse der Französischen Revolution. Zur gleichen Zeit fiel die Regierung von England in die Hände von Lord Shelburne, dem berüchtigten William Petty. Der englische Premierminister William Pitt war ebenfalls in eine Position manövriert worden, in der er von hohen Schulden überwältigt wurde; Petty und seine engsten Vertrauten bezahlten Pitts Schulden und diktierten im Gegenzug seine späteren politischen Entscheidungen. Lord Shelburne war der Chef des britischen Geheimdienstes; als solcher steuerte er von London aus den Verlauf der Französischen Revolution. Eine der hartnäckigsten Legenden ist der Mythos des Scarlet Pimpernel, eines quixotischen britischen Aristokraten, der mehrmals seinen Hals riskierte, um französische Aristokraten der Guillotine zu entreißen. Wenn es eine solche Person jemals gegeben hat, war sie in Frankreich zahlenmäßig weit unterlegen gegenüber der Zahl der britischen Agenten von Lord Shelburne, die dort anzutreffen waren und hinter den Kulissen die grausamsten Taten der Schreckensherrschaft förderten, um sicherzustellen, dass die französische Nation, selbst wenn sie die Revolution überlebte, nie wieder eine Bedrohung für die Ambitionen des britischen Empire darstellen würde. Dies erwies sich als das Ergebnis.

Mirabeau wurde später von den Entwicklungen der Revolution überwältigt; in einem Moment der Reue verschwor er sich, König Ludwig vor der Guillotine zu retten. Um einen öffentlichen Prozess zu vermeiden, wurde er prompt von den Verschwörern vergiftet und versiegelte so seine Lippen gegen jede zukünftige Enthüllung der Identität der wahren Täter dieses Grauens.

In den letzten Tagen der Macht von König Ludwig wurde eine Maßnahme nach der anderen erlassen, die dazu diente, die Autorität der Krone weiter zu schwächen und den Appetit des Pöbels zu nähren. So beschloss die Nationalversammlung, ein Exempel zu statuieren, indem sie die Sklaverei abschaffte. Die

Encyclopaedia Britannica schreibt, dass die von ihr erlassenen Maßnahmen, die jegliche Vergeltungsmaßnahmen gegen Sklaven untersagten, „die Bühne für den schrecklichen Negeraufstand in Santo Domingo bereiteten". In der Tat wurde die gesamte weiße Bevölkerung abgeschlachtet und durch eine schwarze Regierung ersetzt, die heute die ärmste Nation der westlichen Hemisphäre ist. Die Versammlung schaffte auch die Feudalherrschaft in Frankreich ab, was die Rechte einiger Fürsten im Elsass verletzte, die ihnen durch den Westfälischen Frieden garantiert worden waren. Ausländische Staatsmänner sahen, dass Frankreich in der Anarchie versank, was ihnen freie Hand gab, ihre eigene Politik zu verfolgen, ohne eine französische Intervention zu befürchten. König Ludwigs Finanzminister, der Schweizer Bankier Necker, blieb seinem Erbe der revolutionären Intrigen treu. Er verfolgte bewusst eine Inflationspolitik, die schreckliches wirtschaftliches Leid in Frankreich verursachte und die Bevölkerung weiter aufhetzte. Es wird vermutet, dass er diese Politik im Gehorsam gegenüber bestimmten Schweizer Bankiers einleitete, die planten, große Profite aus dem bevorstehenden französischen Debakel zu ziehen. Schließlich war es kein Geringerer als Baron Rothschild, der denjenigen, die reich werden wollten, riet, sie sollten „kaufen, wenn Blut auf den Straßen fließt".

Am zehnten Oktober 1789 schlug Talleyrand die Konfiszierung aller Kirchenländereien in Frankreich vor. Dies wurde gedacht, um ein Fünftel aller Französisch Land zu sein. Dies wurde als wirtschaftliche Maßnahme vorgeschlagen; die berühmten Assignaten wurden gegen diese Ländereien ausgegeben, in Höhe von vierhundert Millionen Livres, was später auf eine Milliarde achthunderttausend Livres erhöht wurde. Nach getaner Arbeit trat Necker nun zurück und verließ Frankreich im September 1790. Während der folgenden drei Jahre des Konvents wurden mehr als sieben Milliarden Livres ausgegeben. Ihr Wert sank auf ein Prozent des Nennwerts.

Die Inspiration für die Französische Revolution kann direkt auf die Doktrin des säkularen Humanismus zurückgeführt werden, die an der Accademia der de Medicis in Florenz formuliert worden war, und die nur eine modernisierte Version der Kabbala war. Die Tatsache, dass die „menschlichen Interessen" in allen Dingen an erster Stelle standen, schuf das Klima, das die Guillotinierung von König Ludwig XVI. ermöglichte; nachdem man Gott geleugnet hatte, war es ein einfacher Schritt, die Autorität eines Monarchen zu leugnen, der mit göttlichem Recht regierte. Aus dem neuplatonischen Humanismus, den die de Medicis verkündeten, entstanden die Kulte der Rosenkreuzer und der Freimaurerei. Sir Francis Bacons Diktum „Wissen ist Macht" warf den traditionellen Mächten von Kirche und Staat den Fehdehandschuh hin, die dann während der Revolution beiseite geworfen wurden. Die Baconsche Doktrin entwickelte sich logischerweise zum Positivismus von Comte, der behauptet, dass „Gott nur eine Abstraktion ist - er existiert nicht; nur die Menschheit ist real". Die Aufklärung von Descartes, heimlich unterstützt durch die geheime Allianz zwischen Voltaire und Friedrich dem Großen, beide Freimaurer, führte Frankreich in die Exzesse der Revolution.

Die unmittelbaren Pläne für die Französische Revolution wurden auf dem internationalen Freimaurerkongress in Wilhelmsbad im Jahr 1781 geschmiedet, einer Versammlung, die später als „der Konvent" berühmt wurde. Daran nahmen sieben Brüder aus England teil, darunter Lord Shelburne, der später von London aus den Verlauf der Französischen Revolution leitete, Lessing, Mirabeau, Dohm, Delegierte der französischen Illuminaten und Knigge, der Weishaupt vertrat. „Der Konvent ebnete den Weg für die Französische Revolution" (A. Cowan, „X-Rays in Freemasonry," S. 67-68). Im Jahr 1789 gab es in Frankreich etwa 2000 Logen mit über 100.000 Adepten. Die erste Loge in Frankreich war von Lord Derwenwater aus England gegründet worden und ebnete den Weg für den späteren Einfluss von Lord Shelburne und dem britischen Geheimdienst.

Die französischen Beamten erkannten bald, dass die Assignaten, die gegen die Kirchenländereien ausgestellt worden waren, nicht handelbar waren; sie konnten nicht bei Immobiliengeschäften verwendet werden, weil die Kirchenländereien wiederhergestellt werden könnten und sie dann wertlos wären; die Bevölkerung weigerte sich, sie anzunehmen.

Die Situation wurde nicht besser, nachdem die Versammlung Gesetze von unterschiedlicher Strenge verabschiedete, die Strafen für die Verweigerung der Annahme der Assignaten als Bezahlung vorsahen. Die Strafen reichten von Gefängnis bis zum Tod. Die hartnäckige Weigerung der französischen Bauernschaft, Assignaten als Bezahlung für ihr Getreide anzunehmen, führte zu ihrer Ermordung. Diese Tötungen lösten dann eine landesweite Schreckensherrschaft aus. Wie bei den früheren Massakern von St. Bartholomäus waren diese Gräueltaten durch bestimmte „gesetzgeberische" Akte vorhergesehen worden. Die cahiers des doleances verweigerten den Klerikern Steuern und Vergünstigungen, verzichteten auf alle Rechte an Grundstücken, da die Kirchenländereien zuvor beschlagnahmt worden waren, und verweigerten der Kirche jegliche finanziellen Privilegien. Am 4. August 1789 folgten die Beschlüsse der Deputierten, die alle Privilegien von Einzelpersonen und gesellschaftlichen Gruppen abschafften und damit die formale „Entchristianisierung" einleiteten, die von Mai 1792 bis Oktober 1794 andauerte. Am 3. August 1790 gab das revolutionäre Frankreich den Juden volle Rechte; die Maßnahme wurde bei dreizehn aufeinanderfolgenden Abstimmungen abgelehnt, aber die Freimaurer setzten sie beim vierzehnten Versuch durch.

Die Versammlung selbst spaltete sich in zwei rivalisierende Gruppen: die Girondins aus Bordeaux, denen eine bescheidene Art von föderaler Republik vorschwebte, und die Pariser Sektionen, die hoch oben auf der Linken saßen und daher der Berg genannt wurden. Von diesem Tag an haben die Revolutionäre immer die Linke als ihren symbolischen Ort gewählt. Der Berg bestand aus achtundvierzig Sektionen der Pariser Kommune, die von Marat angeführt wurden und sich aus Hooligans und Kriminellen zusammensetzten. Die gesamte Versammlung von 655 Mitgliedern hatte unter ihren Mitgliedern 405 Freimaurer.

Marat, dessen Person beispielhaft für die Exzesse der Revolution wurde, wurde in der Schweiz von einem sardischen

Vater und einer Schweizer Mutter geboren. Während der 1770er Jahre war er in Holland und England herumgereist. 1772 veröffentlichte er in England ein Werk namens „An Essay on the Human Soul", ein freimaurerisches Werk, dessen Schwerpunkt auf dem Mystizismus lag. Ein zweites Buch, „The Chains of Slavery", das 1774 veröffentlicht wurde, setzte seine radikale Philosophie fort. Wie der spätere Revolutionär Karl Marx schien Marat in England immer Unterstützung für seine Arbeit zu finden, vor allem unter den dortigen Freimaurerbrüdern. Er erhielt einen Abschluss in Medizin an der St. Andrews University und eröffnete eine Praxis in Pimlico. Im Jahr 1777 kehrte er nach Frankreich zurück, wo er Arzt des Comte d'Artois, des Bruders des Königs, wurde. Mit einem Gehalt von umgerechnet fünftausend Dollar im Jahr lebte er gut. Er beantragte sogar ein Adelswappen. Er begann, mehr von seinem Geld für Publikationen auszugeben und finanzierte eine radikale Zeitung, L'Ami du Peuple. Wegen dieser Tätigkeit wurde er bald unter Beobachtung gestellt. Daraufhin quittierte er den Dienst in Artois und flüchtete nach England, wo er bis 1790 blieb. Da er sah, dass das revolutionäre Klima nun reif für seine Arbeit war, kam er dann zurück nach Frankreich.

Ein Bekannter beschrieb Marat so: „Marat hatte die brennenden Augen einer Hyäne, gekennzeichnet durch krampfartige Zuckungen seiner Gesichtszüge und einen schnellen und ruckartigen Gang." Eine andere Beschreibung ist überliefert: „Sein Antlitz war krötenähnlich, gekennzeichnet durch hervortretende Augen und einen schlaffen Mund, sein Teint von grünlicher, leichenartiger Farbe. Offene Wunden, die oft liefen, entsteinten sein schreckliches Antlitz. Er trug keine Socken, und seine Stiefel waren meist schmutzig." Sein Arzt, Dr. Cabanes, sagte: „Das Ekzem in einer seiner abscheulichsten und qualvollsten Erscheinungsformen ... Eine eiternde Rinne verlief vom Hodensack bis zum Bauchfell und machte ihn mit Qualen verrückt. Kopfschmerzen, Schmerzen und Fieber quälten seinen Geist. Er ertrug unerträgliche Schmerzen in Armen und Beinen." Cabanes schloss daraus, dass sich Marat wahrscheinlich im letzten Stadium der Syphilis befand. Er trug gewöhnlich ein rotes Kopftuch über seinem fettigen Haar. Auf dem Höhepunkt der

Revolution heiratete er Susanne Simone im Tempel der Natur, ein Rousseau-Spektakel vor einem offenen Fenster. Dies war der Auftritt der Kreatur, die die Schreckensherrschaft auslöste.

Mit der Macht der Pariser Sektionen im Rücken, ernannte sich Marat selbst zum Leiter eines Komitees zur Überwachung. Er verhaftete dann etwa viertausend Menschen und das Gemetzel begann. Es war ein Sonntag, der 2. September 1792, als die ersten Opfer, vierundzwanzig Priester, einer nach dem anderen in einen Garten geführt und zu Tode geprügelt wurden. Etwa zwölfhundert Seelen wurden in diesem September getötet, mehr als einhundertfünfzig davon im Karmeliterkloster.

Die Mörder verzichteten auf die Bequemlichkeit von Gewehren, vielleicht weil diese Waffen zur Zeit ihres Lehrmeisters Baal nicht existierten. Die Mörder bevorzugten die größere Befriedigung, ihre Opfer mit Äxten, Schaufeln und Messern zu erledigen. Ein Chronist jener Zeit, Philippe Morice, schrieb: „Die Gosse war rot vom Blut der armen Kreaturen, die sie dort in der Abbaye abschlachteten. Ihre Schreie vermischten sich mit dem Gebrüll ihrer Henker, und das Licht, das ich von der Rue de la Seine aus erblickte, war das Licht von Lagerfeuern, die die Mörder angezündet hatten, um ihre Taten zu beleuchten ... „Die Gefängnisse von Chatelet und der Conciergerie wurden gleichzeitig von zwei ausgebildeten Mörderbanden gestürmt, die zweihundertfünfundzwanzig Opfer in Chatelet und dreihundertachtundzwanzig in der Conciergerie töteten.

Ein englischer Beobachter, Dr. Moore, berichtete, dass die Massaker das Ergebnis einer kaltblütigen Planung durch bestimmte Politiker waren. „Kanonen wurden wiederholt abgefeuert, als Gift, um die Bevölkerung zu ihrem blutigen Werk aufzurütteln. In Bicetre wurden dreiunddreißig Jungen im Alter zwischen zwölf und vierzehn Jahren getötet." In Salpetriere wurden Mädchen, die erst zehn Jahre alt waren, mit dem Schwert erschlagen, so Mme. Roland, die sagte: „Frauen wurden brutal vergewaltigt, bevor sie von diesen Tigern in Stücke gerissen wurden."

In den Provinzen wurden die Massaker von Verrückten ausgeführt, die anscheinend speziell für diesen Zweck rekrutiert wurden. Der berüchtigtste der Massenmörder war ein gewisser Carrier, von dem es hieß, dass er häufig Ohnmachtsanfälle bekam, zu Boden fiel, Schaum vor dem Mund hatte und jeden wie ein Tier anbrüllte und anschnauzte. Er hatte das zwanghafte Verlangen, kleine Kinder zu quälen und zu töten, ebenso wie sein Assistent, der bucklige DuRel, ein mörderischer Wahnsinniger, der sich daran erfreute, Kinder zu töten, indem er ihre Körper wiederholt mit angespitzten Stöcken durchbohrte. Diese beiden Verrückten trieben mehr als fünfhundert Bauernjungen und - mädchen auf ein Feld außerhalb von Nantes, wo sie sie mit Hilfe von Außenseitern wie ihnen selbst, die sich eifrig an dem Gemetzel beteiligten, zu Tode prügelten. Carrier war berühmt dafür, dass er die berüchtigten Noyades an der Loire erfunden hatte. Große Flöße mit Opfern wurden auf den Fluss getrieben, dann wurden die Pfropfen entfernt und alle an Bord wurden ertränkt. Etwa sechstausend Menschen wurden auf diese Weise getötet. Carrier beobachtete auch die Riten dessen, was als „republikanische Ehen" bekannt wurde. Männer und Frauen wurden entkleidet, als Paare zusammengebunden und in den Fluss geworfen. *On attachait deux a deux les personnes de l'un et l'autre sexe, toutes nues et tournées comme pour s'accoupler.*[4]

Ein anderer berüchtigter Wahnsinniger, Lebas in Arras, ließ zuerst alle Reichen hinrichten, die ihm in die Hände fielen, damit er sich ihrer Weinkeller und ihrer Juwelen bemächtigen konnte. Dann richtete er sich in einem beschlagnahmten Herrenhaus mit Blick auf den Stadtplatz ein. Als es keine Reichen mehr gab, begann er, die Armen, von denen es viele gab, zu ermorden. Er ließ sie auf dem Platz zu Tode prügeln, während er und seine Freunde von oben herab zusahen und mit orgiastischen Rasereien feierten. In Lyon ließ Fouche am 4. Dezember 1792 etwa zweihundert Männer zusammenbinden und außerhalb der Stadtmauern mit einer Schrotflinte niederschießen. Robespierres Agent Achard war ein geladener Gast bei diesem Vergnügen; er berichtete seinem Vorgesetzten: „Welche Wonne hätten Sie

---

[4] „Die Menschen beiderlei Geschlechts wurden paarweise gefesselt, nackt und wie zur Paarung gedreht."

gekostet, wenn Sie gesehen hätten, wie die natürliche Gerechtigkeit an zweihundertneun Schurken vollzogen wurde! Oh, welche Majestät! Welch ein erhabener Ton! Es war aufregend zu sehen, wie all diese Schurken den Staub kauen. Welch ein Zement für unsere Republik - im Gewölbe der Natur!"

Am Place Bellcourt befanden sich einige der prächtigsten Villen Frankreichs. Sie waren von Mansart entworfen worden. Fouche ließ sie in die Luft jagen, eine nach der anderen.

Eine zu Besuch weilende englische Liberale, Helen Williams, beschrieb die Guillotinierung von zwanzig Bauernmädchen aus dem Poitou, nachdem sie aus der Conciergerie geholt worden waren. Bald darauf wurde Williams selbst ins Gefängnis geworfen. Der Terror war echt, daran gab es keinen Zweifel. Es gab auch keinen Zweifel daran, dass er, wie Dr. Moore beobachtet hatte, von Politikern und Finanziers sorgfältig eingefädelt wurde, die beabsichtigten, davon zu profitieren. Spekulanten strömten aus der Schweiz und dem Rheinland herbei, um von den sich ständig ändernden Vorschriften der Versammlung zu profitieren. Da die Spekulanten diese Maßnahmen durch die geschickte Verteilung von Bestechungsgeldern vorhersahen, machten sie enorme Gewinne. Das Klima des Schreckens wurde durch die Anwesenheit von Spionen überall erhöht; private Agenten, die für unsichtbare Herren arbeiteten; Regierungsspitzel, Spione aller Fraktionen und überall die wahnsinnigen, in Lumpen gekleideten Tricteuses, die oft vor der Guillotine saßen und bei jedem Kopf, der in die Gosse rollte, vor Freude kreischten und ständig nach mehr und mehr Blut schrien. Die Massaker wurden sorgfältig von den Revolutionskomitees organisiert, deren Mitglieder gezielt von den Jakobinerclubs ausgewählt wurden. Die Jakobiner waren allesamt Freimaurer. Während des Terrors betrug die Bevölkerung Frankreichs 650.000; allein die Nationalgarde hatte etwa 125.000 Mitglieder, und es gab sechstausend Mitglieder der Jakobinerclubs. Una Bush schrieb in ihrem wichtigen Werk „Secret Societies and the French Revolution": „Die phrygische Mütze der Illuminaten wurde zur Kopfbedeckung der Bevölkerung während der Französischen Revolution; die halbmystischen Phantasien der Logen wurden zu den Gewohnheiten des täglichen Lebens."

Diejenigen, die nicht Mitglieder der Freimaurerlogen waren, hatten keine Ahnung, wie sie sich verhalten oder gar überleben sollten; nur die Freimaurer profitierten von der Revolution und steuerten sie in jeder Hinsicht. Bei der Hinrichtung Ludwigs XVI. im Jahr 1793 tauchte ein älterer Freimaurer seine Hände in das königliche Blut und sagte: „Ich taufe dich im Namen der Freiheit und von Jacques. Dies war eine Anspielung auf den Großmeister Jacques de Molay, der von König Philipp dem Schönen geopfert worden war. Nun war Rache angesagt. Viele der Taten, die während der Terrororgie begangen wurden, sind kaum zu glauben. Das Schicksal der Prinzessin de Lamballe, einer angenehmen Aristokratin mittleren Alters, die aus der Stadt geflohen war, war typisch. Getrieben von der Loyalität zu ihrer Herrin, Marie Antoinette, kehrte sie nach Paris zurück, um ihrer Herrin beizustehen. Prompt wurde die Prinzessin vom Mob ergriffen, öffentlich ausgeweidet und ihre Geschlechtsteile als Trophäen des Triumphes der Revolution durch die Stadt paradiert! Nach der Erstürmung der Guilerriers fiel ein junger Lehrling in die Hände des Pöbels. Eine große Pfanne wurde geholt und ein Feuer darunter gemacht. Er wurde dann in Butter gebraten, woraufhin die Revolutionäre ein Festmahl genossen.

Die Friedhöfe von Paris wurden zu Schauplätzen nächtlicher Orgien, viele davon mystische Riten, wie man sie seit der Zerstörung der Baalstempel auf Erden nicht mehr gesehen hatte. Gräber wurden aufgerissen, und die Überreste in teuflischen Riten verwendet. All dies war geschehen, weil die Menschen in Frankreich den Fluch von Kanaan und den Willen von Kanaan nicht kannten. Diese Schrecken, die jenseits der Vorstellungskraft eines jeden vernünftigen Menschen waren, wurden wegen der satanischen Natur der Kanaaniter verübt, die jede Gelegenheit nutzten, um ihrer Leidenschaft für Menschenopfer und Kannibalismus zu frönen.

Die ideologische Grundlage für diese Gräueltaten hatte die Nationalversammlung am 26. August 1789 mit der formellen Verabschiedung der Erklärung der Menschenrechte festgeschrieben. Dies führte direkt zur Bildung des

Revolutionstribunals, das am 10. März 1793 eingesetzt wurde und das dann das Komitee für öffentliche Sicherheit bildete. Das anfängliche Komitee bestand aus neun Männern; es wurde später auf zwölf erhöht und wurde von Marat geleitet. Er nutzte das Komitee zunächst, um seine Hauptgegner in der Versammlung, die Girondins, zu vernichten. Am 1. November 1793 enthauptete er einundzwanzig von ihnen an einem Tag. Die Girondins vertraten vor allem die Gegend von Bordeaux; eine junge Dame aus dieser Gegend, Charlotte Corday, die aus guter Familie stammte, beschloss insgeheim, sich an ihren Freunden zu rächen. Wegen der Qualen seiner sich verschlechternden Haut verbrachte Marat nun die meiste Zeit in einer Badewanne. Dort sprach Corday ihn an und stach ihn nieder. Sie wurde verurteilt und noch am selben Tag hingerichtet. Marats Beerdigung wurde in eine weitere babylonische Orgie verwandelt, bei der große Mengen an Weihrauch verbrannt wurden und symbolische Papierpyramiden, die seine freimaurerische Zugehörigkeit repräsentierten, überall zu sehen waren.

Marat wurde von den beiden anderen Architekten der Schreckensherrschaft, Danton und Robespierre, abgelöst. Auch sie sollten bald von dem Ungeheuer vernichtet werden, das sie auf die Nation losgelassen hatten. In der Kathedrale von Notre Dame wurde ein großes Fest der Vernunft abgehalten. Merciers Bericht beschreibt „die wütende Bevölkerung, die vor dem Heiligtum tanzte und die Carmagnole (das Lied der Revolution) heulte. Die Männer trugen keine Hosen (die sans culottes); die Hälse und Brüste der Frauen waren nackt. In ihrem wilden Wirbeln ahmten sie jene Wirbelstürme nach, die Vorläufer der Stürme, die alles verwüsten und zerstören, was sich ihnen in den Weg stellt. In der Dunkelheit der Sakristei frönten sie den abscheulichen Begierden, die tagsüber in ihnen entfacht worden waren ... der Pöbel schrie nach Anbetung der Tugend statt dieses jüdischen Sklaven und seiner ehebrecherischen Frau aus Galiläa, seiner Mutter."

Blasphemie war das Markenzeichen der Revolution, nicht nur die Wut, die zum Abschlachten von Hunderten von Priestern führte, sondern auch der Drang, das, was größer war als sie selbst, zu entwürdigen und zu diffamieren. Auf dem Clootz-

Konvent erklärte ein militanter Atheist, ein Hebertist: „Ein religiöser Mensch ist eine verdorbene Bestie. Er gleicht jenen Tieren, die gehalten werden, um geschoren und gebraten zu werden zum Nutzen der Kaufleute und Metzger."

Nach dem Tod von Marat erreichte Robespierre den Gipfel seiner Macht und wurde zum Präsidenten des Konvents ernannt. Um seine Erhebung zu feiern, organisierte er am 8. Juni ein großes Fest, das Fest des Höchsten Wesens, von dem er behauptete, es bedeute die Wiedergeburt Gottes. In „The Life of Robespierre" schreibt G. Renier: „Am 28. Juli 1794 hielt Robespierre eine lange Rede vor dem Konvent ... eine Hetzrede gegen die Ultraterroristen ... mit vagen allgemeinen Anschuldigungen." Ich wage es nicht, sie in diesem Moment und an diesem Ort zu benennen. Ich kann mich nicht dazu durchringen, den Schleier, der dieses tiefe Geheimnis der Ungerechtigkeit bedeckt, vollständig zu zerreißen. Aber ich kann mit Bestimmtheit sagen, dass unter den Urhebern dieses Komplotts die Agenten jenes Systems der Korruption und Verschwendung sind, das mächtigste aller Mittel, die von Ausländern zum Verderben der Republik erfunden wurden. Ich meine die unreinen Apostel des Atheismus und die Unmoral, die ihm zu Grunde liegt. „Renier kommentiert: Hätte er diese Worte nicht gesprochen, hätte er vielleicht noch triumphiert!"

Weil er gedroht hatte, die Illuministen hinter der Revolution zu entlarven, hatte sich Robespierre selbst verdammt. Genau in diesem Moment verabschiedete sein Erzfeind und tödlicher Rivale Fouche das Gesetz vom 22. Prairial, das in Artikel 16 „keine Verteidigung für Verschwörer" vorsah. In der Versammlung vom 9. Thermidor durfte Robespierre nicht sprechen und sich auch nicht gegen seine Ankläger verteidigen. Kurz darauf wurde er im Hotel du Ville verhaftet. In dem darauf folgenden Kampf wurde er in den Kiefer geschossen. Er wurde in die Conciergerie geschleppt, immer noch in seiner Festtagskleidung, einem himmelblauen Mantel und Beinkleidern, gekleidet. Zweiundzwanzig seiner Anhänger wurden zuerst hingerichtet, dann wurde Robespierre selbst zur Guillotine geführt. Bevor er ihn vor die Guillotine warf, riss der berühmte Scharfrichter Samson absichtlich die Binde von

Robespierres Kiefer. Zuschauer sagten, er habe wie ein geschlachtetes Tier geschrien, bevor sich die Klinge gnädig senkte.

Auch der dritte Anführer der Schreckensherrschaft, Danton, wurde bald zur Guillotine geführt, und in Paris begann sich langsam wieder alles zu normalisieren. Die unvermeidliche Reaktion, die als Weißer Terror bezeichnet wurde, begann bald. Er gipfelte im berühmten 18. Brumaire, einem Datum, das von Revolutionären seither mit Hass und Wut zitiert wird. Am 18. Brumaire übernahm Napoleon die Macht, und die Revolution war vorbei.

Eine weitere Entwicklung der Französischen Revolution war die Entfesselung einer neuen Formel zur Beherrschung der Menschheit auf die Welt, die Sozialwissenschaften. Diese Technik wurde von einem inhaftierten Aristokraten, Comte de Saint Simon, während seiner Gefangenschaft im Luxembourg entwickelt. Während er auf seinen Prozess wartete, vergnügte er sich damit, seine Vision eines neuen sozialen Systems zu entwickeln, eines, das rein auf wissenschaftlichen Prinzipien statt auf politischen Realitäten beruhen würde. Aus seinem Konzept entstand das gesamte sozialistische System der „sozialen Wohlfahrt", das sich als notwendiges Werkzeug zur Durchsetzung des Sozialismus durch die Regierungen vieler Länder erwies.

Der Terror hatte den Kanaanitern eine große Gelegenheit geboten, ihren unmenschlichen Begierden zu frönen. Sie hassten nun Napoleon mit aller Leidenschaft, zu der sie fähig waren, weil er ihnen die Freuden genommen hatte. Nach seinem Sturz sorgten sie dafür, dass er durch Verabreichung von Arsen in seiner Nahrung langsam zu Tode vergiftet wurde. Dies wurde einhundertfünfzig Jahre später durch die Untersuchung seiner Haare bewiesen, die starke Konzentrationen von Arsen aufwiesen. Das Gift war Napoleon auf der Insel St. Helena von einem vertrauenswürdigen Agenten der Rothschilds verabreicht worden. Um ihre Rachegelüste weiter zu befriedigen, ermordeten die gleichen Verschwörer später seinen jungen Sohn, den Herzog von Reichstadt.

Es war der Herzog von Braunschweig selbst (bei den Illuminaten als „Aaron" bekannt), der das letzte Wort über die Französische Revolution sprach: „Eine geheime Sekte, die innerhalb der Freimaurerei wirkte, hatte die Französische Revolution herbeigeführt und würde sie herbeiführen und die Ursache für alle zukünftigen Revolutionen sein." Monsignore Dillon, der 1885 schrieb, bot einen weiteren Kommentar an: „Wie subversiv die Doktrinen des Großordens auch immer gewesen sein mögen - und das waren sie zweifellos - es war nicht die Freimaurerei selbst, sondern der Illuminismus, der die Bewegung organisierte, von der die Französische Revolution nur die erste Manifestation war."

Der große französische Historiker, Hippolyte Taine, schrieb: „Freiheit, Gleichheit, Brüderlichkeit! Was auch immer die großen Worte sein mögen, mit denen die Revolution geschmückt wurde, sie war im Wesentlichen eine Übertragung von Eigentum."

Nach dem erfolgreichen Abschluss der Napoleonischen Kriege hatten die Rothschilds die unangefochtene Kontrolle über diesen Besitz. Sie hielten den Wiener Kongress ab, um ihre großen Siege zu feiern. Von Gentz, Sekretär von Fürst Metternich, wies darauf hin, dass es nie wirklich einen Wiener Kongress gab; die Rothschilds diktierten den vier Großmächten lediglich die Unterzeichnung der Schlussakte im Juni 1815. Von Gentz kommentiert: „Der eigentliche Zweck des Kongresses war es, die von den Besiegten genommene Beute unter den Eroberern aufzuteilen."

Der Wiener Kongress wurde formell von Lord Castlereagh, dem Außenminister Großbritanniens, und seinem Halbbruder Lord Charles Stewart geleitet, der als bevollmächtigter Botschafter in Wien tätig war. Lord Aberdeen, Lord Cathcart und Lady Burghe, eine Nichte des Herzogs von Wellington, vertraten ebenfalls Großbritannien. Prinzessin Thurn und Taxis arrangierte in ihrem Salon nächtliche Treffen zwischen Talleyrand und dem Zaren von Russland. Während dieser Treffen verriet Talleyrand routinemäßig das französische Volk. Fast das gesamte europäische Königshaus war zum Kongress in Wien anwesend.

Sie versammelten sich im Opernhaus zu einem Sonderkonzert von Beethoven, das er dirigierte.

Weil England die Siegermacht war, wurde die Weltherrschaft der britischen Seemacht von den Mitgliedern des Kongresses unhinterfragt akzeptiert. Ein wichtiges Geschäft war die Verabschiedung der Gesetze vom 20. und 29. März 1815, welche die Neutralität der Schweiz dauerhaft garantierten. Diese Gesetze sorgten nicht nur dafür, dass die Schweiz auch weiterhin die Nation war, in der die Revolutionen der Welt ausgeheckt werden konnten, sondern auch dafür, dass die unrechtmäßig erworbenen Gewinne dieser Revolutionen sicher verwahrt und gegen die Rücknahme durch die Opfer von Raubüberfällen versichert wurden.

Lord Castlereagh wandte sich später mit diesem Bericht über den Kongress an das Unterhaus: „Der Wiener Kongress war nicht zur Erörterung moralischer Grundsätze versammelt, sondern zu großen praktischen Zwecken, um wirksame Bestimmungen für die allgemeine Sicherheit aufzustellen." Eine dieser Bestimmungen war, dass Nathan Mayer Rothschild auf dem Kongress ein deutsches Sonderkomitee einrichtete, das eine Gewährung von Rechten für deutsche Juden ausarbeiten sollte. Diese Bestimmung wurde in das endgültige Gesetz eingefügt, das dann als „Gleichgewicht in Europa" beworben wurde, die berühmte Doktrin, die später als „Gleichgewicht der Kräfte" bekannt wurde. Tatsächlich hatte der britische Geheimdienst, angeführt von Lord Shelburne, die gesamte Französische Revolution von London aus als freimaurerisches Komplott betrieben, um England von seinem ältesten und historischsten Rivalen zu befreien. Nach 1815 stellte Frankreich nie wieder eine Bedrohung für die britische Hegemonie dar. Es war überhaupt kein Gleichgewicht der Kräfte; es war der Triumph des Hegelschen Systems.

Die Bourbonen waren nun zu einer schwachen und unwirksamen Herrscherfamilie geworden: Lord Castlereagh setzte sie im Vertrag von Paris formell wieder auf den Thron, nur weil sie ein wichtiger Faktor für die zukünftige Schwäche Frankreichs sein würden.

Castlereagh, Marquis von Londonderry, galt nun als der mächtigste Einzelpolitiker der Welt. Er war der Patensohn von Lord Camden, der zusammen mit Lord Shelburne dem britischen Premierminister William Pitt große Summen geliehen hatte; danach waren sie in der Lage, ihn für ihre eigenen verschlagenen Zwecke zu kontrollieren. Lord Shelburne, William Petty, wurde von Edmund Burke als „ein Cataline oder Borgia in der Moral" denunziert, was zweifelsohne zutraf. Henry Kissinger modellierte seine eigenen diplomatischen Techniken ganz offen nach denen von Lord Castlereagh. In seinem Buch „A World Restored" (Eine wiederhergestellte Welt), das er McGeorge Bundy (von der Bruderschaft des Todes) widmete, schrieb Kissinger: „Es gibt zwei Wege, eine internationale Ordnung zu errichten: durch Willen oder durch Verzicht; durch Eroberung oder durch Legitimität." Die „wiederhergestellte Welt", der Kissinger seine Karriere widmete, war natürlich die Fortsetzung der Rothschild-Weltordnung, die auf dem Wiener Kongress errichtet worden war. Sein Idol, Lord Castlereagh, hatte anscheinend einige zweite Gedanken über die Konsequenzen seiner Diplomatie. Er kehrte aus Wien nach London zurück und glaubte, einen großen persönlichen Triumph für sich und sein Land errungen zu haben. Als er später die tatsächlichen Ergebnisse des Wiener Kongresses betrachtete, erkannte er verspätet, dass er den gesamten europäischen Kontinent in die Hände der Rothschilds gegeben hatte. Am 12. August 1822 hatte er eine emotionale Audienz bei König Georg IV. und teilte ihm mit: „Sire, es ist notwendig, Europa Lebewohl zu sagen." Danach ging er nach Hause und schnitt sich die Kehle durch, indem er sich mit einem kleinen Taschenmesser die Schlagader aufschlitzte.

Diese Geschichte hat heute eine noch interessantere Bedeutung. Ein Hauptpartner der Rothschilds bei ihren weltweiten Machenschaften ist der Finanzier Sir James Goldsmith. Er ist mit der Tochter des jetzigen Marquis von Londonderry, einem Nachfahren von Lord Castlereagh, verheiratet. Es ist Goldsmiths dritte Ehe. Er heiratete Isabel Patino, die Erbin des großen Zinnvermögens, als sie erst zwanzig Jahre alt war. Sie starb unter mysteriösen Umständen. Dann heiratete Goldsmith die Nichte des Comte de Paris, des bourbonischen Thronprätendenten von Frankreich. Später heiratete er die Nachfahrin von Lord Castlereagh.

In den vierzig Jahren, seit Mayer Amschel den Kurfürsten von Hessen überredete, ihn sein Vermögen investieren zu lassen (das Geld, das ihm König Georg III. für die hessischen Söldner zahlte, die die amerikanischen Revolutionäre niederschlagen und die Kontrolle über die amerikanischen Kolonien aufrechterhalten sollten), hatten es die Rothschilds weit gebracht. Sie hatten das Geld des Kurfürsten in ein eigenes weltweites Vermögen verwandelt. Bis zu diesem Glücksfall waren sie keineswegs die wichtigste Familie in der Frankfurter Geldverleih-Hierarchie. Seit 625 n. Chr. gab es einen beachtlichen jüdischen Anteil in Frankfurt am Main. 1265 wurde ein Vertrag geschlossen, der ihnen erlaubte, zu bleiben. Im Jahr 1614 wurde die Judengasse jedoch geplündert. Zu dieser Zeit lebten dort etwa 1390 Juden. Im Jahr 1615 wurde an den Toren der Judengasse die Warnung angebracht: „Unter der römischen kaiserlichen Majestät und dem Schutz des Heiligen Römischen Reiches". Im Jahr 1715 lebten in der Judengasse 415 Familien, davon 109 Geldverleiher, 106 Eisenwarenhändler, die übrigen Familien betrieben Gebrauchtwaren- oder Obstgeschäfte. Von den zwölf reichsten Familien des Jahres 1715 waren die Speyers mit einem Vermögen von 604.000 Gulden die reichsten, dann folgten die Goldschmidts, die Wertheimers, die Familie Haas usw. An vierter Stelle der Liste standen die Rothschilds mit 109.375 Gulden. Genau hundert Jahre später waren die Rothschilds die Herren Europas und diktierten auf dem Wiener Kongress die Bedingungen. Sie forderten daraufhin ein Adelswappen mit einem königlichen Krönchen, das den Leoparden von England und den Löwen von Hessen zeigte. Dieser Antrag wurde 1817 abgelehnt, aber nachdem ein enormer finanzieller Druck auf die Regierung ausgeübt wurde, wurde er schließlich 1822 gewährt. Im folgenden Jahr übernahmen die Rothschilds alle Finanzgeschäfte der weltweiten katholischen Kirche. Über das Oberhaupt der Familie, Sir Nathan Mayer Rothschild, vermerkt das Dictionary of National Biography: „Der Einfluss seiner Firma und seiner Person ist mit dem der Bank von England zu vergleichen; nach dem Tod von Sir Moses Montefiore kann man fast sagen, dass Rothschild der allgemein autorisierte Führer der Juden der Welt ist."

Der Erfolg der Französischen Revolution, die eigentlich ein Staatsstreich war, war auf die Reorganisation der Freimaurer in Frankreich zurückzuführen. Die ursprüngliche französische Loge hatte nur drei Grade; die 33 Grade des Alten und Angenommenen Schottischen Ritus, die revolutionären Grade, wurden dann eingeführt; dies garantierte den Erfolg der Verschwörung. Nach der Revolution tagte der Oberste Rat des Ordens in der Regel in Paris. Die jüdische Loge von Frankfurt, *L'Aurore Naissante*, die aufgehende Morgenröte, war 1808 von der Großloge von Paris autorisiert worden. Der Schottische Ritus datiert seine offiziellen Dokumente immer in den hebräischen Monaten. Am 18. September 1885 rief das Bulletin des Grand Orient von Frankreich offen zur Zerstörung der katholischen Kirche auf. Im Jahr 1886 setzte der Internationale Kongress des Grand Orient den Aufruf zu den Waffen mit dem Schlachtruf „Krieg gegen Gott!" Das politische Schlachtfeld der Freimaurerei konzentrierte sich damals auf Italien, daher der Aufruf zum Krieg gegen die katholische Kirche. Es gab keine nachfolgende italienische Revolution, wie sie in anderen Ländern, vor allem in Frankreich, stattgefunden hatte, weil das Gebiet zu diffus war; der einzige zentrale Feind in Italien war die Macht der Kirche. Die italienischen „Befreier", Mazzini und Garibaldi, waren die führenden Freimaurer in den Logen. Auch hier führten sie lediglich die Anweisungen des britischen Geheimdienstes aus. Es war kein Geringerer als Lord Sackville, der 1733 die Freimaurerei in Italien eingeführt hatte. Der britische Einfluss war dominant, als Lord Palmerston mit Hilfe von Cavour die „Befreier" bei der Einnahme Roms und der Verhaftung des Papstes anführte.

Der Aufstieg von Louis Napoleon, später bekannt als Napoleon III, zur Macht in Frankreich war ein weiterer Triumph der kanaanäischen Verschwörer. Louis Napoleon war 1808 als Sohn der Königin Hortense geboren worden. Ihre Residenz in Paris war auch der Hauptsitz des Hauses Rothschild; sie wurde später die Privatresidenz von James de Rothschild; das Gebäude wurde 1968 abgerissen.

General Spiridovich, eine Autorität in dieser Zeit, sagt unmissverständlich, dass es allgemein bekannt war, dass Napoleon III. ein Rothschild war. Napoleon III. war auch ein bekanntes Mitglied der Carbonari, einer Gruppe italienischer Adliger, die die Führer der Guelfen, oder des schwarzen Adels, in Europa waren. Der Alta Vendita war der oberste Leiter der Carbonari, dessen Befehle bei Todesstrafe befolgt werden mussten. Als Louis Napoleon 1851 zum Kaiser ausgerufen wurde, versuchten die Carbonari schnell, ihre Gewinne in Italien zu konsolidieren. Eine internationale Freimaurergruppe unter der Leitung von Lord Palmerston, der auch Kossuth, Lemmi und andere angehörten, hatte sich 1860 in London getroffen, um ihre Strategie zur Erlangung der absoluten Kontrolle in Italien zu planen. Als Garibaldi Neapel besetzte, war eine Gruppe von englischen Freimaurern zur Stelle, um ihm zu helfen.

Trotz seiner kanaanäischen Herkunft verstieß Napoleon III. zutiefst gegen die Weltordnung, als er im Dezember 1851 seinen Staatsstreich organisierte und die Macht in Frankreich ergriff. Um seinen Verstoß gegen die Disziplin zu sühnen, wurde sein Sohn, der Prinz Imperial, später ermordet. Kein Geringerer als der ehemalige Premierminister Gambetta, dessen Sekretär Adolphe Cremieux, der Gründer der Alliance Israelite Universelle, war, sagte: „Der providentielle Tod des Herzogs von Reichstadt [des Sohnes von Napoleon I.] war die Strafe für das Brumaire [als Napoleon I. die Macht ergriff]. Ich schwöre Ihnen, dass der Dezember 1851 [der Staatsstreich von Napoleon III.] ebenfalls bestraft werden wird." 1879 schloss sich der Prinz, damals dreiundzwanzig Jahre alt, einer britischen Expedition gegen die Zulus an, weil er in Frankreich geächtet worden war. Auf dem Schiff nach Afrika erkrankte er an einem mysteriösen Fieber, erholte sich aber wieder. Ihm wurde dann ein Adjutant zugeteilt, Lt. --------, ein Freimaurer, der ihn später überredete, elf Meilen über die Grenzen der vorgeschriebenen Aufklärung hinauszugehen, wo sie ihr Lager aufschlugen. Als der Prinz sein Pferd bestieg (während eines Angriffs), riss der Riemen; er war in zwei Hälften geschnitten worden, obwohl es ein neuer

Lederriemen war. Er starb durch siebzehn Speerstöße der Zulus. Adrien Paillaud erzählt diese Geschichte in „La Mort du Prince Imperial," Paris, 1891. Paillaud schrieb: „Zum Zeitpunkt der Abreise des Prinzen aus Frankreich nach England sagte ein freimaurerischer republikanischer Abgeordneter: ,Sie werden ihn [den Prinzen] nie wieder sehen. Ich gebe nicht vor, ein Prophet zu sein, aber, glauben Sie mir, der Prinz wird im Zululand getötet werden.' Der Abgeordnete war ein enger Freund von Gambetta. Am 19. Mai 1879 verkündete eine radikale Zeitung, dass der Prinz getötet worden sei. Eine Freimaurerloge am Kap hatte eine Nachricht nach Paris geschickt; an diesem Tag waren die Zulus jedoch nicht erschienen. Bei einer späteren Expedition wurde der Prinz getötet, am 1. Juni. Dieser bemerkenswerte Umstand wurde in einem sehr erfolgreichen Theaterstück, 'Thy Wife of Claudius', von Alexander Dumas in Paris aufgeführt. Der Held' Daniel sagt: „Die Diaspora hat uns nicht zerstreut, im Gegenteil, sie hat uns in alle Richtungen ausgedehnt. Infolgedessen haben wir sozusagen die ganze Welt in ein Netz verstrickt."

KAPITEL 6

DIE AMERIKANISCHE REVOLUTION

D ie Geschichte der Vereinigten Staaten beginnt eigentlich mit der „Entdeckung" durch Kolumbus im Jahr 1492, wenn man die zahlreichen Reisen ignoriert, die Abenteurer seit etwa tausend Jahren in dieses Land unternommen hatten. König Heinrich VII. erteilte am 5. März 1646 John Cabot (einem Genueser namens Giovanni Caboto) und seinen drei Söhnen Lewis, Sebastian und Santius Patentbriefe. Den Cabots wurde das Recht eingeräumt, alle „Städte, Schlösser und Inseln" zu besitzen, die sie entdecken würden. Cabot landete am 2. Mai 1647 in Labrador. Seine Nachkommen wurden wichtige Führer in Neuengland.

Das erste Gesetzeswerk für das neue Land, der Mayflower Compact, war am 11. November 1620 von den Passagieren auf der Maynower wie folgt unterzeichnet worden: „Im Namen Gottes, Amen. Wir, deren Namen unterstrichen sind, die treuen Untertanen unseres gefürchteten Herrschers, Lord King 'limes, von Gottes Gnaden, von Großbritannien, Frankreich und Irland, König, Verteidiger des Glaubens, &c."

Nachdem für die Ehre Gottes, und die Förderung des christlichen Glaubens, und die Ehre unseres Königs und des Landes, eine Reise unternommen, um die erste Kolonie in den nördlichen Teilen von Virginia zu pflanzen; Haben durch diese Geschenke, feierlich und gegenseitig in der Gegenwart von Gott und einander, Bund und kombinieren uns in einem zivilen Körper Politick, für unsere bessere Ordnung und Erhaltung, und die Förderung der oben genannten Enden; Und kraft dessen erlassen, konstituieren und gestalten wir solche gerechten und gleichen Gesetze, Verordnungen, Gesetze, Verfassungen und

Ämter, von Zeit zu Zeit, wie es für das allgemeine Wohl der Kolonie am besten geeignet und zweckdienlich ist; denen wir alle gebührende Unterwerfung und Gehorsam versprechen. ZU URKUND DESSEN haben wir hiermit unsere Namen in Cape Cod am 11. November in der Herrschaft unseres souveränen Herrn, König James von England, Frankreich und Irland, dem achtzehnten und von Schottland dem vierundfünfzigsten, unterschrieben. Anno Domini 1620. Unterzeichnet, William Mullins und andere.

11 John Dee, *General and rare memorials*, 1577, title-page

So folgte auf die erste rechtliche Vereinbarung oder Verfassung in der Neuen Welt 1661 eine Declaration of Liberties, datiert auf den 10. Juni 1661, im General Court, die beinhaltete: „2. The Gouvernor & Company are, by the pattent, a body politicke, in fact and name. 3. This body politicke is vested with power to make freemen..." Diese Erklärung ist ein wichtiges Dokument in der Geschichte dieser Nation, denn sie verkündete, dass wir nun die Macht der Souveränität besaßen, d.h. das Recht, Freemen zu machen. Am 2. Oktober 1678 verkündeten die Kolonisten kühn, dass „die Gesetze Englands innerhalb der Weltmeere begrenzt sind und Amerika nicht erreichen."

Von den Kolonien wurde Virginia von dem Gelehrten J. R. Pole als diejenige bezeichnet, die England am ähnlichsten war. Dies lag wahrscheinlich daran, dass es die freimaurerischste der Kolonien war. Es wurde von London aus von den Lords of Trade, früher bekannt als Board of Trade, von der London Company und der Virginia Company regiert, und das Gesetz, nach dem sie regierten, war das Admiralty Law. (S. 59, „Royal Government in America," Leonard Woods Labaree, Yale, 1930.) 1723 erließ LL Gov. Drysdale von Virginia eine Steuer von 40 Shilling auf jeden in die Provinz eingeführten Sklaven. Ein Protest gegen diese Steuer kam sofort von den wichtigsten englischen Sklavenhändlern, der Royal Africa Company, bestehend aus „diversen in Afrika handelnden Kaufleuten", der South Nun Company und der Liverpool Corp. „the Mayor, Aldermen, and Merchants of the ancient and loyal Corporation of Liverpool." In den Gerichten herrschte das englische Gewohnheitsrecht; es ließ alle Beweise aus dem Protokoll weg.

Es war dieser freiheitliche Geist der Kolonisten, von denen viele als hugenottische Flüchtlinge aus Frankreich stammten, der in London schon früh die Befürchtung aufkommen ließ, das Neue Land könnte sich noch als eine gefügige Provinz der britischen Macht erweisen. Von Anfang an betrachteten sich viele der Siedler in Amerika als real, wenn auch nicht politisch, unabhängig. London war weit weg, und in den meisten Fällen waren die Siedler auf sich selbst gestellt. Das Volk von Sem hatte nun sein gelobtes Land gefunden, wo es die Art von Zivilisation aufbauen konnte, die es benötigte, und wo es seine Familien großziehen konnte, endlich frei von den gefürchteten Kanaanitern und ihrer Sucht nach Menschenopfern und Kannibalismus.

Doch die Kanaaniter hatten ihre Beute nicht aus den Augen verloren, so weit entfernt sie auch sein mochten. Sie hatten die Formel für die Kontrolle jedes Volkes, die subversive Organisation des Freimaurerordens der Kanaaniter. Die Encyclopaedia Judaica vermerkt, dass Moses M. Hays 1768 zum Generalinspektor der nordamerikanischen Freimaurerei ernannt wurde. Benjamin Franklin war seit 1731 Großmeister in Philadelphia gewesen. Hays brachte bald den Schottischen Ritus in die Vereinigten Staaten und führte ihn 1780 in der Newport Lodge ein. Die Organisation der Franklin-Freimaurer war von Lafayette autorisiert worden, der später Benito Juarez in der Mexikanischen Revolution unterstützte. Bis zum Aufkommen des Schottischen Ritus, einer rivalisierenden Organisation, die vom Duc d'Orleans, den Schweizer Bankiers und dem britischen Geheimdienst gegründet worden war, war Franklin der wichtigste freimaurerische Organisator in den Kolonien gewesen. Bis 1785 waren fünfzehn Logen der Illuminaten in Amerika gegründet worden. Sie wurden von einer Gruppe von New Yorkern angeführt, zu denen Clinton Roosevelt, Charles Dana, Gouverneur DeWitt Clinton und Horace Greeley gehörten. Roosevelt schrieb später ein einflussreiches Buch, „The Science of Government as Founded on Natural Causes," die das Lehrbuch für die Umsetzung der Illuminati-Programme in Amerika wurde.

Die amerikanische Revolution unterschied sich wesentlich von den Revolutionen in Frankreich, Spanien und Russland. Sie war kein lokaler Aufstand gegen unterdrückende Herren. Vielmehr war es die Übernahme von Eigentum durch diejenigen, die daran gearbeitet hatten, es zu entwickeln, und die fühlten, dass sie den abwesenden Grundbesitzern, der britischen Krone, nichts schuldeten. Die Revolution war weitgehend frei vom Mob, von Schreckensherrschaften oder den Gräueltaten, die man gewöhnlich mit kanaanitisch-freimaurerisch gesteuerten Aufständen in Verbindung bringt. Nichtsdestotrotz, derselbe britische Meister der Spionage, Lord Shelburne, der die Französische Revolution von London aus gesteuert hatte, brachte es nun fertig, viele seiner Agenten in entscheidenden Positionen unter den amerikanischen Revolutionären zu platzieren. Diese

Agenten traten in kritischen Zeiten in Erscheinung und wurden als fähige und mutige Patrioten dargestellt. So wie die Schweizer Bankiers den französischen Hof beeinflusst hatten, indem sie ihren Agenten, den Finanzier Necker, in eine Schlüsselposition brachten, um eine wirtschaftliche Depression herbeizuführen, so spielte Lord Shelburne eine entscheidende Rolle bei der Manipulation der amerikanischen Kräfte während der Revolution. Der berühmteste von ihnen war Benedict Arnold, dessen Name bis heute ein Synonym für Verrat ist. Arnold war nur der sichtbarste Offizier in einem viel größeren Netzwerk, das von der Familie Mallet-Prevost, dem wichtigsten Namen in der Schweizer Spionage, in Gang gesetzt worden war. Augustine Prevost wurde Großsteward der Loge der Vollkommenheit, die 1768 in Albany gegründet wurde. Solomon Bush wurde 1781 freimaurerischer stellvertretender Generalinspektor für Pennsylvania, und Abraham Forst aus Philadelphia wurde 1781 zum stellvertretenden Generalinspektor für Virginia ernannt. Am 5. Oktober 1785 vermerken die Freimaurer-Aufzeichnungen, dass „Bruder Augustine Prevost, ein Prinz des Königlichen Geheimnisses, zu Besuch war. Rückblickend stellen wir fest, dass sich freimaurerische Agenten während der gesamten Revolution frei zwischen den britischen Zonen und den von den Amerikanern kontrollierten Gebieten hin und her bewegten. Während einer Schlacht verlor ein englisches Regiment seine freimaurerischen Wertgegenstände. Diese wurden umgehend von General George Washington unter einer Waffenstillstandsflagge und in Begleitung einer Ehrengarde zurückgegeben. Nach der Schlacht von Yorktown im Jahr 1781 wurde ein großes Bankett gegeben, bei dem britische, französische, deutsche und amerikanische Freimaurer zusammensaßen und feierten.

Die Familie Prevost in Genf, Schweiz, war eines der mächtigsten Mitglieder des herrschenden Rates der 200. Der bereits erwähnte General Augustine Prevost, Prinz des königlichen Geheimnisses, befehligte die britischen Streitkräfte in Nordamerika während der gesamten Revolution; sein Bruder, Mark Prevost, war sein zweiter Stellvertreter. Sie schrieben die Befehle für Major Andre, der die Operation des Verrats von

Benedict Arnold „leitete". Auf frischer Tat ertappt, konnte Andre, der Sohn eines einflussreichen Schweizer Handelsbankiers, nicht gerettet werden. Er wurde von den Amerikanern, die ihn gefangen genommen hatten, gehängt. Amerikas berühmtester Verräter, Benedict Arnold, verbrachte die Nachkriegsjahre bequem in England. General Augustine Prevosts Sohn, Sir George Prevost, war während des Krieges von 1812 Kommandeur der britischen Streitkräfte in Nordamerika.

Am Ende des Revolutionskrieges glaubten die meisten Amerikaner, dass sie ihre Unabhängigkeit von Großbritannien gewonnen hatten. Sie waren nun frei, ein Regierungsinstrument zu vervollkommnen, das ihnen und ihrer Nachwelt die Unabhängigkeit auf ewig garantieren würde. Das Ergebnis des Konvents des Volkes von Shem war die Verfassung der Vereinigten Staaten, ein bemerkenswert einfaches, aber unglaublich umfassendes Dokument. Es garantierte ihnen ihre Unabhängigkeit vor allem deshalb, weil es die Kanaaniter bewusst von der Beteiligung an der Regierung ausschloss. Es war ein echtes Rassendokument, geschrieben von und für das hellhäutige Volk von Sem. Seine Bestimmungen waren ausdrücklich so formuliert, dass sie auf niemanden sonst anwendbar waren. Da sie als ein schemitisches Dokument geschrieben wurde, das für die Sicherheit des schemitischen Volkes verfasst worden war, wäre jede zukünftige Änderung oder Verwässerung dieser „ursprünglichen Absicht" der Verfassung ein anti-semitischer Akt. Der primäre Zweck der Verfassung der Vereinigten Staaten war es, die freien Bürger vor jeglichem Eindringen einer willkürlichen, tyrannischen, kanaanitischen Regierungsbehörde zu schützen. Die anschließende allmähliche Aushöhlung dieser Bestimmungen der Verfassung und ihre subtile Veränderung, um Angriffe auf die freien Bürger der Vereinigten Staaten durch eine dämonische kanaanäische Zentralregierung zuzulassen und zu fördern, stellt einen äußerst schweren rassischen und religiösen Angriff gegen das Volk Sem dar. So bilden alle nachfolgenden Änderungen dieser Verfassung, die mit diesem Ziel im Sinn erlassen wurden, einen ungerechtfertigten und eklatanten Angriff, inspiriert von dem Wunsch, rassische und religiöse Verfolgung zu begehen, mit dem letztendlichen Ziel des totalen Völkermordes am Volk von Sem.

In den darauffolgenden zweihundert Jahren waren alle Argumente für und gegen die Verfassung, wie sie in unseren Gerichten und insbesondere im Obersten Gerichtshof der Vereinigten Staaten vorgetragen wurden, wertlos, weil sie sich weigerten, den ausdrücklichen Zweck der Verfassung zu erwähnen, den Schutz des Volkes von Sem vor rassischer und religiöser Verfolgung. Viele Gelehrte geben freimütig zu, dass die Verfassung geschrieben wurde, um die Befugnisse der Regierung zu begrenzen und den Menschen Freiheiten zu garantieren, aber weil diese Diskussionen nie erwähnen, wer diese „Menschen" sind, nähern sich die Diskussionen nie der Realität. Sicherlich zitiert die Verfassung bestimmte grundlegende „Rechte", aber diese Rechte gelten nur für das Volk von Shem. Es ist unmöglich, die Verfassung zu zitieren, wenn man die Rechte der Papuas oder Slawen diskutiert, weil dieses Dokument nie für solche Anwendungen gedacht war. Was den Kanaanitern gelungen ist, ist, die Verfassung der Vereinigten Staaten zu verdrehen oder zu dehnen, bis ihre ursprüngliche Absicht, die ausdrücklich in ihrer Sprache zum Ausdruck kam, nun auf alle Völker der Welt ausgedehnt wurde; unsere heutige Verfassung ist nicht mehr und nicht weniger als eine Charta der Vereinten Nationen, und genau so „interpretieren" die amerikanischen Richter jetzt die Verfassung. Jede solche Auslegung ist nicht nur ein Akt des Hochverrats, sondern auch ein Akt der Aggression gegen das Volk von Shem. Auch die Verfassungen der Bundesstaaten haben sich ausdrücklich zur christlichen Religion des Volkes von Shem bekannt. Die Verfassung von North Carolina, 1776, verlangte, „dass keine Person, die das Wesen Gottes oder die Wahrheit der protestantischen Religion leugnet, ... in der Lage sein soll, irgendein Amt oder einen Platz des Vertrauens mit Gewinn zu bekleiden." Diese Bestimmung blieb bis 1830 in Kraft. Die Verfassung von Delaware aus dem Jahr 1776 verlangte, dass „jeder Amtsinhaber den Glauben an Jesus Christus bekennen musste."

Auf die Ratifizierung der Verfassung der Vereinigten Staaten folgte bald der erste in einer langen Reihe von Versuchen, sie zu untergraben. Dies war die Edwardean Conspiracy, angeführt von Timothy Dwight, Präsident von Yale. Die Verschwörer waren calvinistische Geistliche und Professoren, also Cromwellianer, ähnlich denen, die in England König Karl I. ermordet und enthauptet hatten, und wollten nun mit der neuen Republik kurzen Prozess machen. Unterstützt wurden sie dabei von käuflichen Politikern, die sie durch Bestechung und Erpressung leicht kontrollieren konnten. Dieses Komplott hatte die Annullierung des ersten Verfassungszusatzes zum Ziel. Durch Bestechung und Intrigen planten sie, die calvinistische Kirche als die offiziell autorisierte und staatlich subventionierte Religion in jedem Staat zu etablieren. Wir haben bereits darauf hingewiesen, dass der Gründer dieser Religion, Cauin oder Cohen, in der Schweiz eine theologische Autokratie errichtet hatte, die jeden, der es wagte, ihre Unterdrückungsmaßnahmen zu kritisieren, sofort tötete oder ins Gefängnis steckte. Cauin hatte diese teuflische „Religion" dann nach England exportiert, wo ihre Exzesse das ganze Land verwüsteten. Die Edwardean Conspiracy wurde von einem anglikanischen Geistlichen, Rev. John Cosens Ogden, aufgedeckt, der 1799 in Philadelphia die Ergebnisse seiner Untersuchungen veröffentlichte: „A View of the New England Illuminati, who are indefatigably engaged in destroying the Religion and Government of the United States. „ Obwohl dieses Buch zuerst 1799 erschien, könnte es heute mit praktisch dem gleichen Text neu veröffentlicht werden. Es müsste nur aktualisiert werden, indem die Namen der aktuellen Verschwörer aufgenommen werden. Wir kennen den Namen Timothy Dwight als einen der drei Organisatoren des Russell Trust in Yale, auch bekannt als Skull and Bones oder die Bruderschaft des Todes. Die gleiche kleine Bande von Verschwörern hat in jedem Komplott, die amerikanische Republik zu zerstören figuriert.

Die Aufdeckung dieser Verschwörung schreckte die Verschwörer nicht ab, die ihr bald eine weitere folgen ließen, die Essex Junto von 1804-1808. Die Hauptverschwörer waren in oder in der Nähe von Essex County, Massachusetts, geboren, daher der Name der Verschwörung. Sie arbeiteten eng mit Agenten des britischen Geheimdienstes in Boston zusammen, um die Abspaltung der Neuenglandstaaten von den Vereinigten Staaten herbeizuführen. Diese Judas waren keine hageren, Bomben tragenden Revolutionäre; sie stammten aus den führenden Handels- und Bankiersfamilien Neuenglands. Ihr Anführer war der Senator von Massachusetts, George Cabot, ein direkter Nachfahre des Genuesen Cabot, der im Auftrag von König Heinrich VII. fast zwei Jahrhunderte zuvor in Labrador gelandet war; andere Verschwörer waren Richter John Lowell, Vorfahre der Bundy-Familie der Ford Foundation und anderer führender Agenturen; die Higginsons, Pickerings, Parsons und Richter Tapping Reeve aus Litchfield, Connecticut, der zufällig der Schwager von Aaron Burr war. Die Verschwörung wurde durch die Bemühungen eines führenden britischen Geheimdienstmitarbeiters, Sir John Robison, angeheizt, der eng mit dem Aaron Burr Netzwerk zusammenarbeitete. Nachdem Präsident Thomas Jefferson über die Details des Essex Junto informiert wurde, gaben die Übeltäter widerwillig ihren Traum von einer frühen Auflösung der Union auf und widmeten sich dann einer längerfristigen Strategie, die im Bürgerkrieg gipfelte.

Der britische Geheimdienst war von Lord Shelburne finanziert worden, um die Interessen der East India Company, der Bank of England, deren primäres Geheimdienstnetzwerk er wurde, der Bankiersfamilien Hope und Baring und ihrer Schweizer Verbündeten, der Bankiers Prevost und de Neuflize, zu fördern. Ihre fähigsten Unterstützer in den Vereinigten Staaten waren John Jacob Astor und Aaron Burr. Astor war Schatzmeister der Großloge von New York von 1798-1800. Im Jahr 1800 erhielt er freien Zugang zu allen Häfen der Welt, die die East India Company unter ihre Kontrolle gebracht hatte. Dies verschaffte ihm einen enormen finanziellen Vorteil gegenüber seinen Konkurrenten. Im Gegenzug für diese günstige Behandlung lieferte er den finanziellen Rückhalt für das Komplott, Präsident Thomas Jefferson durch Aaron Burr zu ersetzen, nachdem Jefferson das Komplott der Essex Junto aufgedeckt hatte.

Während des gesamten Revolutionskrieges hatte Burr als Doppelagent gearbeitet und den britischen Streitkräften täglich von West Point aus Bericht erstattet. Später wurde Burr Anwalt für die Astor-Interessen, erstellte ihre Verträge und machte kommerzielle Arbeit für die East India Company. Durch seine Verbindungen zu den Freimaurerlogen manipulierte er routinemäßig Wahlen in der Gegend von New York. Er hatte 1789 die Society of St. Tammany in New York City gegründet. Sie war symbolisch mit dreizehn Stämmen aufgebaut, an deren Spitze jeweils ein Grand Sachem stand; das gesamte Netzwerk wurde von einem Grand Sachem im Hauptquartier überwacht. Daraus wurde die berühmte - oder berüchtigte - Tammany Hall, die viele Jahre lang die politische Struktur von New York City kontrollierte, voll von Korruption und Vetternwirtschaft. Es war nie etwas anderes als eine Tochtergesellschaft der Freimaurerlogen, von denen es in offener Nachahmung organisiert wurde.

Das Oberhaupt der Freimaurer in New York war 1783 Rand Master William Walter gewesen, ein General der britischen Armee. Mit dem Abzug der britischen Truppen übergab er seine Führung an Robert Livingston, zu dessen familiären Verbindungen die Lees aus Virginia und die Shippens aus Philadelphia gehörten (die im Skandal um Benedict Arnold prominent waren; Arnold hatte Peggy Shippen geheiratet). Robert Livingston wurde 1884 als Großmeister der New Yorker Loge installiert; sein Bruder Edward war Bürgermeister von New York. Mit diesen mächtigen Verbündeten, die ihn hinter den Kulissen unterstützten, war Burr in der Lage, viele erfolgreiche Finanzgeschäfte abzuschließen. Er erwirkte mühelos eine Charter für die Manhattan Company, deren eingetragener Zweck ein Plan zur Wasserversorgung der Stadt war. Es wurden jedoch nie Leitungen gebaut. Stattdessen nutzte er die Charta zur Gründung einer Bank, der Manhattan Company. Diese wurde später von der Investmentfirma Kuhn, Loeb, Co. übernommen, New Yorker Vertreter der Rothschilds. Heute ist es die Chase Manhattan Bank, das Flaggschiff des Rockefeller-Vermögens.

Burr wurde im Jahr 1801 Vizepräsident unter Thomas Jefferson, der Präsident war. Burr gelang es, Präsident Jefferson zu überreden, den Schweizer Bankier Albert Gallatin zum Finanzminister zu ernennen. Gallatins Familie waren prominente Mitglieder des herrschenden Rates von 200; sein Cousin war kein anderer als der berüchtigte Jacque Necker, dessen Finanzpolitik die Französische Revolution ausgelöst hatte. Burr und Galatin machten sich nun daran, eine Politik umzusetzen, die die junge Republik ruinieren sollte. Sie verteilten Bestechungsgelder in Form von Gold entlang der Grenze an Indianer und Abtrünnige, damit diese die Siedler ermordeten; Gallatin provozierte dann absichtlich die Whiskey-Rebellion, den ersten Aufstand gegen die Regierung.

Am 11. Juli 1804 erschoss Burr Andrew Hamilton in Weehawken, New Jersey. Danach musste er aus New York fliehen. John Jacob Astor gab ihm 40.000 Dollar mit auf den Weg und fügte später weitere 70.000 Dollar hinzu; das waren zu dieser Zeit enorme Summen. Burr floh nach Philadelphia, wo er sich mit Colonel Charles Williamson vom britischen Geheimdienst beriet. Zwei Städte in New York, Williamson und East Williamson, sind nach diesem britischen Agenten benannt. Das Ergebnis dieser Konferenz war ein Brief des britischen Botschafters Anthony Merry an das Londoner Büro: „Ich habe soeben ein Angebot von Mr. Burr, dem derzeitigen Vizepräsidenten der Vereinigten Staaten, erhalten, der Regierung Seiner Majestät in jeder Angelegenheit zu helfen, in der sie es für angebracht hält, ihn zu beschäftigen, insbesondere in dem Bemühen, eine Trennung des westlichen Teils der Vereinigten Staaten von dem, der zwischen dem Atlantik und den Bergen liegt, in seiner ganzen Ausdehnung zu bewirken. Sein Vorschlag zu diesem Thema wird Ihrer Lordschaft von Oberst Williamson, der sie mir überbracht hat und sich in wenigen Tagen nach England einschiffen wird, vollständig dargelegt werden." Dieses erstaunliche Dokument wurde viele Jahre später von dem Historiker Henry Adams ausgegraben. Es ist einer der verblüffendsten Beweise für Hochverrat durch einen gewählten Beamten der Vereinigten Staaten, der je in einer Aufzeichnung aufgetaucht ist. Es wurde am 4. August geschrieben, einen Monat nach der Ermordung von Alexander Hamilton.

Der britische Plan, eine eigene Westnation in Konkurrenz zu den Vereinigten Staaten zu gründen, erhielt einen fatalen Rückschlag, als Napoleon das Louisiana-Territorium an die Vereinigten Staaten verkaufte.

Dennoch wurde der Plan von Edward Livingston weiter verfolgt, der von John Jacob Astor 21.000 Dollar erhalten hatte, um nach Louisiana zu gehen, wo er Großmeister der Louisiana-Loge wurde. Burr wurde später wegen Hochverrats in Richmond, Virginia, vor Gericht gestellt. Sein Anwalt war Edmund Randolph, ehemaliger Großmeister von Virginia; der Fall wurde von Oberrichter John Marshall, dem damaligen Großmeister von Virginia, verhandelt. Obwohl überwältigende Beweise für Burrs Schuld vorgelegt wurden, wurde er von Richter Marshall freigesprochen. Es war ein freimaurerischer Feldtag. Burr reiste dann nach London, wo er die Zollbeamten informierte: „Die Gründe für meinen Besuch sind Lord Melville [Henry Dundas, Chef der Spezialoperationen des britischen Geheimdienstes] und Premierminister Canning bekannt." Burr wurde daraufhin opiumsüchtig und genoss die Freuden der Pfeife mit solchen Koryphäen wie Jeremy Bentham und der Familie Jardine.

Burrs Komplize, Edward Livingston, wurde später von Präsident Andrew Jackson als Außenminister eingesetzt; bald darauf wurde Livingston formell als Großer Hohepriester der Freimaurer der Vereinigten Staaten eingesetzt, was Ex-Präsident John Quincy Adams dazu veranlasste, seine berühmten „Briefe zum Thema Freimaurerei" an ihn zu richten. Diese Briefe stellten fest, dass „die freimaurerischen Eide der Verschwiegenheit es für jeden unmöglich machten, ein Amt des öffentlichen Vertrauens zu bekleiden."

Lord Shelburne und die Agenten des britischen Geheimdienstes setzten ihre Verschwörungen gegen die Republik der Vereinigten Staaten fort, unterstützt von jenen Verrätern, die Disraeli am treffendsten als „die entschlossenen Männer der Freimaurerei" bezeichnete, Männer, deren Verkaufstreue der Sache der Wiederherstellung des salomonischen Tempels und der Platzierung des Reichtums der ganzen Welt darin galt. Ihre Hingabe an die Geheimhaltung erhielt einen erheblichen Rückschlag, als eines ihrer Mitglieder, ein Captain William Morgan, überlief und ein Buch veröffentlichte, in dem einige ihrer geheimen Rituale beschrieben wurden. Sie ermordeten ihn sofort. Der Fall erregte landesweit Aufsehen. Es bildete sich eine Anti-Freimaurer-Partei, die einige Jahre lang von einem Kongressabgeordneten aus Pennsylvania, Thaddeus Stevens, angeführt wurde, der später als Chef der radikalen Republikaner im Kongress nach dem Bürgerkrieg eine wichtige Rolle spielte. Auf dem Nationalkongress der Anti-Freimaurer-Partei im Jahr 1832 hielt Stevens die Hauptrede. Er informierte die versammelten Delegierten darüber, dass die Freimaurer durch Intrigen die meisten wichtigen politischen Posten in den Vereinigten Staaten innehatten. Er prangerte den Freimaurerorden als „eine geheime, eidgebundene, mörderische Institution an, die den Fortbestand der republikanischen Regierung gefährdet." Stevens sponserte später eine Gesetzgebung in der Pennsylvania Legislative, eine Resolution of Inquiry, um die Zweckmäßigkeit zu untersuchen, die Mitgliedschaft im Orden zu einem Grund für eine peremptorische Anfechtung vor Gericht zu machen, wenn einer und nicht beide Hauptparteien in einem Prozess Freimaurer waren. Er hätte alle Freimaurer aus der Jury in Strafprozessen ausgeschlossen, wenn der Angeklagte ein Freimaurer war, und hätte es für einen Richter, der dem Orden angehört, ungesetzlich gemacht, in einem Prozess zu sitzen, in dem ein Freimaurer beteiligt war. Die Resolution wurde knapp abgelehnt. Stevens sponserte dann eine Resolution, die verlangte, dass die Freimaurerei unterdrückt werden sollte, und sicherte eine juristische Untersuchung über die Übel des Ordens. Er sprach in Hagerstown, Maryland, mit der Forderung: „Wo immer der Genius der Freiheit ein Volk befreit hat, sollte der erste Gegenstand ihrer Sorge die Zerstörung der Freimaurerei sein. Es gelang ihm, einen antifreimaurerischen Gouverneur von Pennsylvania zu wählen, aber nach diesem Sieg ließ die Kraft seines antifreimaurerischen Kreuzzuges nach, und er gab ihn allmählich auf."

Das große Problem eines jeden öffentlichen Gegners der Freimaurerei, wie Thaddeus Stevens, war die große Geheimhaltung des Ordens, mit Todesstrafen für alle Mitglieder, die ihre geheime Agenda oder ihre internationalen Loyalitäten verletzt aufgerufen. Seit dem Jahr 1776 ist die Freimaurerei eine allgegenwärtige internationale Regierung, die verräterisch von den Vereinigten Staaten aus operiert, und sie hat diese Befugnisse seither ausgeübt. Wegen ihrer Geheimhaltung hat ein Gegner unüberwindliche Schwierigkeiten, dem Volk irgendwelche detaillierten Informationen über ihre konspirativen Aktivitäten zu präsentieren. Seit der Ermordung von Captain William Morgan hat es kein amerikanischer Freimaurer mehr gewagt, seine heimlichen Operationen aufzudecken. Der vorliegende Autor hatte sich etwa dreißig Jahre lang auf die konspirativen Aktivitäten der führenden internationalen Bankiers konzentriert, ohne zu erkennen, dass ihre primäre Verstrickung mit und ihr Engagement für die Freimaurerei jede ihrer Handlungen bestimmt. Erst die Entdeckung des Fluchs von Kanaan und des darauf folgenden Willens von Kanaan zwang diesen Autor zu der widerwilligen Schlussfolgerung, dass hinter jeder finanziellen Verschwörung die dämonische Bindung an einen satanischen Kult stand, der sich durch die Operationen der Freimaurerei manifestierte.

Die Embleme dieses Kults sind fett auf dem Großen Siegel der Vereinigten Staaten und auf unserer Federal Reserve Noten (unbezahlte Schulden des amerikanischen Volkes) prangt. Die Worte „Annuit Coeptis" verkünden die Geburt des „Novus Ordo Seclorum", der „Neuen Ordnung". Die Kanaaniter haben sich sogar die große Pyramide von Gizeh, die von Sem erbaut wurde, als ihr Wahrzeichen angeeignet. Um jedoch zu demonstrieren, dass sie die letzten Phasen ihrer Verschwörung noch nicht in die Tat umgesetzt haben, zeigen sie, dass die Spitze der Pyramide fehlt, was darauf hinweist, dass „das verlorene Wort" der Freimaurerei noch fehlt. Das „Auge" stellt den Großen Architekten des Universums dar, ein kabbalistisches Konzept; es ist in ein Dreieck eingeschlossen, das das Symbol der Magie ist. Die dreizehn Stufen verweisen auf Satan, Belial und Rebellion, die kabbalistische Gematrie ordnet den dreizehn Kolonien, dreizehn Streifen, dreizehn Olivenblättern, dreizehn Pfeilen auf dem Siegel und den dreizehn Buchstaben von „E Pluribus Unum" zu, die alle die Bedeutung der Zahl dreizehn in jedem

Unternehmen betonen, das von der Freimaurerei kontrolliert wird. Es erinnert sie an ihren Krieg gegen Christus und seine zwölf Jünger. Der Adler wird als Symbol Roms dargestellt, des historischen Feindes der Kanaaniter, den sie nie vergessen können, des Gegners, der ihre Hauptstadt, Karthago, zerstörte und der ihre Bestialität durch die Verwaltung von Gesetzen (die fasces) zu kontrollieren versuchte. Folglich müssen alle Freimaurer energisch antifaschistisch sein, das heißt, sie müssen sich gegen die Herrschaft des Gesetzes stellen. Der Adler hat neun Schwanzfedern, die den Inneren Kreis der Neun in den Illuminaten und auch die Anzahl der Grade im Yorker Ritus darstellen; die dreizehn Sterne repräsentieren das Siegel Salomons.

Das Große Siegel, das mit diesen Symbolen der Freimaurerei vollgestopft ist, wurde von Benjamin Franklin, Thomas Jefferson, Churchill und Houston entworfen, die alle Freimaurer waren. Der rechte Flügel des Adlers hat zweiunddreißig Federn, die Anzahl der ordentlichen Grade im Schottischen Ritus; der linke Flügel hat dreiunddreißig, die zusätzliche Feder, die den 33. Grad symbolisiert, der für herausragende Dienste an der Freimaurerei verliehen wird.

Alle freimaurerischen Embleme, mit denen das Große Siegel übersät ist, im Detail darzustellen, würde mehr Platz erfordern, als wir zu geben brauchen; diese esoterischen versteckten Bedeutungen zeigen, dass die kombinierte Anzahl der Federn in den beiden Flügeln des Adlers fünfundsechzig ist; in der Gematrie ist dies der Wert des hebräischen Ausdrucks „yam yawchod", „zusammen in Einigkeit", der in Psalm 133:1 zitiert wird. Siehe, wie gut und angenehm ist es, wenn Brüder in Einigkeit beieinander wohnen! Die fünfzackigen Sterne stellen den freimaurerischen Flammenstern und die fünf Punkte der Gemeinschaft dar. Das Allsehende Auge hat einen kabbalistischen Wert von siebzig plus drei plus zweihundert, der Wert des Ausdrucks „eben mosu habonim", „der Stein, den die Bauleute verworfen haben", der allen Royal Arch Masons vertraut ist; er repräsentiert auch den Wert von Hiram Abiff, dem Architekten des Tempels von König Salomon.

KAPITEL 7

DER BÜRGERKRIEG

D er Bürgerkrieg war der tragischste Aderlass des Volkes von Shem in der aufgezeichneten Geschichte. Diesem Volk, religiösen Flüchtlingen vor kanaanitischen Unterdrückern und Massakern in Europa, gelang es, in den Vereinigten Staaten die produktivste Gesellschaft der Welt zu errichten. Ihre Verfassung hatte die großen Talente dieses Volkes entfesselt, um Gottes Werk auf dieser Erde zu tun. Natürlich war das Volk Satans, die Kanaaniter, außer sich vor Hass und Neid. Wenn es eine Leidenschaft gibt, die Amerika immer in der Welt erregt hat, dann ist es die Leidenschaft des Neides. Die Vereinigten Staaten waren die am meisten bewunderte Nation der Welt, weil ihre Verfassung ihren rechtmäßigen Bürgern das uneingeschränkte Recht der persönlichen Freiheit garantierte, etwas, das keine andere Nation ihrem Volk bieten konnte. In den Südstaaten hatte das Volk von Shem aus der Wildnis ertragreiche Plantagen und imposante Herrenhäuser geschnitzt, die in der Tradition des griechischen Neoklassizismus erbaut wurden und ihre Überzeugung zum Ausdruck brachten, dass dies die einzige Art war, auf der sie auf dieser Erde leben wollten. Wie die alten Griechen hatte auch das Volk von Sem Sklaven, die sich um ihre täglichen Bedürfnisse kümmerten, die Nachkommen Kanaans, über die der Fluch von Kanaan ausgesprochen worden war, der sie zu diesem Status verpflichtete.

Trotz der Bemühungen der Leute von Sem, ihre Sklaven in einer gesunden und komfortablen Umgebung zu halten (allein aus wirtschaftlicher Sicht war dies eine absolute Voraussetzung, da der Großteil ihres Betriebskapitals in sie investiert wurde),

wurde die Existenz dieser Sklaven zu ihrer Achillesferse, die die Kanaaniter geschickt als Waffe für einen Angriff gegen sie nutzten. Es gab viele zeitgenössische Aufzeichnungen, die die freundliche Behandlung der Sklaven bezeugten, wie die Beobachtungen von Samuel Phillips Day, Sonderkorrespondent des London Morning Herald, der schrieb: „Am Sonntag, dem 8. Juni 1861, machte ich in Asheville, Kentucky, mit einigen Freunden einen Ausflug. Sie können sich vorstellen, wie überrascht ich war, als ich fast die gesamte Negerbevölkerung im Freien vorfand; einige paradierten durch die Straßen, andere fuhren in Kutschen herum! Sie waren so prächtig und fein gekleidet und wirkten so glücklich und zufrieden, dass ich fast gezwungen war, auszurufen: „Diese Leute sind doch sicher keine Sklaven!" Die Antwort war: „Natürlich sind sie das. Einige der Frauen trugen Spitzenschals und goldene Uhren und sahen (nur wegen ihrer Farbe) wie Londoner Herzoginnen aus, die zu einem Ball gingen. Auch die Männer waren gut gekleidet. Ich dachte einen Moment lang über den Zustand der britischen Arbeiter und der Londoner Näherinnen nach ... der Kontrast war zu schmerzhaft, um bei ihm zu verweilen ... Der Gedanke schoss mir durch den Kopf, dass die Sklaverei doch nicht so böse war - dass sie sowohl eine helle als auch eine dunkle Seite besaß."

Samuel Phillips Days Kommentare waren gut getroffen; es ist zweifelhaft, ob irgendein Plantagenbesitzer des Südens seine Sklaven so schlecht behandelt hätte, wie der durchschnittliche britische Arbeiter von seinen brutalen schwarzen adligen Grundbesitzern und Fabrikbetreibern behandelt wurde. Es war kein Zufall, dass der Weltkommunismus, der Fabianismus und andere verzweifelte Heilmittel nicht in den Sklavenvierteln des Südens, sondern in den Arbeitervierteln von London und Manchester geboren wurden. Das tägliche Leben der Sklaven im Süden, wie es von vielen Reisenden beobachtet wurde, wurde jedoch für alle Zeiten durch die unerbittliche Förderung eines einzigen Buches, Harriet Beecher Stowes „Onkel Toms Hütte", verdunkelt. Noch heute wird jeder Schwarze, der zu sagen wagt, dass es uns vielleicht nicht so schlecht geht wie unseren Brüdern im Dschungel von Afrika, als „Onkel Tom" niedergebrüllt. Nur Krieg bis zum Tod wird von den militanten Freimaurer-

Aktivisten empfohlen; Propaganda, Invasion und Bürgerkrieg - das sind die einzigen akzeptierten Heilmittel für die „Ungerechtigkeiten", die den Schwarzen widerfahren sind. Es war kein Zufall, dass Harriet Beecher Stowes Buch der größte Bestseller seiner Zeit wurde - es wurde unermüdlich in der ganzen Nation beworben, in der erfolgreichsten Buchwerbekampagne unserer Geschichte. Die Kraft, die „Onkel Toms Hütte" förderte, war dieselbe Kraft, die bereits 1799 die Auflösung unserer konstitutionellen Republik anstrebte, die ihre Bemühungen in der Essex Junto fortgesetzt hatte und die im Bürgerkrieg ihre endgültige Erfüllung fand.

Trotz wiederholter Provokationen seitens der Kanaaniter im Norden erwiesen sich die Südstaaten als bemerkenswert fügsam und machten bereitwillig Zugeständnisse bei Forderungen, die nur dazu gedacht waren, sie in den Krieg zu zwingen. Der Missouri-Kompromiss aus dem Jahr 1820 wurde akzeptiert, obwohl er die Sklaverei im neuen Staat verbot. Es beschränkte das Wahlrecht auf „freie weiße männliche Bürger" und schloss damit Frauen, Sklaven und Indianer von der Ausübung des Wahlrechts aus. Im Jahr 1849 verabschiedete das Volk von Kalifornien eine Verfassung, die die Sklaverei verbot. Der Kompromiss von 1850 sah vor, dass das Verbot der Sklaverei den einzelnen Staaten überlassen werden sollte, und vereitelte so die Versuche der Kanaaniter, dieses Problem zu einem Vorwand für eine Intervention des Bundes und zu einem Grund für einen Krieg zwischen den Staaten zu machen.

Es ist eine Frage der historischen Aufzeichnung, dass der Bürgerkrieg durch die Aktion gegen Fort Sumter in South Carolina, auf der anderen Seite der Bucht von Charleston, ausgelöst wurde. Diese Eröffnung der Feindseligkeiten kann direkt auf die Macht des Schottischen Ritus in Charleston zurückgeführt werden, der offiziell als „die Mutterloge der Welt" bekannt ist. Sie wurde von Moses Lindo als King Solomon Lodge gegründet. Lindo hatte ein Monopol auf den Indigo-Handel, einen dringend benötigten Farbstoff, ähnlich dem „phoenicia" oder Purpurfarbstoff, der das Hauptmonopol seiner kanaanitischen Vorfahren gewesen war, und die wegen dieses Monopols ihren Namen von „Kanaaniter" in „Phönizier" änderten. Laut der Encyclopaedia Judaica gehörten zu den weiteren Gründern der King Solomon Lodge Isaac und Abraham da Costa (da Costa war einer der führenden Namen unter den Maranos). Im Jahr 1793 wurde in Charleston der Grundstein für eine neue Synagoge, Beth Elohim, nach dem Ritus der Freimaurer gelegt. Charleston ist auch als die Wiege des Reformjudentums in Amerika bekannt (wir haben bereits erwähnt, dass diese Bewegung ihren Ursprung in Frankfurt am Main bei den Rothschilds hatte und dass sie in den Erfolgen des Weltzionismus gipfelte). Der Friedhof von Charleston stammt aus dem Jahr 1764.

Weitere Organisatoren der Charleston Loge waren Stephen Morin, 25. Grad, Inspektor für Nordamerika, der 1761 in Paris in den Ritus der Vollkommenheit eingeweiht worden war; Henry A. Francken, stellvertretender Generalinspekteur für Nordamerika, 25. Grad, 1762 in Jamaika eingeweiht; Augustine Prevost (später Kommandeur der britischen Truppen in Nordamerika während des Revolutionskriegs), 25. Grad, 1774 in Jamaika eingeweiht; Moses Michael Hays, 25. Grad, 1767 in Boston als stellvertretender Generalinspekteur für Nordamerika eingeweiht; John Mitchell, 25. Grad, in Charleston eingeweiht, zum Stellvertreter für South Carolina ernannt; B. Spitzer, Stellvertreter für Georgia; Moses Cohen, 25. Grad, initiiert in Philadelphia 1781; A. F. A. de Grasse Tilly, 25. Grad, initiiert in Charleston 1796.

John Mitchell war während des Revolutionskrieges in Philadelphia ansässig; durch seine freimaurerischen Verbindungen ließ er sich zum stellvertretenden Generalquartiermeister der amerikanischen Armee ernennen, obwohl er während der gesamten britischen Besatzung in Philadelphia blieb! Er und sein Kollege Benedict Arnold wurden später wegen Korruption angeklagt, weil sie illegal Armeelieferungen abgezweigt hatten, aber auch hier wurden sie wegen ihrer mächtigen freimaurerischen Verteidiger freigesprochen.

Mitchell zog später nach South Carolina.

Graf Alexander de Grasse (Tilly) war der Sohn des französischen Admirals, der George Washington bei der Niederlage der britischen Streitkräfte bei Yorktown unterstützte. Die gegnerischen Streitkräfte setzten sich anschließend zu einem herzlichen freimaurerischen Bankett zusammen. De Grasse richtete später in ganz Europa Oberste Räte des Schottischen Ritus ein; später wurde er zum Obersten Befehlshaber von Frankreich ernannt. Er spielte die entscheidende Rolle bei der Förderung der aufständischen Aktivitäten in South Carolina, die im Beschuss von Fort Sumter gipfelten. Ein weiteres Mitglied der Charleston Loge, James Moultrie, war die Hauptfigur hinter der Nullification Crisis in South Carolina während der 1820er und 1830er Jahre. Er wurde zum Grand Secretary General des Schottischen Ritus für alle Südstaaten ernannt.

Während des 19. Jahrhunderts reisten freimaurerische Agitatoren um die Welt und entflammten die Bevölkerungen mit leidenschaftlichen Schreien nach „Befreiung" und „Menschenrechten". Unglücklicherweise für diejenigen, die durch diese Manipulationen getäuscht wurden, waren die einzigen Rechte, die sie verfolgten, die Rechte der freimaurerischen Kanaaniter, das Volk Sem zu bekämpfen und auszurotten. Jede andere Überlegung wurde diesem primären Ziel untergeordnet. Infolgedessen wurde jede Nation, die in die Falle der „Rechte des Menschen" gelockt wurde, zu einer absoluten Diktatur, deren Beamte ihre Macht nutzten, um das Volk von Sem zu vernichten, ihr dämonisches Ziel und Teil ihrer satanischen Rebellion gegen Gott. Als Großmeister leitete Lafayette die Juarez-Revolution in Mexiko; in Südamerika führten Bernardo O'Higgins und Simon Bolivar, die beide Freimaurer waren, die revolutionären Kräfte gegen Spanien in einem Land nach dem anderen. Da die spanischen Regierungen in diesen Ländern auch katholisch waren, erwiesen sich diese Revolutionen als integraler Bestandteil des offen erklärten Krieges der Freimaurerei gegen die katholische Kirche.

In Italien führten Mazzini und Garibaldi die atheistischen revolutionären Kräfte an, die 1860 in der Verhaftung des Papstes und der Errichtung der „Einigung" in Italien gipfelten. Von Anfang an wurde dieser freimaurerische Aufstand vom britischen Geheimdienst geplant und finanziert und von Lord Palmerston, dem Außenminister des britischen Empire, geleitet.

Als Louis Kossuth, der ungarische Revolutionär, die Vereinigten Staaten besuchte, planten freimaurerische Organisationen im ganzen Land groß angelegte Demonstrationen und Siegesbankette für ihn. Es ist zweifelhaft, dass irgendein Besucher an diesen Ufern vorher oder nachher in dem Ausmaß gelobt wurde, wie Louis Kossuth empfangen wurde. Noch heute gibt es in amerikanischen Städten im ganzen Land viele Gebäude und Alleen, die nach Kossuth benannt sind und an diesen Führer der Freimaurerei erinnern.

Im Jahr 1845 rief Mazzini in den Vereinigten Staaten die Bewegung Young America ins Leben. Obwohl sie in erster Linie in ländlichen Gebieten als Farmerbewegung aktiv war, wurde sie von Mazzini angewiesen, eine aktive Rolle in der wachsenden Abolitionistenbewegung zu spielen, die er ebenfalls leitete. Sein Freund William Lloyd Garrison, der später die Einleitung zu Mazzinis autorisierter Biografie schrieb, wurde der aufrührerischste der abolitionistischen Propagandisten. Er nannte seine Zeitung „The Liberator". Garrison gründete diese Zeitung im Jahr 1831. Von Anfang an wurde sie großzügig von ungenannten Geldgebern finanziert, die dafür sorgten, dass kostenlose Abonnements des „Liberator" in den Südstaaten verteilt wurden. Der Staat Georgia sah sich veranlasst, 500 Dollar Belohnung für Garrisons Verhaftung oder für die Verhaftung eines Mitglieds seiner American Anti-Slavery Society auszusetzen. Garrison reiste häufig nach London zu Konferenzen mit Mazzini über die Strategie der abolitionistischen Bewegung. Sie trafen sich gewöhnlich in den Büros des bekannten Londoner Anwalts William Ashurst. Nur wenige Südstaatler haben jemals den Namen Mazzini gehört, und noch weniger wissen, dass dieser feurige Freimaurer-Revolutionär der eigentliche Anstifter des Bürgerkriegs war. Er ist privat unter den Kennern (oder Gnostikern) als der Pate der Anti-Sklaverei-Kampagne in den Vereinigten Staaten bekannt.

Diese abolitionistische Propaganda rief im gesamten Süden weit verbreiteten Unmut hervor. Am 16. Dezember 1835 erließ der Staat South Carolina eine formelle Resolution zu dieser

Angelegenheit: „Beschlossen, dass die Bildung der abolitionistischen Gesellschaften und die Handlungen und Taten gewisser Fanatiker, die sich selbst Abolitionisten nennen, in den nicht sklavenhaltenden Staaten dieser Konföderation in direkter Verletzung der Verpflichtungen des Unionsvertrags, dissozial und im höchsten Maße aufrührerisch sind."

Man beachte, dass South Carolina 1835 den bis nach dem Ausgang des Bürgerkriegs gebräuchlichen Begriff einer Konföderation von Staaten verwendete, die unter den Bestimmungen eines Paktes, der Verfassung der Vereinigten Staaten, zusammengeschlossen waren. Die Propaganda der Abolitionisten stellte eine direkte Invasion der Südstaaten dar und war als solche ein nicht erklärter Kriegszustand; sie war auch, wie die South Carolina-Resolution betonte, ein direkter Verstoß gegen die Bestimmungen des Compacts. Dennoch ging diese Invasion durch Propaganda weiter, bis schließlich die direkte militärische Invasion des Bürgerkriegs folgte.

Trotz der Tatsache, dass die Sklaverei in den Südstaaten unter der direkten Autorität des biblischen Fluchs von Kanaan existierte, wurde der Krieg gegen das Volk von Sem ohne Gnade von den eindringenden Kanaanitern geführt, die treu den Geboten ihres Gründers im Testament von Kanaan folgten: „Hasst eure Herren und sagt niemals die Wahrheit." Der ideologische Nachfolger der Edwardean Conspiracy und der Essex Junto in den Neuengland-Staaten war ein merkwürdiger, pseudoreligiöser Kult, der oft als „die Neuengland-Religion" bezeichnet wird, aber auch als Unitarianismus und Transzendentalismus bekannt ist. Sie war eine direkte Ausgeburt des dämonischen Baalskultes, der im Laufe der Jahrhunderte durch solche „liberalisierenden" und „humanen" Einflüsse wie den Pythagoräismus, den Neoplatonismus und den säkularen Humanismus (der von der Bankiersfamilie de Medicis gekauft und bezahlt worden war) angepasst wurde. Die „Neuengland-Religion" war ganz einfach die neueste moderne Ketzerei, die gegen das Volk von Shem gepredigt wurde. Der Kult wurde von Rev. William Channing geleitet; einer seiner wichtigsten Assistenten war ein Lehrer namens John Brown, der Sohn des berüchtigten Revolutionärs, der am Galgen für den Aufstand bei

Harper's Ferry sterben sollte. Dieser Kult überlebt heute vor allem in den Predigten einiger, die sich „Fundamentalisten" nennen. Diese Abtrünnigen predigen die Lehre vom Willen Kanaans, und sie arbeiten eifrig für die endgültige Niederlage und Ausrottung des Volkes Sem. Diese „Transzendentalisten" machten sich nicht die Mühe, die Tatsache zu verbergen, dass sie die Grundlagen ihrer „religiösen" Doktrinen direkt von der Kabbala übernommen haben, indem sie predigten, dass jeder Mensch eine Überseele hat und dass es keine letzte Autorität in irgendeiner religiösen Angelegenheit gibt, wodurch die gesamte Bibel und die Verkündigungen Gottes ungültig werden. Ihre wahre Gesinnung war immer vom orientalischen Despotismus beherrscht, und ihre Doktrinen stammten aus dem Fernen Osten. Folglich war ihre erste Angriffslinie der Sturz der Verfassung der Vereinigten Staaten, des wichtigsten Schutzes des Volkes von Sem; ihre Kampagne resultierte in der Verabschiedung von „Amendments", die die ursprüngliche Absicht dieser Verfassung völlig außer Kraft setzten. Dies ist die Grundlage der Entscheidungen von Bundesrichtern in Bundesgerichten heute, immer gegen das Volk von Shem, immer die Stärkung der Würgegriff der orientalischen Despotismus über unsere gefangenen Menschen.

An einem Punkt verbrannte der Anführer der Abolitionisten, William Garrison, öffentlich eine Kopie der Verfassung und nannte sie „einen Bund mit der Hölle"! Die Abolitionisten leugneten wiederholt, dass es irgendeine Autorität für die Sklaverei in der Bibel gab, und ignorierten damit den Fluch von Kanaan (1. Mose 9,25) und viele andere Gebote. Sie arbeiteten auch verzweifelt daran, die friedliche Emanzipationsbewegung im Süden zu verhindern; die schrittweise Befreiung der' Sklaven, die von Thomas Jefferson angeführt worden war, hatte unter den Plantagenbesitzern breite Zustimmung gefunden. Sie begrüßten die Emanzipation, weil sie mit der wirtschaftlichen Realität konfrontiert wurden, die das kommunistische Imperium zu einem Scherbenhaufen gemacht hat: Ohne Anreize und das Versprechen auf ultimativen Gewinn waren nur wenige Menschen bereit, mehr als das absolute Minimum an Arbeit zu leisten, um zu überleben. Wirtschaftliches Wachstum war in dieser Situation unmöglich. Die Emanzipation war nicht nur eine humanitäre Maßnahme; sie wurde von den Plantagenbesitzern begrüßt, weil sie aufgrund der täglichen Anforderungen zur Aufrechterhaltung ihrer wachsenden Sklavenpopulationen vor dem Ruin standen. Thomas Jefferson war ein herausragendes Beispiel; trotz seiner glänzenden Karriere starb er bankrott. Er versuchte eine Ernte nach der anderen in verzweifelten Versuchen, Monticello zu einem profitablen Unternehmen zu machen; in jedem Fall scheiterte er an den steigenden Ausgaben für die Versorgung seiner Sklaven.

Der „religiöse" Angriff auf die Verfassung der Vereinigten Staaten, den Vertrag, der vom Volk von Shem zum Schutz seiner Religionsfreiheit verfasst worden war, nahm nun eine bedrohlichere Wendung. Im Jahr 1857 versammelten sich die finanziellen Führer der kanaanitischen Mächte, das Haus Rothschild, um die Hochzeit von Lionels Tochter Leonora mit ihrem Cousin Alphonse, dem Sohn von James de Rothschild aus Paris, zu feiern. Bei dieser Versammlung sagte Disraeli: „Unter diesem Dach befinden sich die Köpfe der Familie Rothschild - ein Name, der in jeder Hauptstadt Europas und in jedem Teil des Erdballs berühmt ist. Wenn ihr wollt, werden wir die Vereinigten Staaten in zwei Teile aufteilen, einen für dich, James, und einen für dich, Lionel. Napoleon soll genau das tun und alles, was ich ihm rate" (S. 228, „The Rothschilds" von John Reeves).

Der tragische Bürgerkrieg, den die Kanaaniter gegen das Volk Sem in den Südstaaten planten und ausführten, begann eigentlich 1859 mit dem Einmarsch des gemeingefährlichen Irren John Brown in den Süden. Die Abolitionisten hatten bereits Millionen von Dollar ausgegeben, um Sklavenaufstände im Süden zu fördern, aber diese teure Propaganda hatte nur wenig Wirkung. Wie Day und andere Beobachter berichtet hatten, führten die Sklaven ein sehr komfortables Leben. Nachdem diese Taktik gescheitert war, wurde es den Verschwörern klar, dass eine tatsächliche militärische Invasion die einzige Lösung für ihre Kampagne war. Die Merchant Bankers von Neuengland, die direkt von den Rothschilds kontrolliert wurden, wurden nun angewiesen, einen militärischen Angriff gegen den Süden zu finanzieren. Ihr Instrumentarium war der bereits bekannte

Terrorist John Brown. Er wurde von einer Gruppe finanziert, die als „die geheimen Sechs" bekannt war und aus „Thomas Wentworth Higginson, Rev. Theodore Parker, Dr. Samuel Gridley Howe (verheiratet mit Julia Ward, die aus einer wohlhabenden Bankiersfamilie stammte und später „Battle Hymn of the Republic" schrieb), Franklin Benjamin Sanborn, George Luther Stearns und Gerrit Smith" bestand. Smith war der erste finanzielle Engel von John Brown gewesen. Er war der Sohn des Geschäftspartners von John Jacob Astor (Ostindien. Kompanie, Opiumhandel und britischer Geheimdienst). Seine Mutter war eine Livingston; er war mit den Freimaurerführern Edward und Robert Livingston verwandt. Smith war der größte Landbesitzer im Staat New York und besaß eine Million Acres, darunter auch Land, das er 1848 an John Brown gegeben hatte. Smiths Gesamtbeitrag zu John Browns militärischen Überfällen und anderen radikalen Anliegen belief sich auf mehr als acht Millionen Dollar, eine enorme Summe in jenen Tagen. Rev. Theodore Parker verkörperte die „religiöse" Inspiration der abolitionistischen Bewegung; seine Mutter war eine Stearns, und er heiratete in die Familie Cabot ein. Er wurde an der Harvard Divinity School ausgebildet und wurde ein führender transzendentalistischer und kongregationalistischer Geistlicher. Er war immer ein „Aktivist" in der freimaurerischen Tradition. 1854 wurde er von einer Grand Jury angeklagt, weil er zu einem Angriff auf ein Gerichtsgebäude angestiftet hatte, in dem ein entlaufener Sklave festgehalten wurde. Er war ein aktives Mitglied des Vigilance Committee, und er war der Hauptorganisator der Secret Six zur Finanzierung von John Browns Überfall. Später lebte er als Auswanderer in Europa. Er starb in Florenz (Geburtsort des säkularen Humanismus).

Thomas Wentworth Higginson, von der führenden New England Bankiersfamilie, war aus Newburyport, Massachusetts, dem Geburtsort von Albert Pike, der der nationale Führer der amerikanischen Freimaurerei wurde. Higginson unterstützte Rev. Parker aktiv bei dem Angriff auf das Gerichtsgebäude und war in viele andere illegale und ruchlose Aktivitäten verwickelt. Seine Cousine heiratete Theodore Roosevelt.

Samuel Gridley Howe und seine Frau Julia gründeten und redigierten eine feurige Anti-Sklaverei-Zeitung, „The Commonwealth". Wie so viele der kanaanäischen Agitatoren in den Vereinigten Staaten stammte Gridley von calvinistischen Revolutionären ab; sein Vorfahre war ein Offizier in Cromwells Armee, John Ward of Gloucester, der später in die Vereinigten Staaten floh, um einer Bestrafung für die Gräueltaten zu entgehen, die er unter dem Banner Cromwells begangen hatte. Franklin Benjamin Sanborn war ein führender Schüler von Rev. Parker und Ralph Waldo Emerson.

Der Senat ordnete 1860 seine Verhaftung an. Er war seit 1857 der Hauptagent für John Brown in New York. George Luther Stearns heiratete in die Familie Train ein. Er war der Anführer der Free Soilers, der Anti-Sklaverei-Agitatoren im Staat Kansas; ihre Plünderungen gaben Anlass zu dem Begriff „Blutiges Kansas". Er spendete große Summen an John Brown und kaufte eine Farm für den Terroristen und seine Familie. Der Hauptagent für Stearns in Kansas war Martin Conway. Ursprünglich aus Baltimore stammend, wurde Conway nach Kansas geschickt, um die dortigen Freistaatstruppen zu führen; später wurde er der erste Kongressabgeordnete aus Kansas. Am 11. Oktober 1873 feuerte er drei Schüsse auf Senator Pomeroy ab und verwundete ihn. Conway wurde in das St. Elizabeth's Hospital gebracht, wo er als hoffnungslos geisteskrank eingestuft wurde. Er starb später dort.

Andere führende Neuengländer, die tief in die Planung von Aufständen im Süden verwickelt waren, waren Samuel Cabot; er bezahlte Gewehre im Wert von 4000 Dollar, die an John Browns Truppen in Kansas geschickt wurden. Die Gewehre wurden verwendet, um ganze Familien während John Browns Terrororgie zu massakrieren. Die Cabot Bank stellte später 57.000 Dollar für John Browns Militärausgaben zur Verfügung. Es gibt keine Aufzeichnungen darüber, dass diese Summe jemals zurückgezahlt wurde, oder dass ein Versuch unternommen wurde, sie einzutreiben. Es war eine Spende für die Sache des Terrorismus, eine bekannte Technik der Bankiers. Andere finanzielle Unterstützer von John Brown waren John Murray

Forbes, ein wohlhabender Eisenbahnbauer (seine Mutter war eine Perkins), der im republikanischen Nationalkomitee saß.

Zwischen 1827 und 1843 erhielten die Pläne der Verschwörer einen vorübergehenden Rückschlag durch das Aufkommen der Anti-Freimaurer-Partei als nationale Kraft. Diese politische Bewegung drohte, die gesamte Verschwörung als freimaurerische Operation zu entlarven. Von Anfang an war die Anti-Freimaurer-Partei durch ihre Unfähigkeit behindert, das Leichentuch der Geheimhaltung zu durchdringen, das jede Handlung der Verschwörer verhüllte. Ohne direkte Beweise für diese Verschwörung, die vor Gericht präsentiert oder dem Volk vorgelegt werden konnten, verloren sie bald ihre Unterstützung in der Bevölkerung. Tatsächlich wurden sie bald von genau den Verschwörern infiltriert, die sie zu entlarven suchten, und sie wurden machtlos gemacht! Albert Pike rühmte sich später: „Die Anti-Freimaurer-Partei war uns tatsächlich eine große Hilfe." Nach ihrer Auflösung sah sich die Freimaurerei in den gesamten Vereinigten Staaten nie wieder einer organisierten Opposition gegenüber. Diejenigen, die dieses Thema erwähnen, werden schnell als „arme überspannte Narren" und paranoide „Besserwisser", die hinter jedem Baum Freimaurer sehen, diskreditiert. In den meisten Fällen werden sie schnell in die nächstgelegene Irrenanstalt eingewiesen, ähnlich wie der Sowjetkommunismus mit seinen „Dissidenten" umging.

Schon einige Jahre vor dem Ausbruch des Bürgerkriegs war die Young American Masonic Conspiracy in den Südstaaten aktiv und bereitete den bevorstehenden Bürgerkrieg vor. Ein gebürtiger New Yorker, John A. Quitman, zog nach Mississippi und heiratete in eine wohlhabende Südstaatenfamilie ein. Er erhielt den Auftrag, in Mississippi eine Organisation des Schottischen Ritus zu gründen. Am 1. Februar 1848 brachte die Freimaurerzeitschrift von Boston die Meldung, dass Bruder John Quitman, der inzwischen Generalmajor in der Armee der Vereinigten Staaten war, als Souveräner Großer Generalinspektor des 33. Grades in sein Amt eingeführt worden war. Alle südlichen Logen wurden nun angewiesen, ihm zu gehorchen. Quitman war auch einer der freimütigsten Anführer der sezessionistischen Bewegung im Süden geworden; diese

Bewegung wurde nun fest von den freimaurerischen kanaanitischen Verschwörern kontrolliert. Quitman unterstützte auch einen Plan zur Annexion Mexikos und finanzierte eine Invasion Kubas durch Söldner. Er war zum Gouverneur von Mississippi gewählt worden, als er in New Orleans wegen seiner Beteiligung an der geplanten kubanischen Invasion angeklagt wurde, und er war gezwungen, von seinem Amt zurückzutreten. Hier zeigte sich erneut die tiefe Verwicklung eines Führers des Schottischen Ritus, des revolutionären Arms der Freimaurerei, in die Planung von Kriegen und Revolutionen in der ganzen Welt. Der ideologische Führer der kubanischen Invasion war eine Jane McManus, von der man zuletzt als die Freundin des Revolutionärs Aaron Burr gehört hatte.

Um die Unterstützung der Bevölkerung für seine Präsidentschaftskampagne zu gewinnen, stellte Senator Stephen Douglas, Lincolns Gegner, einen gewissen George Sanders, „einen Agenten von Young America", als Redakteur der Democratic Party Review ein. Sanders wird im Who's Who von Beruf als „Revolutionär" bezeichnet. Als amerikanischer politischer Agent der Hudson Bay Company hatte er für die Bank of England gearbeitet, und als Konsul der Vereinigten Staaten in London hatte er eng mit Mazzini zusammengearbeitet. London war zu dieser Zeit das weltweite Hauptquartier der freimaurerischen revolutionären Bewegungen. Sanders widmete bald die Seiten von The Democratic Party Review, um die Bemühungen von Mazzini und anderen freimaurerischen Agitatoren zu loben.

Im Jahr 1853 eröffnete Killian H. van Rensselaer, einer der New Yorker „Patroons" oder Erbgrundbesitzer, das westliche Hauptquartier des Schottischen Ritus in Cincinnati, Ohio. Zur gleichen Zeit nahm eine andere Geheimorganisation, die „Knights of the Golden Circle", ihre Tätigkeit in Cincinnati auf. Die Organisation, die, wie üblich, gut finanziert war, warb bald etwa 100.000 Mitglieder an und bildete sie in paramilitärischen Taktiken aus. Diese Mitglieder verbreiteten sich in den gesamten Südstaaten; sie bildeten den Kern dessen, was während des Bürgerkriegs die konföderierte Armee werden sollte. Die meisten Südstaatler konnten sich einen bewaffneten Kampf mit dem Norden weder vorstellen noch waren sie darauf vorbereitet. Die „südliche" Sache wurde immer von „nördlichen" Infiltratoren geleitet und gefördert. Die Bühne für den Bürgerkrieg war nun bereitet.

Die Nation wurde durch den Fall Dred Scott weiter polarisiert. Scott, ein älterer und gebrechlicher Neger, der von seinen Besitzern finanziell unterstützt wurde, wurde in eine direkte juristische Konfrontation gedrängt, reichlich finanziert aus Geldern von New England Merchant Bankers. Der Fall ging bis vor den Obersten Gerichtshof. In den Gerichtsakten als „Dred Scott v. Sanford, 19 Howard 393" aufgeführt, wurde die Angelegenheit in einer Stellungnahme von Chief Justice Taney vom 6. März 1857 entschieden. Die Frage ist einfach: „Kann ein Neger, dessen Vorfahren in dieses Land importiert und als Sklaven verkauft wurden, ein Mitglied der politischen Gemeinschaft werden, die durch die Verfassung der Vereinigten Staaten gebildet und ins Leben gerufen wurde, und als solches Anspruch auf alle Rechte, Privilegien und Immunitäten haben, die durch dieses Instrument dem Bürger garantiert werden? Die Frage, die sich uns stellt, ist, ob die Klasse von Personen, die in der Klage beschrieben wird, einen Teil dieses Volkes ausmacht und konstituierende Mitglieder dieser Souveränität sind? Wir glauben, daß sie es nicht sind und daß sie nicht unter dem Wort „Bürger" in der Verfassung eingeschlossen sind und auch nicht eingeschlossen werden sollten, und daß sie daher keine der Rechte und Privilegien beanspruchen können, die dieses Instrument für Bürger der Vereinigten Staaten vorsieht und sichert. Im Gegenteil, sie wurden damals als eine untergeordnete und minderwertige Klasse von Wesen betrachtet, die von der herrschenden Rasse unterjocht worden waren und, ob emanzipiert oder nicht, dennoch deren Autorität unterworfen blieben und keine Rechte oder Privilegien besaßen, außer denen, die die Macht und die Regierung innehatten, die sie ihnen gewähren konnten ... Nach Ansicht des Gerichts zeigen die Gesetzgebung und die Geschichte der Zeit sowie die in der Unabhängigkeitserklärung verwendete Sprache, dass weder die Klasse der Personen, die als Sklaven importiert worden waren, noch ihre Nachkommen, ob sie nun frei geworden waren oder nicht, damals als Teil des Volkes anerkannt wurden und auch nicht beabsichtigt war, in die allgemeinen Worte, die in diesem denkwürdigen Instrument verwendet wurden, einbezogen zu werden ... Sie waren mehr als ein Jahrhundert zuvor als Wesen einer minderwertigen Ordnung betrachtet worden; und ganz und gar ungeeignet, sich mit der weißen Rasse zu verbinden, entweder in sozialen oder politischen Beziehungen; und so weit minderwertig, dass sie keine Rechte hatten, die der weiße Mann zu respektieren verpflichtet war; und dass der Neger gerecht und rechtmäßig zu seinem Nutzen in die Sklaverei reduziert werden konnte ... Diese Meinung war damals im zivilisierten Teil der weißen Rasse fest und allgemein verbreitet. Sie wurde sowohl in der Moral als auch in der Politik als ein Axiom angesehen, das niemand in Frage zu stellen gedachte oder von dem man annahm, dass es anfechtbar sei; und Männer in jedem Rang und jeder Stellung in der Gesellschaft handelten täglich und gewohnheitsmäßig danach, sowohl in ihren privaten Beschäftigungen als auch in Angelegenheiten von öffentlichem Interesse, ohne auch nur einen Augenblick an der Richtigkeit dieser Meinung zu zweifeln ... Es gibt zwei Klauseln in der Verfassung, die direkt und spezifisch auf die Negerrasse als eine separate Klasse von Personen hinweisen und deutlich zeigen, dass sie nicht als ein Teil des Volkes oder der Bürger der damals gebildeten Regierung angesehen wurden ... das Recht, Sklaven bis zum Jahr 1808 zu importieren ... und die Staaten verpflichten sich gegenseitig, das Eigentumsrecht des Herrn aufrechtzuerhalten, indem sie ihm jeden Sklaven ausliefern, der aus seinem Dienst entflohen ist ... das Eigentumsrecht an einem Sklaven ist in der Verfassung klar und ausdrücklich bestätigt ... der Circuit Court of the United States war für diesen Fall nicht zuständig und konnte kein Urteil fällen ... Sein Urteil zugunsten der Beklagten muss daher aufgehoben und ein Mandat erteilt werden, das die Klage wegen Unzuständigkeit abweist."

Der Oberste Richter des Supreme Court bezahlte teuer für diese Entscheidung. Sein Name ist fast vollständig aus der Rechtsgeschichte dieser Nation getilgt; während des Bürgerkriegs wurde er von Präsident Lincoln wiederholt mit Hausarrest bedroht, und nach dem Krieg fristeten seine beiden älteren Töchter, die als potenzielle Bräute gemieden wurden, ein prekäres Dasein als Regierungsangestellte am untersten Ende der Lohnskala, immer am Rande der völligen Verarmung.

Nach der Dred-Scott-Entscheidung bewegten sich die Ereignisse schnell auf eine tatsächliche militärische Konfrontation zu, wobei die Ritter des Goldenen Kreises überall in den Südstaaten ihre Plätze einnahmen. John Brown griff dann Harper's Ferry an, ein Vorfall, der einen Sklavenaufstand im gesamten Süden auslösen sollte. Die erwartete Volksrevolution blieb aus, Brown wurde gefangen genommen und gehängt. Bis heute ist er ein Märtyrer in den kabbalistischen Kreisen Neuenglands, den Fundamentalisten. Ihr ideologischer Führer, Ralph Waldo Emerson, schrieb: „Er macht den Galgen so glorreich wie das Kreuz." Emerson propagierte John Brown später als „neuen Heiligen im Kalender."

Um den Angriff auf Fort Sumter zu provozieren, schickte Lincoln nun schwere Verstärkungen zum Fort. Sogar sein Kriegsminister Seward war gegen diesen Schritt und schlug stattdessen vor, Fort Sumter friedlich an den Staat South Carolina zu übergeben. Lincoln selbst freute sich auf das bevorstehende Blutbad und wollte keinen Kompromiss eingehen. Es ist bekannt, dass er an erblicher Geisteskrankheit litt, die nicht von der Familie Lincoln stammte, denn sie waren nicht seine eigentlichen Vorfahren. Seine Mutter, Nancy Hanks, war obdachlos und wurde von der Familie Enloe als wohltätiger Akt aufgenommen; sie wurde von Mrs. Enloe hinausgeworfen, nachdem sie von Abraham Enloe schwanger geworden war. Ward H. Lame, Lincolns Anwaltspartner, schrieb später eine Biografie über Lincoln, in der er angab, dass Lincoln illegaler Herkunft war, und in der er seinen wirklichen Vater als Abraham Enloe bezeichnete. Der Yorkville Enquirer vom 8. April 1863 schrieb, dass Lincolns Mutter, Nancy Hanks, „eine alleinstehende Frau niedrigen Grades [Canaan bedeutet 'niedrig', Anm. d. Ü.] ... von der man allgemein annimmt, dass sie ein Achtel bis ein Sechzehntel Negerblut in ihren Adern hat, und die immer mit Negern auf gleicher Augenhöhe verkehrt." Der Atlanta Intelligencer vermerkte 1863 über seinen Vizepräsidenten Hannibal Hamlin, der nach dem historischen

Anführer der kanaanäischen Truppen von Karthago, Hannibal, benannt worden war, dass Hamlin vom Staatssenator Hon. John Burham aus Hancock County, Maine, identifiziert wurde, der in der Gegend lebte und von Hamlins Abstammung wusste. Der Senator berichtete, dass Hamlins Urgroßvater ein Mulatte war, der eine Kanadierin geheiratet hatte; sein Großvater befehligte während des Revolutionskrieges eine Kompanie unter den Generälen Sullivan und Green, die nur aus Mulatten, Negern und Indianern bestand. Von diesem Captain Hamlin ist überliefert, dass er die Gelder, die zur Bezahlung seiner Truppen geschickt wurden, veruntreut hat; außerdem soll er Wein und andere Vorräte gestohlen haben. Der Vater von Hannibal Hamlins Vater lebte in Paris, Maine, und hatte einen Bruder namens Africa. Als Hannibal Hamlin geboren wurde, schaute einer seiner Onkel in seine Wiege und rief aus: „Um Gottes Willen, wie lange wird dieses verdammte schwarze Blut in unserer Familie bleiben?"

In Louisiana war John Slidell, der auch ein New Yorker war, der Anführer der Sezessionspartei des Staates; sein Stellvertreter war ein Judah P. Benjamin. Slidell war der freimaurerische Protegé des Großmeisters Edward Livingston, ebenfalls aus New York, einem Schlüsselmitglied des Verratsapparats von Aaron Burr. Benjamin, von den Westindischen Inseln, war ein britischer Untertan. Er wurde von Slidell als juristischer Angestellter eingestellt. Später wurde er Staatssekretär in der konföderierten Regierung. Nach dem Bürgerkrieg durfte er die Vereinigten Staaten ungehindert verlassen und lebte seinen Lebensabend in prächtigem Luxus als einer der bestbezahlten Berater der Königin in London, während sein ehemaliger Vorgesetzter, Jefferson Davis, mit schweren Ketten belastet in einem Bundesgefängnis schmachtete.

In Texas wurden die sezessionistischen Verschwörer eine Zeit lang von Sam Houston, einem Virginier, der der Gründer von Texas war, blockiert. Houston entschied, dass die sezessionistischen Bestrebungen illegal waren. Den Verschwörern gelang es dann, Gouverneur Houston durch eine „Rumpf"-Wahl abzusetzen, was der Taktik ähnelte, die die Cromwellianer angewandt hatten, um König Karl I. in England zu stürzen. Die Verschwörer behaupteten dann, dass ihre sezessionistischen Delegierten 40.000 Stimmen erhalten hätten, im Vergleich zu nur 10.000 für Houstons Unterstützer. Dies wurde später als „populäre" Unterstützung für den „Aufstand", wie die Aktion der Südstaaten später bezeichnet wurde, angeführt. Die Konföderation wurde offiziell in Montgomery, Alabama, unter dem Vorsitz des Scottish Rite Supreme Commander Howell Cobb gegründet. Er wurde von Unterstützern des Schottischen Ritus aus der Mutterloge in Charleston und Vertretern anderer freimaurerischer Gruppen tatkräftig unterstützt.

So wurde das amerikanische Volk in einen Bürgerkrieg manövriert, den es sich weder vorstellen konnte noch wollte. Sie wurden von freimaurerischen kanaanäischen Verschwörern manipuliert, die in den Nord- und Südstaaten zusammenarbeiteten. Das daraus resultierende Blutbad erwies sich als die größte Katastrophe, die das Volk von Sem je erlitten hat. Die große Zivilisation, die sie etwa zweihundert Jahre lang in diesem Land aufgebaut hatten, wurde nun hinweggefegt, „Vom Winde verweht"; die Verfassung, die sie geschrieben hatten, um ihre Existenz als Volk von Sem zu schützen, wurde verschrottet und durch „Ergänzungen" ersetzt, die sie auf den Status von Leibeigenen reduzierten, während sie den Kanaaniten die totale Macht gaben, eine tyrannische Diktatur zu errichten.

Nichtsdestotrotz fand die erwartete Teilung der Vereinigten Staaten in zwei kleine, schwache Länder, die jeweils leicht vom europäischen Hauptquartier der Rothschilds aus kontrolliert werden konnten, nicht statt. An einem Punkt schien das Aufmarschieren französischer und spanischer Truppen in Mexiko die Zukunft der Vereinigten Staaten zu verdammen und die von den Rothschilds gewünschte Teilung herbeizuführen. Doch der Zar von Russland, ein großer Führer des schemitischen Volkes, erfuhr von dem Plan. Er schickte sofort zwei seiner Flotten in die Vereinigten Staaten, eine, die in San Francisco landete und von Admiral Lesowsky kommandiert wurde, und das zweite Geschwader, das im Hafen von New York eintraf und von Admiral A. A. Popoff kommandiert wurde. Es erübrigt sich zu sagen, dass diese Namen den Studenten der amerikanischen Geschichte nicht begegnen. Die Anwesenheit dieser russischen

Flotten diente jedoch dazu, die Union zu erhalten. James de Rothschild wurde ohne sein erhofftes Imperium in Mexiko zurückgelassen, während Lionel auf seine Kontrolle über die Nordstaaten verzichten musste. Aufgrund dieser guten Dienste für die Union wurde der Zar später von Rothschild-Agenten ermordet, und Russland wurde dazu verurteilt, den Gräueltaten der dämonischen kanaanitischen Revolutionäre ausgeliefert zu werden.

Der Bürgerkrieg verwüstete die Südstaaten, während er den Norden unberührt ließ. Die Zivilisation des Volkes von Shem lag in Trümmern. Wieder einmal, wie während des Revolutionskriegs, zogen Horden deutscher Söldner durch den Süden. Südstaatlerinnen berichteten, dass ihre Häuser von Unionssoldaten, die nur kehliges Englisch sprachen, in Brand gesteckt wurden. Doch diese Schrecken waren nur ein Vorbote dessen, was noch kommen sollte. Die Niederlage der unterfinanzierten und schlecht vorbereiteten Südstaaten war vorprogrammiert, denn sie wurden von der zahlenmäßigen und finanziellen Überlegenheit der Nordstaaten überrollt. Auf die Niederlage folgte eine beispiellose Brutalität gegenüber der besiegten Bevölkerung. Über Generationen hinweg litten die Familien der Südstaaten an Erbkrankheiten, die direkt auf die von den Eroberern erzwungene Hungersnot zurückzuführen waren; solche bis dahin unbekannten Krankheiten wie Skorbut, Rachitis, Zahnfleischerkrankungen und andere Krankheiten führten zu dem Bild der Südstaatenbevölkerung, das in der von New York besessenen und kontrollierten Verlagsindustrie, in Film und Fernsehen noch immer allgegenwärtig ist: die Joads der Tobacco Road. Eine Erklärung für ihren erbärmlichen Zustand wird jedoch nie angeboten.

Im World Book von 1949 heißt es unter dem Titel „Reconstruction": „This plan was unmatched in history for its generosity to the defeated foe. Dies ist typisch für die antisüdliche Voreingenommenheit der Verlagsindustrie; kein Südstaaten-Autor kann in New York veröffentlicht werden, wenn er seine Südstaatler nicht als alkoholabhängige Frauenhelden und Homosexuelle darstellt. In Wirklichkeit bestand diese „Großzügigkeit" aus einer jahrelangen militärischen Besatzung nach dem Krieg, ruinöser Besteuerung, systematischer Aushungerung und brutalen Militärgerichten, vor denen es für die Südstaatler unmöglich war, zu ihrem Recht zu kommen (dasselbe System ist heute noch weitgehend in Kraft).

In seiner ersten Antrittsrede hatte Lincoln deutlich erklärt: „Ich habe weder direkt noch indirekt die Absicht, in die Institution der Sklaverei in den Staaten einzugreifen, in denen sie existiert. Ich glaube nicht, dass ich das Recht dazu habe, und ich habe auch nicht die Absicht, es zu tun."

Trotz dieses Versprechens erließ Lincoln am 1. Januar 1863 seine Emanzipationsproklamation. Sie war eigentlich schon am 22. September 1862 verfasst worden; den ersten Entwurf hatte Lincoln bereits im Juli 1862 vorbereitet. Lincoln begründete sein Vorgehen mit der „militärischen Notwendigkeit", die durch die Verfassung gerechtfertigt sei. Diese Behauptung wurde nie vor Gericht angefochten. Am selben Tag, an dem Lincoln diese Proklamation herausgab, veröffentlichte die Legislative des Staates Illinois, kaum eine Brutstätte der Südstaaten-Reaktionäre, eine formelle Verurteilung der Proklamation: „Beschlossen, dass die Emanzipationsproklamation des Präsidenten der Vereinigten Staaten sowohl militärisch als auch zivilrechtlich ungerechtfertigt ist; eine gigantische Usurpation, die den Krieg, den die Regierung angeblich zur Verteidigung der Autorität der Verfassung begonnen hat, in einen Kreuzzug für die plötzliche, bedingungslose und gewaltsame Befreiung von drei Millionen Negersklaven verwandelt ... Die Proklamation lädt zum servilen Aufstand als Element dieses Kreuzuges ein - ein Mittel der Kriegsführung, dessen Unmenschlichkeit und Diabolismus in der zivilen Kriegsführung ohne Beispiel ist und das wir anprangern und das die zivilisierte Welt anprangern wird, als eine unaussprechliche Schande für das amerikanische Volk."

Das Schlüsselwort in der Resolution der Illinois Legislative ist „Diabolismus". Vielleicht hat jemand in der Legislative erkannt, dass dies der Triumph des Willens von Kanaan war, eine Feier der dämonischen Konzepte der Kanaaniter. Sie haben es seither gefeiert.

Die freimaurerischen kanaanäischen Kräfte in der ganzen Welt bejubelten die Emanzipationsproklamation als einen großen Sieg für ihr Programm der weltweiten Revolution. Garibaldi, zu dieser Zeit der berühmteste Freimaurerführer und Revolutionär der Welt, unterzeichnete eine Proklamation aus Italien an Lincoln mit den Worten: „Heil euch, erlöste Söhne Hams." Ob Garibaldi von Lincolns tatsächlicher Herkunft wusste, ist nicht bekannt. Sicherlich begrüßte er ihn als einen Mitrevolutionär. Ein wenig bekanntes Ereignis des Bürgerkriegs war Lincolns Angebot an Garibaldi, 1861 den Posten des Oberbefehlshabers der Armeen der Vereinigten Staaten zu übernehmen; 1862 wiederholte er das Angebot. Garibaldi hatte es ernsthaft in Erwägung gezogen, war aber gezwungen, wegen anderer Verpflichtungen abzulehnen.

Europäische Schriftsteller waren im Allgemeinen entsetzt über die Exzesse, die von den Unionstruppen und der Lincoln-Administration während des Krieges begangen wurden. Der große französische Schriftsteller Alfred de Vigny schrieb am 10. September 1862 an eine Dame aus den Südstaaten: „Diese abscheulichen Akte der Grausamkeit, die von den Armeen des Nordens in New Orleans verübt wurden, erinnern an den Einfall der Barbaren, der Hunnen Attilas, oder noch schlimmer als die Vandalen. Ich verstehe sehr gut Ihren Haß auf diese verkommenen und grausamen Männer, die Ihr ganzes geliebtes Land in Blut ertränken ... Ein weiser Staat ist keiner, der auf rohe Gewalt, auf Mord und Feuer zurückgreift, um eine Lösung für das komplexe Problem der Rechte der Staaten zu finden. Es ist eine Frage, die in einer öffentlichen Debatte hätte geklärt werden müssen. „

Eine öffentliche Debatte war genau das, was die freimaurerischen kanaanäischen Verschwörer nicht wollten; sie schafften es, sie jedes Mal zu vermeiden, wenn das Thema aufkam. Die Londoner Times vom 21. Oktober 1862 kommentierte redaktionell: „Soll der Name Lincoln in den Katalog der Ungeheuer, Großmörder und Schlächter der Menschheit aufgenommen werden? ... Wenn Blut zu fließen beginnt und Schreie durch die Dunkelheit dringen, wird Mister Lincoln warten, bis die aufsteigenden Flammen verraten, dass alles vollendet ist, und dann wird er sich die Hände reiben und denken, dass Rache süß ist." Die Times wusste das nicht, aber Lincolns gesamte politische Karriere war der Rache der Kanaaniter an den hellhäutigen Menschen von Sem gewidmet, jenen, die wegen ihrer Hautfarbe immer als seine Feinde zu betrachten waren. Der Bürgerkrieg war lediglich der jüngste Feldzug in einer Schlacht, die seit dreitausend Jahren heimlich geführt wurde. Nach der Ermordung Lincolns gingen die radikalen Republikaner im Kongress dazu über, noch drakonischere Maßnahmen gegen den besiegten Süden zu verhängen. Die Südstaatler hatten gegen das Grundprinzip des freimaurerischen Kanaanismus, d.h. des orientalischen Despotismus, verstoßen; jede Weigerung, dem Befehl der diktatorischen Zentralregierung zu gehorchen, muss automatisch die härteste Strafe nach sich ziehen. Es spielte keine Rolle, dass die Verfassung der Vereinigten Staaten vom Volk von Sem geschrieben worden war, oder dass sie ihnen ihre Rechte in den Staaten garantierte; es spielte keine Rolle, dass die Bundesregierung in ihrer Autorität durch ein Gesetz auf den District of Columbia beschränkt war; es spielte keine Rolle, dass keine Bundesautorität einen Staat betreten konnte, außer auf ausdrücklichen Antrag der staatlichen Legislative. All dies wurde systematisch verletzt, und nun sollten die Verletzten noch größere Strafen ertragen.

Horden von „carpetbaggers" folgten den Bundestruppen in die Südstaaten wie eifrige Mitläufer; Bundesgerichte und Bundesirrenanstalten wurden nun erstmals in den Staaten eingerichtet, in eklatanter Verletzung der verfassungsrechtlichen Verbote dagegen. Nun folgte eine Reihe von „legalen" Maßnahmen, die von dem Revolutionär Mazzini, der von freimaurerischen Organisationen in aller Welt als „der Prophet" bezeichnet wurde, bejubelt wurden. Mazzini schwärmte den nördlichen Eroberern vor: „Ihr habt in vier Jahren mehr für uns getan, als fünfzig Jahre Lehren, Predigen und Schreiben eurer europäischen Brüder zu tun vermocht haben!" Diese Maßnahmen setzten die Verfassung effektiv außer Kraft. Ein eilig geschriebener „Civil Rights Act" wurde durch den Kongress gepeitscht. Präsident Andrew Johnson legte sofort sein

Veto ein, mit der Begründung, dass das Recht, die Staatsbürgerschaft zu verleihen, bei den einzelnen Staaten liege und dass „die Tendenz des Gesetzes darin bestehe, den Geist der Rebellion wiederzubeleben. In der Tat waren viele der von den radikalen Republikanern erlassenen Maßnahmen darauf ausgerichtet, die Südstaatler zu offenem Widerstand zu provozieren, um sie dann durch die überwältigende Überlegenheit der in ihren Staaten einquartierten militärischen Kräfte zu vernichten. Der Civil Rights Act wurde gegen Johnsons Veto verabschiedet, ebenso wie andere ähnliche Maßnahmen.

Die Bundestruppen ordneten nun an, dass in den Südstaaten „Konvente" abgehalten werden sollten, die den von den Tätern der Französischen Revolution einberufenen Konventen ähnlich waren. Diese Konvente sollten drei Dinge tun: (1) den Sezessionsbeschluss für ungültig zu erklären; (2) alle Schulden der Konföderation abzulehnen; und (3) die Sklaverei für abgeschafft zu erklären. Collier's Encyclopaedia stellt fest, dass diese in den Südstaaten abgehaltenen Verfassungskonvente aus (1) Scalawags (abtrünnigen Südstaatlern), (2) Carpetbaggers und (3) Negern bestanden. Das World Book listet sie in etwas anderer Reihenfolge auf, als Schwarze, Carpetbaggers und Scalawags. Diese Konventionen setzten radikal-republikanische Regierungen in den Südstaaten ein, die nichts anderes als Besatzungsregierungen waren, die mit militärischer Gewalt eingesetzt wurden. Von 1868-1870 waren die Südstaaten wieder im Kongress vertreten, aber nur durch Delegierte, die von diesen drei Gruppen gewählt wurden. Collier's stellt fest, dass, nachdem Grant 1868 zum Präsidenten gewählt worden war, „es wichtig war, die radikal-republikanischen Regierungen der Südstaaten aufrechtzuerhalten, weil diese korrupten Organisationen Stimmen für die Republikanische Partei lieferten. Hauptsächlich aus diesem Grund wurde der Fünfzehnte Zusatzartikel vom Kongress verabschiedet und seine Ratifizierung zur Bedingung für die Wiederaufnahme von Virginia, Mississippi, Texas und Georgia in die Union gemacht. Die Rekonstruktionsregierungen im Süden konnten nur mit Gewalt aufrechterhalten werden."

So macht Collier's eine definitive Aussage über den Fünfzehnten Verfassungszusatz, dass er durch Erpressung der Südstaaten verabschiedet wurde, und dass er lediglich ein politischer Trick der Republikanischen Partei war, um ihre politische Macht zu erhalten. Der Grund dafür, dass diese brutalen und fremden Staatsregierungen der freimaurerischen Kanaaniter nur mit Gewalt aufrechterhalten werden konnten, lag in ihrem unerschütterlichen Hass und ihrer Brutalität gegenüber dem Volk Sems. Militär- und Bundesgerichte, deren Diktate nur mit Kriegsrecht durchgesetzt werden können, können von kaum einem Volk begrüßt werden. Die militärische Besetzung des Südens glich der heutigen militärischen Besetzung Ostdeutschlands, der Tschechoslowakei und anderer europäischer Nationen durch die sowjetischen Armeen. Eine fremde Ideologie wurde einem besiegten Volk mit brutaler Gewalt aufgezwungen. Der Dreizehnte Zusatzartikel zur Verfassung der Vereinigten Staaten wurde 1865 durch Kriegsrecht durchgesetzt. Der vierzehnte Zusatzartikel wurde 1868 durch Kriegsrecht erlassen. Der Fünfzehnte Zusatzartikel wurde 1870 durch Kriegsrecht in Kraft gesetzt. Die militärische Besetzung der Südstaaten endete erst 1877, zwölf Jahre nach dem Ende des Bürgerkriegs. Die Besetzung wurde in diesen Jahren ausschließlich als Strafmaßnahme aufrechterhalten, in der Hoffnung, die letzten weißen Überlebenden des Bürgerkriegs verhungern zu lassen.

So finden wir, dass der Dreizehnte Zusatzartikel, der 1865 während der militärischen Besetzung erlassen wurde, die Sklaverei abschaffte; der Vierzehnte Zusatzartikel, der den Status der Staatsbürgerschaft in den Vereinigten Staaten änderte, wurde 1868 während der militärischen Besetzung erlassen; und der Fünfzehnte Zusatzartikel, der das Wahlverfahren vorschrieb, wurde 1870 während der militärischen Besetzung erlassen. Diese Änderungen ähnelten den Befehlen, die die sowjetischen Kommandeure heute in Ostdeutschland oder in der Tschechoslowakei erlassen. Im Jahr 1868, als der vierzehnte Zusatzartikel ratifiziert wurde, verschiffte Großbritannien immer noch Schiffsladungen politischer Gefangener zum Swan River in Westaustralien als Sklavenarbeit. Viele von ihnen waren „irische

Politische", die deportiert wurden, um den Widerstand des Volkes gegen die britische Besatzung Irlands auszulöschen.

Der Civil Rights Act (Bürgerrechtsgesetz) vom 9. April 1866 besagte: „Es sei verordnet, dass alle Personen, die in den Vereinigten Staaten geboren sind und keiner fremden Macht unterstehen, mit Ausnahme der nicht besteuerten Indianer, hiermit zu Bürgern der Vereinigten Staaten erklärt werden." Dieses Gesetz annullierte Art. 1, Sec. 2, Cl. 3 der Verfassung, der „freie Personen" definiert; dennoch setzte der Civil Rights Act den Ausschluss der „nicht besteuerten Indianer" von der Staatsbürgerschaft fort. Dieses Gesetz schließt auch alle Mitglieder des Freimaurerordens von der Staatsbürgerschaft aus, weil sie einer fremden Macht unterworfen sind.

Der Zustand des Kriegsrechts, unter dem diese drei Verfassungsänderungen ratifiziert wurden, wurde durch den First Reconstruction Act vom 2. März 1867 autorisiert: „Whereas no legal State governments or adequate protection of life or property now exists in the rebel states", die zehn Südstaaten wurden damit in fünf Militärbezirke aufgeteilt. Präsident Johnson legte noch am selben Tag sein Veto gegen die Gesetzesvorlage ein und stellte fest, dass „die Gesetzesvorlage die Bevölkerung der zehn darin genannten Staaten unter die absolute Herrschaft des Militärs stellt, aber jeder Staat hat eine tatsächliche Regierung." Johnson stellte weiter fest, dass der befehlshabende Offizier „ein absoluter Monarch" sei, was ein klarer Verstoß gegen die Bestimmungen der Verfassung sei. Er sagte auch, „Dies ist ein Gesetz, das vom Kongress in Friedenszeiten verabschiedet wurde [der Krieg war seit zwei Jahren vorbei]." Er wies außerdem darauf hin, dass „weder Krieg noch Aufstand" herrschten und dass die Gesetze in den Südstaaten bereits harmonisch in Kraft seien. Johnson schloss seine Veto-Botschaft wie folgt: „Die Verfassung verbietet die Ausübung der richterlichen Gewalt auf irgendeine andere Weise als durch die ordinierten und etablierten Gerichte." Damit schloss Johnson die Ausübung von Militärgerichten in den Südstaaten aus.

Der zweite Reconstruction Act vom 23. März 1867 führte die militärische Kontrolle über die Wahlen in den Südstaaten ein.

Freie Wahlen, irgendjemand? Präsident Johnson legte noch am selben Tag sein Veto ein. „Keine Überlegung könnte mich dazu bewegen, meine Zustimmung zu einem solchen Wahlgesetz zu geben, egal zu welchem Zweck, und besonders zu dem großen Zweck, die Verfassung eines Staates zu gestalten." Das Gesetz wurde über sein Veto hinweg verabschiedet.

Das Dritte Wiederaufbaugesetz vom 19. Juli 1867 erweiterte die Befugnisse der Militärkommandanten der Südstaaten noch weiter. Es sah vor, dass kein Militäroffizier in irgendeinem Distrikt an einen zivilen Offizier der Vereinigten Staaten gebunden sein sollte. Indem er dem befehlshabenden Offizier absolute Macht verlieh, bestätigte der Dritte Reconstruction Act, dass die Südstaaten unter absolutem Kriegsrecht standen, ein wichtiger Punkt, der bei einer Anfechtung der Gültigkeit des Dreizehnten, Vierzehnten und Fünfzehnten Verfassungszusatzes vorgebracht werden kann. Es gibt auch den rechtlichen Punkt gemacht werden, dass, wenn diese Änderungen waren und sind illegal, nachdem unter Kriegsrecht erlassen, alle der nachfolgenden Änderungen der Verfassung sind auch ungültig, da sie nicht nur nicht richtig nummeriert, aber sie müssen auch als nach den Bestimmungen dieser drei Änderungen, die die Anforderungen für die Staatsbürgerschaft und das Wahlrecht geändert erlassen werden!

Der vierte Reconstruction Act verhängte noch größere Wahlrechtsbeschränkungen für die militärisch besetzten Südstaaten.

Weil er sich den vier Reconstruction Acts widersetzte, die offenkundig verfassungswidrig waren, beantragten die radikalen Republikaner, Präsident Johnson anzuklagen und aus dem Amt zu entfernen. Dies war eine Lieblingstaktik derjenigen, die bei den Wahlen besiegt wurden, wie die Präsidenten Nixon und Reagan später feststellen sollten. Der Antrag, Johnson anzuklagen, verlor mit nur einer Stimme. Die radikalen Republikaner hatten die vier Reconstruction Acts nur deshalb verabschiedet, weil sie zuvor im Juli 1866 vorsorglich die Zahl der Richter am Supreme Court von zehn auf sieben reduziert hatten, weil sie befürchteten, Präsident Johnson könnte Richter ernennen, die seine Meinung zu den Reconstruction Acts bestätigen würden. Das ist das „Gesetz des Landes". „Im April 1869, nachdem Grant zum Präsidenten gewählt worden war, erhöhte der Kongress die Zahl der Richter wieder auf neun, was bis heute die Zahl ist. Der Kongress prangerte in der Folgezeit die Versuche der Präsidenten an, den Obersten Gerichtshof zu „packen", ein Privileg, das ihnen selbst vorbehalten zu sein scheint. Grant ernannte Richter, die einstimmig für die Aufrechterhaltung der verfassungswidrigen Reconstruction Acts stimmten. Als Oberster Richter des Obersten Gerichtshofs widersetzte sich Salmon P. Chase, der New Yorker Bankier, allen Anfechtungen der Reconstruction Acts durch die gefangenen Südstaaten und erklärte, dass diese Gesetze tatsächlich „verfassungsgemäß" seien. Von 1830 bis 1860 war er in Ohio für seine Arbeit zur Unterstützung flüchtiger Sklaven bekannt; er wurde „der Generalstaatsanwalt für entlaufene Sklaven" genannt." Später gründete er die Chase Bank, die sich nun mit Aaron Burrs Manhattan Company zur Chase Manhattan Bank verbündete.

Die radikalen Republikaner im Kongress wurden von dem feurigen Thaddeus Stevens angeführt, einem Anwalt aus Pennsylvania, der durch kluge Investitionen in Immobilien zum größten Steuerzahler in Gettysburg geworden war. Er war ein grotesker Krüppel mit Klumpfüßen, der von seinen Zeitgenossen als „fuchsfarben, mit hohler Stimme und einem ständigen Schmollmund" beschrieben wurde. Er hatte eine Glatze aufgrund einer Krankheit und trug eine kastanienfarbene Perücke. Viele Jahre lang war seine einzige Gefährtin seine mulattische Geliebte, eine Lydia Smith; er starb in ihrem Bett.

Die militärische Besatzung war die Hauptkraft, die die Plünderungen der Carpetbagger in den Südstaaten aufrecht erhielt. Sie waren ausgeschwärmt, um schnell riesige Vermögen an Land anzuhäufen, indem sie das Eigentum der verarmten Südstaatler beschlagnahmen ließen, da diese nicht in der Lage waren, die ruinösen Erhöhungen zu bezahlen, die von den skrupellosen Gesetzgebern beschlossen wurden. Während der Reconstruction wurden im Staat Mississippi sechs Millionen Hektar Land für Steuerrückstände verkauft. Die skrupellosen Gesetzgeber begannen mit großen Ausgaben und türmten riesige

Staatsschulden bei den Bankiers auf. Während der Reconstruction stiegen die Staatsschulden von Louisiana von vierzehn auf achtundvierzig Millionen Dollar, in South Carolina von sieben auf neunundzwanzig Millionen und in Florida von nur 524.000 auf fünf Millionen Dollar. Der Fairfield Herald in South Carolina schrieb am 20. November 1872 redaktionell: „Reconstruction … eine höllische Politik, die den schönsten und edelsten aller Staaten, unsere großartige Staatlichkeit unter den unheiligen Hufen afrikanischer Wilder und schulterklopfender Räuber zertreten hat - eine Politik, die Millionen unserer frei geborenen, hochseeligen Brüder und Schwestern aufgegeben hat, Landsmänner und -frauen von Washington, Rutledge, Marion und Lee, der Herrschaft kauender, lausiger, teufelsanbetender Barbaren aus den Dschungeln von Dahomey überlassen hat und von Seeräubern aus Cape Cod, Memphremagog, Hell und Boston fortgeführt wird." Man beachte, dass sogar ein Redakteur aus dem Süden über die Teufelsanbetung der Kanaaniter Bescheid wusste. Erstaunlicherweise wurde dies während der militärischen Besatzung geschrieben, oder besser gesagt, während deren Ende. Die Nachkommen der Carpetbagger besitzen nun die gesamte Südstaatenpresse, und ein solcher Leitartikel ist heute nirgendwo im Süden zu lesen.

Die militärische Besetzung des Südens wurde weiter verstärkt, als Präsident Grant den treffend benannten Force Act von 1870 verabschiedete. Dieses Gesetz setzte die Habeas Corpus aus und legte die totale Macht in die Hände der militärischen Besatzer der Südstaaten. Seine Enforcement Acts von 1871 stellten die Kongresswahlen im Süden unter die Kontrolle der Bundesbehörden, eine Methode, die in den 1960er und 1970er Jahren wieder aufgegriffen wurde, als Bundesbehörden erneut in die Südstaaten eindrangen, um Wahlen unter ihre Aufsicht zu stellen. Unter diesen Vorzeichen wurde die Verfassung der Vereinigten Staaten umgeschrieben und für ungültig erklärt. 1877, zwölf Jahre nach dem Ende des Bürgerkriegs, zwölf Jahre nach der Ratifizierung des Dreizehnten Zusatzartikels, neun Jahre nach der Ratifizierung des Vierzehnten Zusatzartikels und sieben Jahre nach der

Ratifizierung des Fünfzehnten Zusatzartikels, zog Präsident Hayes die Bundestruppen aus den Südstaaten ab.

Die skrupellose Plünderung des verarmten Südens wurde durch die Karriere von Franklin Israel Moses Jr. in South Carolina verkörpert. Sein Vater war während der Zeit der Reconstruction zum Obersten Richter des Obersten Gerichtshofs von South Carolina ernannt worden und hatte dieses Amt von 1868 bis 1877 inne. Bezeichnenderweise beendete er seine Amtszeit, als die Bundestruppen abgezogen wurden. Im Jahr 1866 begann Moses Jr. eine Zeitung, die Sumter News, herauszugeben, die alle vier Reconstruction Acts enthusiastisch unterstützte. Er wurde von der „Loyal League", einer Skalawag-Gruppe, zum Sprecher des Hauses gewählt. Mehr als ein Jahrzehnt lang gab er Millionen von Dollar für ein verschwenderisches Leben aus, Geld, das er durch die Annahme von Bestechungsgeldern im Amt und durch die Einreichung gefälschter staatlicher Gehaltsabrechnungen für Hunderte von nicht existierenden Staatsangestellten anhäufte. Er handelte auch in großem Umfang mit betrügerischen Staatsverträgen. Er kaufte eine 40.000-Dollar-Villa (das entspricht 10 Millionen Dollar in heutigem Geld) und war als der größte Verschwender in South Carolina bekannt. Mit dem Abzug der Bundestruppen, die eifrig die „Rechte" solcher Schurken schützten, geriet er wegen seiner kriminellen Handlungen ins Visier. Um einer Strafverfolgung zu entgehen, floh er 1878 nach Massachusetts, wo er schließlich 1906 starb. Für den Rest seines Lebens war er als Rauschgiftsüchtiger und Hochstapler bekannt. Die Moses-Saga riecht nach dem Aroma, das jeder Tat der Skalawags und Carpetbaggers im Süden anhaftete.

In „The Tragic Era" von Claude Bowers, einem der vielen Bücher, die die Exzesse der Reconstruction-Periode dokumentiert haben, schreibt Bowers auf S. 29: „... in Louisiana rasselte Sheridan mit dem Degen und stieß Epitheta aus, um die Radikalen, denen er diente, vor der Zerstörung zu bewahren, die sie verdienten ..." Bowers beschreibt die Reconstruction als „Cromwellian", eine treffende Beschreibung. Die Revolution im Süden, die sie einleitete, war im Wesentlichen eine Cromwellsche Interpretation des freimaurerischen

Kanaaniterordens. Die Verhöhnung der Wahlgesetze und in der Tat des Rechtssystems unter der Reconstruction wurde von Bowers bemerkenswert aufgedeckt, als er über die Durell-Episode schrieb. Eine konservative Gruppe hatte John McEnery zum Gouverneur gewählt, aber ein illegaler Wahlvorstand hatte seine Wahl ignoriert und den Gouverneursposten seinem Gegner, W. P. Kellogg, gegeben, ohne die Stimmen überhaupt zu zählen, obwohl ein legaler Wahlvorstand bereits die Wahl von McEnery bestätigt hatte. Bowers schreibt: „Der betrunkene Bundesrichter Durell hatte mit den zitternden Fingern der Trunkenheit seine mitternächtliche Verfügung gegen die legale Wahlkommission verfasst und den U.S. Marshal Packard, den republikanischen Manager, angewiesen, das State House in Besitz zu nehmen ... Am nächsten Morgen erklärte der besessene Richter den rechtmäßigen Vorstand für illegal und untersagte ihm die Auszählung der Wahlergebnisse." Bowers bemerkte, dass „die Dreistigkeit des Verbrechens die Nation erschütterte. Bowers bezeichnete Durell als „betrunkenen Tyrannen" und berichtet über den weit verbreiteten Protest gegen seine schändliche Tat. Noch heute wird der Name Durell im Staat Louisiana als Synonym für die Tyrannei der Bundesjustiz verachtet. Durell war typisch für die besessenen orientalischen Despoten, die mit der Unterstützung von Bundestruppen handeln, wie sie es auch heute noch tun, die die Verfassung der Vereinigten Staaten als Toilettenpapier benutzen, während sie das Volk von Shem unter den Fersen ihres gerichtlichen Freimaurerordens der kanaanitischen Tyrannei zerquetschen. Es sind die Durells, die die Bundesgerichte zu den meistgehassten Institutionen im amerikanischen Leben gemacht haben, heute, im Jahr 1987, genauso wie Durell sie im Jahr 1872 verachten ließ.

Wegen der Plünderungen solcher Halunken wie Durell und Moses hatten die besiegten Südstaatler während des Bürgerkriegs mehr als 500 Millionen Dollar in bar verloren, das Ergebnis ihrer patriotischen Käufe von konföderierten Anleihen, die von den Halunkengesetzgebern zu hundert Prozent abgelehnt wurden. Nur ihr Landbesitz war übrig geblieben. Fast die Hälfte ihres Vermögens wurde in ihrem Sklavenbesitz berechnet, und dieser war nun weg. Ein großer Teil ihres Landes wurde nun konfisziert, weil die Bundestruppen sie mit hohen Steuern belegten. Von einer Gesamtbevölkerung von sechzig Millionen hatten die zehn Südstaaten fünfeinhalb Millionen Tote zu beklagen, etwa zehn Prozent; ein Viertel der männlichen Bevölkerung war 1865 tot oder arbeitsunfähig. Es schien unmöglich, dass selbst die Menschen in Shem nach solchen Verlusten weiterleben konnten, und doch überlebten sie, obwohl die grausamen zwölf Jahre der Reconstruction Period darauf ausgelegt waren, dass keiner von ihnen überleben würde.

Es ist eine Tatsache des Gesetzes, dass Gesetze, die während Zeiten des Kriegsrechts erlassen werden, nur für den Zeitraum gültig sind, für den das Kriegsrecht erklärt und aufrechterhalten wird. Erstaunlicherweise wurden der Dreizehnte, Vierzehnte und Fünfzehnte Zusatzartikel nie auf dieser grundlegenden Prämisse des Gesetzes in Frage gestellt. Der Dreizehnte Zusatzartikel schaffte die Sklaverei ab, obwohl Präsident Johnson den Kongress darüber informierte, dass er keine Befugnis hatte, in die Sklaverei einzugreifen; der Vierzehnte Zusatzartikel änderte die Voraussetzungen für die Staatsbürgerschaft, obwohl der Kongress keine Befugnis hatte, in dieser Frage zu handeln. Johnson drängte die Südstaaten, den Vierzehnten Zusatzartikel abzulehnen; er legte sein Veto gegen die vier Reconstruction Acts ein und zeigte damit, dass die Exekutive der Regierung den Exzessen der radikalen Republikaner im Kongress unnachgiebig gegenüberstand.

Im Oxford Companion to Law heißt es: „Im Mittelalter bedeutete Kriegsrecht das Recht, das vom Gericht des Constables und des Marshals verwaltet wurde - heute bedeutet es das Recht, das kraft der königlichen Prärogative auf fremdes Territorium anwendbar ist, das vorläufig von den Streitkräften der Krone besetzt ist."

Die Bundestruppen, die die Südstaaten besetzten, übten also ein königliches Vorrecht aus, das nichts mit der Verfassung der Vereinigten Staaten zu tun hatte - daher Präsident Johnsons Veto gegen die Reconstruction Acts. Es war die Ausübung absoluter Macht über die Bevölkerung durch einen militärischen Offizier, der direkt dem Präsidenten unterstellt war. In Großbritannien wurde seit dem siebzehnten Jahrhundert kein Kriegsrecht mehr verhängt. „Das Kriegsrecht kann ausnahmsweise innerhalb des Staates selbst als Ersatz für die organisierte Regierung und Rechtspflege verhängt werden, wenn ein Kriegszustand, eine Rebellion, eine Invasion oder eine andere ernsthafte Störung vorliegt; in diesem Fall wird die Justiz von seinen Kriegs- und Militärgerichten verwaltet."

Es kann nicht zwei Regierungen geben, die dieselbe Autorität in demselben Gebiet ausüben; als die Militärregierungen durch die Reconstruction Acts in den zehn Südstaaten von 1865 bis 1877 eingesetzt wurden, hatte keine andere Regierung die Souveränität in diesen Staaten; daher konnte keine Gesetzgebung außer unter dem Dach des Kriegsrechts erlassen werden; daher waren, als das Kriegsrecht endete, alle Gesetze, die unter dem Kriegsrecht erlassen wurden, nichtig.

Black's Law Dictionary sagt über das Kriegsrecht: „Die militärische Autorität übt die Kontrolle über die Zivilbevölkerung oder die zivile Autorität innerhalb des eigenen Territoriums aus. Ochikubo v. Bonesteel, D.C.Cai. 60 F supp. 916, 928, 929, 930."

Webster's Dictionary sagt über das Kriegsrecht: „Von Mars, dem römischen Gott des Krieges. Von Mars, dem römischen Kriegsgott, abgeleitetes Gesetz, das von den Militärbehörden auf alle Personen und Güter in besetzten Gebieten angewendet wurde." Das Oxford English Dictionary sagt über das Kriegsrecht: „1548 Hall Chron. HenIV 7b. He ... caused dyvers lustie men to appele divers older men on matters determinable as the common law of the court marcial." OED führt zum Kriegsrecht weiter aus: „Jene Art von Militärregierung eines Landes oder Bezirks, in der das Zivilrecht außer Kraft gesetzt ist und die Militärbehörden befugt sind, alle verdächtigen Personen nach ihrem Ermessen zu verhaften und Straftäter ohne formelles Verfahren zu bestrafen. 1537 Hen VIII. Let, Dk Norfk St Papr ii 537 ... The cours of our lawes must give place to the ordinaunces and estates marciall, our pleasure is that you shall cause such dredful executions to be done on a good nombre of thinhabitantes o every towne, village and hamlet that have offended in this rebellion and they may be a ferefull spectacle to all other hereafter, that wold practise any like matter." Das OED zitiert

Wellington 1851 mit den Worten zum Militärrecht im Hansard: „Das Kriegsrecht war weder mehr noch weniger als der Wille des Generals, der die Armee befehligt. In der Tat bedeutete Kriegsrecht überhaupt kein Gesetz."

So wurden diese drei Verfassungszusätze ratifiziert, während die zehn Südstaaten unter Kriegsrecht standen und „überhaupt kein Gesetz hatten." Die Force Acts, die vier Reconstruction Acts und der Civil Rights Act wurden alle vom Kongress verabschiedet, während die Südstaaten keine freien Wahlen abhalten durften und alle Wähler unter strenger Überwachung durch Bundestruppen standen. Selbst Sowjetrussland hat nie solche Verhöhnungen der Wahlverfahren inszeniert!

Der Kongress ging 1987 sogar noch weiter, indem er die Voraussetzungen für die Staatsbürgerschaft änderte. Die Washington Post vom 17. März 1987 berichtete, dass der Kongress nun den Verkauf der Staatsbürgerschaft für $185 pro Person anbietet, mit einem Schnäppchenpreis von $420 für ganze Familien! Es wird erwartet, dass etwa zwei Millionen Ausländer diese günstigen Staatsbürgerschaftsangebote kaufen werden. Die einzige Voraussetzung ist, dass sie Kriminelle sind, das heißt, dass sie sich in den Vereinigten Staaten aufhalten und offen gegen die Gesetze der Vereinigten Staaten verstoßen. Es ist die größte Bedrohung für das Volk von Shem, seit Präsident Carter Castro überredete, ihm viele Tausend von kubanischen Homosexuellen und kriminell geisteskranken Marielitos zum Import in die Vereinigten Staaten zu überlassen. Die darauf folgende landesweite Verbrechenswelle hat unsere Städte terrorisiert. Der Carter-Castro-Deal verletzte ganz offen unsere gesamten vorgeschriebenen Einwanderungsverfahren.

Es gibt zwei unausweichliche Schlussfolgerungen, die aus dieser Aufzeichnung gezogen werden müssen - erstens, dass die dreizehnten, vierzehnten und fünfzehnten Zusatzartikel, die die Qualifikationen für die Staatsbürgerschaft in den Vereinigten Staaten, das Wahlrecht und andere grundlegende Angelegenheiten drastisch veränderten, ratifiziert wurden, während die zehn Südstaaten unter Kriegsrecht standen und ihre rechtmäßigen Regierungen durch militärische Gewalt ersetzt worden waren; und zweitens, dass Gesetze, die während Zeiten des Kriegsrechts verabschiedet wurden, effektiv enden oder automatisch aufgehoben werden, wenn das Kriegsrecht endet und die Truppen abgezogen werden. Die Regierungen der Reconstruction, die, wie Collier's feststellt, nur durch Gewalt aufrechterhalten werden konnten, endeten, als diese Gewalt abgezogen wurde.

Somit haben diese Verfassungszusätze seit 1877, als Präsident Hayes die Bundestruppen aus den Südstaaten abzog, keinen rechtlichen Status mehr. Diese Änderungen sind und waren seit 1877 ungültig.

KAPITEL 8

DER BUNDESSTAAT VIRGINIA

Die Tentakel der freimaurerischen kanaanitischen Krake sind nirgendwo tiefer eingebettet als im Staat Virginia. In der amerikanischen Tradition als „Mutter der Präsidenten" bekannt, wird ihm nachgesagt, die Standards des Lebens und der Kultur des Südens gesetzt zu haben. In Wirklichkeit ist Virginia ein degradierter, rückständiger Staat, der seit Anbeginn der Geschichte von „den entschlossenen Männern der Freimaurerei" überfallen und überwunden wurde. Seit dem Bürgerkrieg wurde der Staat von einer Reihe freimaurerischer Lakaien regiert und später von einer Heerschar von Millionären, die meisten von ihnen Freimaurer, überfallen, die die letzten der alten Familien Virginias, die legendären „First Families of Virginia" aus ihren historischen Häusern aufkauften und vertrieben. In den meisten Fällen wurden diese Schauplätze in Werbung für die Art von Dekor verwandelt, die in „Better Homes and Gardens" vorgestellt wird.

Der Staat Virginia wird von drei großen Wohngebieten dominiert, dem Nordosten, der eine Schlafstadt für die Mitarbeiter der Bundesregierung in Washington, D.C. ist; der Achse Richmond, die völlig von der aufkeimenden Staatsbürokratie beherrscht wird, und dem Gebiet um Norfolk, das von einem riesigen Marinestützpunkt - und der Verteidigungsbürokratie - dominiert wird. Der Staat ist also lediglich ein Vasall der Bürokratie. Bei näherer Betrachtung verschwindet seine viel gepriesene „Kultur" wie der Morgennebel. Seine „großen" Schriftsteller bestehen aus zwei wohlhabenden Dilettanten, James Branch Cabell und Ellen Glasgow, deren unlesbare und ungelesene Bücher in

Bibliotheksregalen schmachten, bis sie auf Flohmärkten gnädig entsorgt werden.

Diese beiden Figuren des Establishments machten wenig oder gar keinen Eindruck auf die literarische Welt. Cabell produzierte etwa achtzehn Bände über einen imaginären Ort, den er „Poictesme" nannte; seine Bedeutung war offenbar niemandem außer ihm selbst bekannt. Die literarische Tradition Virginias wurde mit Edgar Allen Poe begraben. Jahrhundert fliehen junge Schriftsteller und Künstler aus dem Staat wie Kettenbandenflüchtlinge aus einem fetthaltigen Sumpf, bevor ihre Talente unwiderruflich durch die giftigen Ausdünstungen des gefängnisartigen Anwesens von Virginia beschädigt und vergiftet werden, das Ergebnis seiner Herrschaft durch die Bürokratie. Diese jungen Leute kehren nie zurück; so nährt Virginia das kulturelle Leben anderer Staaten, aber nie das eigene.

Wie in den schrecklichsten Tagen der Schreckensherrschaft während der Französischen Revolution wird der Staat Virginia von Horden von Agenten und Spionen überrannt, von denen die meisten keine Ahnung haben, dass sie eigentlich vom britischen Geheimdienst „geführt" werden, der die Spitzenbeamten des Staates vollständig kontrolliert. Das FBI unterhält seine Ausbildungsschule auf dem Marinestützpunkt in Quantico, Virginia. Hier werden ihnen Techniken beigebracht, wie man „Subversive" verfolgt, die sich in den meisten Fällen als jeder herausstellen, der sich zur Verfassung der Vereinigten Staaten bekennt. Die CIA hat auch ihr riesiges babylonisches Hauptquartier in McLean, Virginia, sowie verschiedene Trainingsschulen und „sichere Häuser" im ganzen Staat, abgeschlossene Gebiete wie Vint Hill und andere unantastbare Schutzgebiete. Diese Behörden halten eine enge Verbindung (lies: Kontrolle) zu den staatlichen und lokalen Polizeibehörden in ganz Virginia. Der unbedarfte Polizist findet es sehr aufregend, wenn ihm gesagt wird, dass er Wache halten kann, während FBI- oder CIA-Agenten in das Haus von „Dissidenten" einbrechen oder es „ausrauben", um zu stehlen, was immer sie für wertvoll halten, um ihm eine kriminelle Handlung anzuhängen oder ihn in eine psychiatrische Anstalt einzuweisen.

Einige der Dinge, die sie mitnehmen, sind natürlich einfache „Wertgegenstände", die den privaten Geldbeutel der Agenten bereichern. Obwohl es in den letzten fünfzig Jahren Tausende solcher Vorfälle gegeben hat, sind nur wenige Fälle, die diese seltsamen Eindringlinge herausforderten, jemals vor die kontrollierten Gerichte gekommen, wo sie von den willfährigen Richtern prompt als „Paranoia" abgetan wurden.

Der Staat verfügt auch über eine große Anzahl von Spionen in Behörden wie der staatlichen Alkoholkontrollbehörde, der Steuerbehörde und anderen Behörden, deren Eifer direkt aus den schlimmsten Tagen der Schreckensherrschaft stammt. Während des Byzantinischen Reiches nutzte der Kaiser die Gewinne aus seinem Schnaps- und Weinmonopol, um seine enormen Haushaltsausgaben zu bezahlen. Im Staat Virginia rammte ein lokaler byzantinischer Kaiser, Senator Harry Byrd, der damals Gouverneur war, 1933 in einem typischen Virginia-Plebiszit das ABC-Gesetz durch; später stellte sich heraus, dass es vom Statut zur Gründung des sowjetischen Liquor Trusts in Russland kopiert worden war! Die Patronage und die Gewinne aus dem Liquor Trust sind seitdem zur Hauptstütze der Parteimaschine geworden. Das landesweite Netzwerk von ABC-Agenten terrorisiert kleine Geschäftsleute mit ihren sorgfältig entwickelten gestapoähnlichen Taktiken und ständiger Überwachung.

Jeder ungünstige Bericht bedeutet den Verlust des Geschäfts, nachdem die alles entscheidende „Lizenz" ausgesetzt wurde. Diese Macht schafft ein ideales politisches Klima für totalitäre Kontrolle, kontinuierliche Shakedowns, die euphemistisch „Beiträge" genannt werden, entweder an die politische Maschine oder an „Sammler", die versprechen, die Gelder an die richtigen Parteien weiterzuleiten. Ob dies jemals geschieht, ist in keiner Weise nachvollziehbar. Mit diesen Gewinnen baute Byrd die größte staatssozialistische Bürokratie pro Kopf in den Vereinigten Staaten auf, die seine maschinelle Herrschaft während seiner langen politischen Karriere mühelos aufrechterhielt. Um die Illusion einer „Zwei-Parteien-Demokratie" aufrechtzuerhalten, erlaubte Byrd normalerweise eine symbolische Opposition in politischen Kampagnen für

Staatsämter, aber er erlaubte nie einem ernsthaften Gegner, seine Herrschaft herauszufordern. Infolgedessen musste er nie einen Wahlkampf führen, noch musste er die Millionen ausgeben, die für seine Wahlkampfkosten aufgebracht worden waren. Er füllte die staatlichen Ämter routinemäßig mit Byrd-ähnlichen Handlangern, älteren, sanftmütigen, weißhaarigen und trinkfesten Männern, die langsam und vorsichtig sprachen, mit den Modulationen des alten Südens, wie ein mit Wolle bekleideter Wärter der Herrentoilette in einem exklusiven Country Club.

Byrd selbst war lediglich der Erbe einer langjährigen früheren Korruption. Nach dem Bürgerkrieg waren die Carpetbaggers nach Virginia geschwärmt und hatten den besiegten und verarmten Virginiern die kläglichen Reste ihres Besitzes abgenommen. Die Korruption erreichte ihren Höhepunkt im Jahr 1893, als die Kontrolle über die staatliche Legislative von Senator Thomas Martin offen, wie bei einer Viehauktion, erworben wurde. Martin war lange Zeit der Anwalt der Morgan-Behnont-Interessen in Virginia gewesen und vertrat deren beträchtlichen Eisenbahnbesitz, die Chesapeake and Ohio Railroad und die Norfolk and Western Railway.

Zeugenaussagen im Kongress zeigten, dass J. P. Morgan und Kuhn Loeb Co. zusammen zweiundneunzig Prozent aller Eisenbahnkilometer in den Vereinigten Staaten kontrollierten. Beide waren Fronten für die Rothschild-Interessen. Die zu diesem Zweck von den Morgan-Behnont-Interessen vorgestreckten Gelder (Behnont war der bevollmächtigte Vertreter der Rothschilds in den Vereinigten Staaten) wurden von Martin 1893 verwendet, um neun Mitglieder der Legislative für jeweils 1.000 Dollar zu kaufen; dies gab ihm die vollständige Kontrolle über dieses Gremium. Sein Assistent bei dieser Bestechung war William A. Glasgow, Jr., der Chefsyndikus der Norfolk and Western Railway. Martins wichtigster Verbündeter bei der Kontrolle der staatlichen Legislative war sein fähiger Assistent, Senator Hal Flood, der Großvater von Senator Byrd. Mit solchen politischen Aussichten vor Augen, verließ der junge Harry Byrd die Schule im Alter von fünfzehn Jahren. 1919 starb Martin, und Byrd übernahm den Apparat. Er regierte sie mit eiserner Hand für mehr als ein halbes Jahrhundert. Politisch hatte Byrd Zugang zu allen Geldern, die er brauchte, um den Staat zu kontrollieren, d.h. zu den politischen Schmiergeldern, die Rothschild-Agenten routinemäßig in den Vereinigten Staaten verteilten, um ihre Kontrolle über die Nation aufrechtzuerhalten. Die Gelder kamen von Kuhn, Loeb Co. in New York, dem größten Bankhaus, das Rothschild-Investitionen in Amerika abwickelte. Byrd war in Martinsburg, West Virginia, geboren worden; ein Klassenkamerad dort war ein Lewis Lichtenstein Strauss gewesen. Strauss wurde später ein wandernder Schuhverkäufer. Mit dem Beginn des Ersten Weltkriegs tauchte er plötzlich in Washington als „Sekretär" der US-Lebensmittelbehörde auf und wurde zum Assistenten von Herbert Hoover ernannt, einem langjährigen Rothschild-Agenten, der von ihnen zum Direktor ihrer Familienfirma Rio Tinto ernannt worden war. Nach dem Ersten Weltkrieg wurde Strauss zum Partner bei Kuhn, Loeb Co. ernannt; Byrd wurde mit Strauss' Geld im Rücken Gouverneur von Virginia. Strauss kaufte ein großes Anwesen in Brandy Station, Virginia, dem Schauplatz des letzten Kavallerieangriffs in den Vereinigten Staaten. Er setzte seine lange Verbindung mit Byrd während ihrer gemeinsamen Jahre in Washington fort. Als Byrd sich zurückzog, wurde Strauss der Wahlkampfmanager seines Sohnes.

Nachdem Martin den Staat Virginia etwa dreißig Jahre lang beherrscht hatte, war Byrd bereit, die Macht zu übernehmen, so wie Stalin wartete, als Lenin auf mysteriöse Weise krank wurde und starb. Für die nächsten fünfzig Jahre litt Virginia unter dem, was nicht humorvoll „die Byrd-Fäule" genannt wurde, während Byrds lebenslange finanzielle Opfer, um seinem Land im Senat zu dienen, ihm ein riesiges Familienimperium von Obstgärten, Lagerhäusern, Banken, Zeitungen und Aktienportfolios einbrachten. All dies hatte er seit seinem Eintritt in den Senat von Virginia im Jahr 1915 erworben. Die Byrd-Millionen wurden historisch gesehen von billigen Arbeitskräften geschwitzt, was ein wenig Licht darauf wirft, warum er weite Gebiete Virginias in hoffnungslose Armutsregionen verwandelte; gleichzeitig erfreuten sich benachbarte Staaten wie North Carolina eines beispiellosen Wohlstands. Der Byrd-Brand, der zu den berühmten ländlichen Armutsgebieten führte, die als Appalachen bekannt sind, sicherte dem Byrd-Imperium einen reichlichen Nachschub an billigen Arbeitskräften; er und seine Günstlinge bekämpften erbittert die Bemühungen der Regierung, mit ihren verschiedenen Programmen einzugreifen. Byrd weigerte sich, Bundesgelder in Virginia auszugeben, es sei denn, er behielt die absolute Kontrolle über deren Zuteilung; sie sollten an seine politischen Unterstützer gehen; niemand sonst brauchte sich zu bewerben. Byrd erkannte, dass die Vergabe von Bundesgeldern eine Horde von Bundesaufsehern in seine Domäne bringen würde, während er darum kämpfte, in der Position zu bleiben, jeden Empfänger dieser Gelder zu benennen, was ihm zukünftige Unterstützung von denen garantierte, die „die Byrd-Largesse" erhalten hatten.

Obwohl er stets auf Zuwendungen der Agenten der Rothschilds angewiesen war, blieb Byrds Maschine aufgrund des landesweiten Netzwerks der Freimaurerlogen, das seit etwa zweihundert Jahren bestand, politisch unangreifbar. Sie kontrollierten jedes Geschäft und jedes staatliche und lokale Amt in jedem der Countys und Weiler Virginias. Niemand konnte ohne die Zustimmung der Freimaurer eine Beförderung oder Bevorzugung oder gar einen Bankkredit erwarten. Der Historiker Allen Moger schreibt, dass „Byrds Macht Beobachter verblüffte"; „sie wurde von Freunden als eine Vereinigung gleichgesinnter Männer erklärt." Moger sagt uns nicht, wofür sich die Gleichgesinnten einsetzten, oder dass sie „die entschlossenen Männer der Freimaurerei waren. Moger's Buch, „Virginia: Bourbon to Byrd," University of Virginia, 1968, erwähnt die Freimaurerei nicht einmal im Index! Nicht nur das, Moger erwähnt den Federal Reserve Act nur zweimal en passant, ohne die Tatsache zu erwähnen, dass dieses Gesetz im Repräsentantenhaus von Carter Glass aus Lynchburg initiiert, von Senator Owen aus Lynchburg mitverfasst und von Präsident Woodrow Wilson aus Staunton unterzeichnet wurde. In der Tat hat der Virginier Woodrow Wilson der Nation ein unübertroffenes Vermächtnis hinterlassen; er gab uns die Einkommenssteuer, den Ersten Weltkrieg und den Federal

Reserve Act. Kein anderer Präsident kann von sich behaupten, seinen unglücklichen Landsleuten so viele erdrückende Bürden aufgebürdet zu haben.

Während Byrd den Staat Virginia in Armut hielt, hielten die Zeitungen den Staat in Unwissenheit. Nachdem sie vollständig vom Freimaurerorden der Kanaaniter übernommen worden waren, verzichteten sie sorgfältig darauf, irgendetwas zu drucken, was Byrds Pravda (oder Wahrheit) missbilligen würde. Eine Zensur war nicht nötig; jeder Redakteur und Reporter im Staat wusste, was von seinem unvoreingenommenen Journalismus verlangt wurde. Das Bundes-Gebiet, die nordöstliche Schlafzimmer-Gemeinde an der Grenze zu Washington, wurde von der Washington Post dominiert, die im Besitz der Familie Meyer war. Eugene Meyer, Partner der internationalen Bankiers von Lazard Freres, hatte die Zeitung billig gekauft und verdrängte nach und nach alle Konkurrenten aus dem Geschäft. Auch der politische Aktivist Lyndon LaRouche war im Raum Washington tätig. Ihm wurde freie Hand gelassen, bis er eine Geschichte veröffentlichte, daß „die schwarze Witwe", Katharine Graham, Tochter von Eugene Meyer, ihren Mann, Philip Graham, umgebracht habe, um ihn daran zu hindern, die Post an seine aktuelle Freundin zu übergeben. Kurz nachdem LaRouche diese Geschichte in seiner Zeitung gedruckt hatte, schwärmten 648 Bundesagenten auf sein Hauptquartier in Leesburg, Virginia, aus, beschlagnahmten alle seine Dokumente und brachten viele seiner Mitarbeiter ins Gefängnis. Falls sie nach Philip Grahams Sterbeurkunde suchten, dem angeblichen Grund für die Razzia, fanden sie sie nicht; die betroffenen Behörden hatten sich standhaft geweigert, sie herauszugeben oder auch nur jemandem zu zeigen. Falls LaRouche irgendwelche Zweifel an der Macht hinter der Washington Post gehabt hatte, wurde er bald aufgeklärt; seine gesamte Operation schien zerschlagen zu sein.

Byrd selbst gab traditionell die Parteilinie für den Staat in seiner Zeitungskette vor, die von Winchester aus geleitet wurde. In einer Umfrage von Journalistenprofessoren belegte der Staat Virginia landesweit den 49. Byrds Zeitungen, wie auch die meisten anderen Zeitungen in Virginia, galten wegen ihrer schlechten Bezahlung und Arbeitsbedingungen im Allgemeinen als „das Ende der Fahnenstange" für den Berufsstand. Die meisten Verleger in Virginia, durch und durch Freimaurer, entsprachen dem Bild, das Byrd pflegte, und strebten nur danach, in die lokale „Squirearchy" aufgenommen zu werden. Gleichzeitig druckten sie ständig Leitartikel, in denen sie zynisch leugneten, dass es jemals eine „Byrd-Maschine" im Staat Virginia gegeben hatte!

Die Presse im Osten des Staates wird vollständig von Media General dominiert, einem Konglomerat, das aus den Zeitungen in Richmond und einer Publikation in Norfolk zusammengesetzt wurde. Die Zeitungen in Richmond hatten starke Verbindungen zu Skalawags und carpetbaggers; nach dem Zweiten Weltkrieg zeigten sie eine starke CIA-Richtung. Ihr Vorsitzender, Joseph Bryan, hatte während des Ersten Weltkriegs im Marinegeheimdienst gedient und war Vorsitzender des 5. Um seine stellaren liberalen Referenzen zu beweisen, wurde er in den Aufsichtsrat der Harvard University berufen. Sein Sohn heiratete in das Vermögen von Standard Oil ein, die Familie Harkness Davidson. Er ist auch Direktor der Hoover Institution, einer angeblich rechtsgerichteten Denkfabrik, und Mitglied des exklusiven Bohemian Club of San Francisco. Der Senior Vice President von Media General ist James A. Linen IV. Er war früher Vizepräsident des National Enquirer, von dem weithin angenommen wird, dass er eine CIA- oder Mafia-Operation oder beides ist, und ist der Sohn von James A. Linen III, dem langjährigen Herausgeber des Time Magazine. James A. Linen IV ist auch Vorsitzender der American Thai Corporation, die im Marketingbereich des Drogenimperiums tätig ist, das als „das Goldene Dreieck" bekannt ist, ein Bereich, der seit Jahren von der CIA dominiert wird. Der Gründer von ass (später der CIA), William J. Donovan, wurde 1953 zum Botschafter in Thailand ernannt.

Viele Jahre lang hatte Richmond Newspapers als Vorstandsvorsitzenden Paul Manheim, Partner von Lehman Brothers in New York. Die Lehmans verdienten Millionen während des Bürgerkriegs, als sie als Agenten und Fixer für beide Kriegsparteien tätig waren und sich problemlos zwischen den Kriegsgebieten hin und her bewegten. Paul Manheim war auch ein Direktor von Bankers Trust in New York und Paramount Pictures in Hollywood. Sein Bruder Frank Manheim, ebenfalls Partner von Lehman Brothers, war Direktor von Warner Brothers. Sie übten die finanzielle Kontrolle über diese riesigen Studios in den Jahren aus, in denen die Produzenten unermüdlich linke Filme produzierten, was ohne ihre Zustimmung nicht möglich gewesen wäre.

Das Ableben von Harry Byrd brachte keine wesentliche Änderung der eisernen Hand, die Virginia regierte; dieselben Beamten des Freimaurerordens der Kanaaniter übten weiterhin die absolute Macht aus. Der Staat wurde noch deprimierter, seine Menschen noch entmutigter, und zunehmend misstrauisch gegenüber einander, in Selbsthass und Trübsinn versunken. Die Byrd-Auswüchse waren lediglich die Manifestation des zwanzigsten Jahrhunderts eines Krebsgeschwürs, das das Leben in Virginia seit der frühesten Besiedlung verrotten ließ. Vernon Stauffers Standardwerk „New England the Bavarian Illuminati" gibt eine Rede von Rev. Jedediah Morse wieder, die er am 25. April 1799 in Charleston hielt und aus der wir hier einen Auszug machen: „Es wird schon lange vermutet, dass es irgendwo in diesem Land Geheimgesellschaften gibt, die unter dem Einfluss und der Leitung Frankreichs stehen und Prinzipien vertreten, die unsere Religion und Regierung subversiv sind ... Ich habe, meine Brüder, eine offizielle, beglaubigte Liste der Namen, Alter, Orte der Geburt, Berufe &c. der Offiziere und Mitglieder einer Gesellschaft der Illuminaten (oder wie sie jetzt allgemeiner und richtig Illuminees genannt werden), bestehend aus hundert Mitgliedern, in Virginia gegründet, durch den Grand Orient von Frankreich ... Das Datum ihrer Einrichtung ist 1786 ... „ Morse übersetzte dann einen Brief auf Französisch zum Nutzen der Zuhörer, vom französischen Meister an die Virginia-Jünger, „Im Osten der Loge von Portsmouth in Virginia, am 17. des 5. Monats, im Jahr des (V .. L.) True Light 5798: Die (R .. L. .Pte .. Fse ..) respektable französische Provinzialloge, regelmäßig ernannt unter dem unterscheidenden Titel WISDOM, Nr. 2660 durch den GRAND ORIENT OF FRANCE. An die (T .. R .. L..) sehr respektable französische Loge, die Union, Nr. 14,

konstituiert durch den Grand Orient von New York. S .. F .. V ..
TT .. CC .. und RR .. FF. „Diese Abkürzungen sind offenbar ein
Geheimcode. Der Brief berichtet weiter über die Gründung von
zwei neuen Freimaurerwerkstätten in Petersburg, Virginia, und
im Osten von Port de Paix auf der Insel St. Domingo. Er schließt
mit der Anrede: „Möge der Große Architekt des Universums Ihre
Arbeit segnen und sie mit Erfolg krönen. P ... L ... N ... M .. Q ..
V .. S .. C .. TT .. CC .. und TT .. RR .. FF .. Im Auftrag der sehr
respektablen Provinzialloge der Weisheit, Guieu, Sekretär."
Morse erklärte, dass es zu dieser Zeit mindestens
siebzehnhundert Illuminaten in den Vereinigten Staaten,
„systematisch die Durchführung der Plan der Revolutionierung
dieses Landes ... Die Veränderungen, die sie durch geheimen
Einfluss und Intrigen bewirken können, die neuen Künste, die sie
auf diese Weise vor den Augen der Menschen zur Schau stellen
können, sind zweifellos wirksame Mittel, um den Menschen das
neue System der Philosophie zu lehren, das alle alten und
gefestigten Meinungen, von denen die Regierungen der Nationen
und das Verhalten der Individuen bisher geleitet wurden, in
Frage stellt und verdammt."

So finden wir von Rev. Morse Untersuchung, dass der Staat
Virginia hatte lange infiltriert worden, und wurde „run" als eine
Kolonie von der Französisch Illuminati. Die ganze Zeit über
nahmen die Menschen in Virginia an, dass sie eine
Staatsregierung hatten, die aus engagierten Politikern bestand,
die nur diesem Staat dienen wollten. Dies war jedoch nie der Fall.
Die Geheimgesellschaft hat immer die Kontrolle gehabt. Von
Anfang an haben die freimaurerischen Kanaaniter in Virginia
immer die höchsten Ämter an sich gerissen. Der Werdegang von
Edmund Randolph illustriert dies treffend. Die Winchester Loge
Nr. 12 wurde 1768 von der Großloge von Pennsylvania
gegründet. (Winchester war der lebenslange Hauptsitz von Harry
Byrd während seiner fünfzigjährigen Herrschaft über Virginia;
ihm gehörte die Winchester-Zeitung.) Die Großloge von Virginia
wurde am 13. Oktober 1768 in Williamsburg, der damaligen
Hauptstadt von Virginia, gegründet und gilt als die älteste
Großloge in Amerika. Der erste Großmeister der Großloge von
Virginia war John Blair. Er war zu dieser Zeit der amtierende

Gouverneur des Commonwealth of Virginia. Am 27. Oktober 1786 wurde Edmund Randolph einstimmig zum Großmeister der Großloge von Virginia gewählt. Er war zu dieser Zeit der Generalstaatsanwalt des Staates Virginia. Von diesem Tag an befand sich das Rechtssystem von Virginia ununterbrochen in den Händen des Freimaurerordens. Am Tag nach seiner Wahl zum Großmeister unterzeichnete Edmund Randolph die Charta der Loge von Staunton, Virginia, die zur Loge Nr. 13 wurde. Die Zahl 13 ist, wie wir bereits dargelegt haben, von enormer Bedeutung im Freimaurerorden. Lodge No. 13 hat seither eine zentrale Rolle in der Führung von Staatsangelegenheiten gespielt. Tatsächlich richtete der Oberste Gerichtshof von Virginia seine Büros im Freimaurer-Gebäude der Loge Nr. 13 ein.

Edmund Randolph hatte eine herausragende Karriere. Er wechselte mühelos von einem hohen Amt zum nächsten, wie es üblich ist, wenn man die Weltmacht der freimaurerischen Hierarchie hinter sich hat. Sein Weg war wesentlich glatter, nachdem er 1774 im Alter von 21 Jahren der Williamsburg Lodge of the Ancient Order of York Masons beitrat. Wenige Monate später wurde ihm die große Ehre zuteil, zum Adjutanten von General George Washington persönlich ernannt zu werden. Im folgenden Jahr wurde er zum ersten Generalstaatsanwalt des Staates Virginia ernannt. Im Jahr 1785 wurde er zum stellvertretenden Großmeister der Großloge von Virginia ernannt und legte den Grundstein für die neue Freimaurerloge in Richmond. Im Jahr darauf wurde er zum Großmeister ernannt. Edmund Randolph war nicht nur ein Symbol für freimaurerische Macht; er und seine Familie repräsentierten auch die traditionelle Macht der britischen Krone in den Kolonien. Sein Vater, John Randolph, war King's Attorney, wie auch sein Großvater, Sir John Randolph, gewesen war.

Edmund Randolphs Vater, ein führender Tory, bewies seine Loyalität zum König, indem er Virginia mit dem scheidenden britischen Gouverneur, Lord Dunmore, verließ und mit ihm nach England zurückkehrte. Er kehrte nie nach Amerika zurück, doch sein Sohn spielte eine entscheidende Rolle bei der Ausarbeitung der Verfassung! Edmund Randolph wurde nach der

Abtrünnigkeit seines Vaters von seinem Onkel, Peyton Randolph, adoptiert; sein Onkel war auch der Anwalt des Königs. Peyton Randolph war auch Großmeister des Freimaurerordens; er wurde bald zum ersten Präsidenten des ersten Kontinentalkongresses ernannt. Wir sehen also, dass die britische Macht in den Kolonien, die durch die King's Attorneys ausgeübt wurde, auch durch die Mitglieder des Freimaurerordens, des York Rite, ausgeübt wurde, der traditionell von einem Mitglied der königlichen Familie geleitet wurde. Peyton Randolph hatte keine Kinder; Edmund erbte seine riesigen Ländereien.

Nicht nur, dass Edmund Randolphs Loyalität zur amerikanischen Sache durch den Überlauf seines Vaters überschattet wurde, er selbst zeigte starke Anzeichen von Loyalität zu England. Thomas Jefferson berichtete, dass, als Patrick Henry seine berühmte Rede „Gebt mir die Freiheit oder den Tod" hielt, es Edmund Randolph und sein Juraprofessor George Wythe waren, die aufsprangen und „Verrat" riefen. Später lieferten sich Edmund Randolph und Patrick Henry fast ein Duell während ihres Streits darüber, ob Virginia der Union beitreten sollte. Gouverneur George Clinton von New York, ein Mitglied der Illuminaten und ein führender Freimaurer, bot Randolph einen Deal an, sich mit New York gegen die Ratifizierung der Verfassung zu verbünden. Stattdessen schwieg Randolph in dieser Angelegenheit und wurde von Washington mit dem Posten des ersten Generalstaatsanwalts der Vereinigten Staaten belohnt; Washington ernannte ihn dann zum zweiten Außenminister, nachdem Thomas Jefferson zurückgetreten war. Virginia war der zehnte Staat, der die Verfassung ratifizierte; New York war der elfte.

Es war Edmund Randolph, der tatsächlich die unsichtbare Hand hinter dem Schreiben der Verfassung war. Ein Konvent war einberufen worden, um die Artikel der Konföderation so weit zu ändern, dass sie von den Staaten akzeptiert werden würden. Anstatt dies zu tun, lenkte Edmund Randolph, der damals Gouverneur von Virginia war, die Delegierten geschickt auf die Idee, ein neues Gesetzeswerk, die Verfassung, als föderale Einheit zu schreiben, die die Staaten einbeziehen würde.

Er überrumpelte die Delegierten ohne Vorwarnung mit der Agenda für diese neue Sache und überzeugte sie bald davon, dass dies der beste Weg sei, den sie einschlagen sollten. So war es der Großmeister von Virginia, Edmund Randolph, der im Bunde mit Aaron Burr und dem britischen Geheimdienst der Nation das Konzept einer föderalen Regierung aufzwang, die über die Souveränität der Staaten herrschen sollte. Alle unsere nachfolgenden politischen Prozesse, einschließlich des Bürgerkriegs, stammten aus dieser freimaurerischen Verschwörung, die die Technik der Beendigung der Souveränität der einzelnen Staaten perfektionierte und sie unter die freimaurerische orientalische Despotie einer zentralen Bundesregierung stellte.

Dies wurde als eine typische freimaurerische kanaanäische Verschwörung getan. Die „Records of the Federal Convention" zeigen, dass das Virginia-Kontingent aus „His Excellency George Washington, George Wythe, Gov. Edmund Randolph, John Blair, James Madison, George Mason und James M. McClurg" bestand. Blair war der ehemalige Großmeister der Großloge von Virginia; Edmund Randolph war der gegenwärtige Großmeister.

George Wythe verlas die Regeln, die während des Konvents befolgt werden sollten. Am 29. Mai 1787 wurde festgelegt, „dass die Bundesregierung weder die Streitigkeiten zwischen den Staaten noch eine Rebellion in irgendeinem Staat kontrollieren kann, da sie weder die verfassungsmäßige Macht noch die Mittel hat, um entsprechend den Erfordernissen einzugreifen."

Gouverneur Edmund Randolph eröffnete dann die Sitzung mit einem Rundumschlag gegen die Artikel der Konföderation. Er stellte fest, dass die Konföderation keines der Ziele erfüllte, für die sie formuliert wurde. [Er zählte sie dann auf; wir zitieren Nummer 5.] 5. Sie ist den Staatsverfassungen nicht übergeordnet. Wir sehen also, dass die Konföderation für keinen der Zwecke, für die sie gegründet wurde, geeignet ist. Unsere Hauptgefahr geht von den demokratischen Teilen unserer Verfassung aus. Randolph erhob dann das Schreckgespenst der mangelnden Verteidigung, indem er behauptete, dass die Staaten keine Verteidigung gegen Angriffe hätten, und forderte einen

Plan zur nationalen Verteidigung. Er ignorierte die Tatsache, dass die Staaten gerade eine erfolgreiche Revolte gegen die größte Militärmacht der Welt abgeschlossen hatten. Als Teil der freimaurerischen Verschwörung nutzte Randolph dieses Schreckgespenst, um dem Konvent eine neue Verfassung unterzuschieben, die eine nationale Legislative, eine nationale Exekutive und eine nationale Judikative einführte und damit das schuf, was die anderen Delegierten nie gewollt oder sich vorgestellt hatten: eine oberste föderale Macht, die die Kontrolle über die einzelnen Staaten hatte.

Wie es bei prominenten Freimaurern oft der Fall ist, wurde Randolphs öffentliche Karriere durch wiederholte Skandale getrübt, die auf seine Verwicklung mit fremden Mächten zurückzuführen sind. Er hatte sich mit dem Illuminaten-Abenteurer Edmond Genet eingelassen, der als erster französischer Botschafter in die neue Republik geschickt worden war. Genet landete am 8. April 1793 in Charleston und wurde von seinen Freimaurer-Kollegen der Charleston-Loge, der Mutterloge der Welt, enthusiastisch begrüßt. Genet begann sofort, wie ein erobernder General zu handeln, indem er Aufträge und Kaperbriefe an seine Freimaurerkollegen ausstellte.

Als er in Washington ankam, überreichte er Präsident Washington nicht sofort sein Beglaubigungsschreiben, wie es das Protokoll verlangte, sondern ignorierte ihn. Stattdessen gab Genet ein großes Bankett, bei dem er Demonstrationen und Deputationen empfing wie ein Monarch auf Besuch. Während der Zeremonien wurde die symbolische rote phrygische Mütze der Illuminaten-Revolutionäre ehrfürchtig von Tisch zu Tisch weitergereicht. Beobachter bemerkten bald, dass „die selbstherrliche Anmaßung Genets von Tag zu Tag unerträglicher wurde. Thomas Jefferson, der damals Außenminister war, wurde täglich mit Forderungen belagert, dass Genets Beglaubigungsschreiben zurückgenommen und er aufgefordert werden sollte, die Hauptstadt zu verlassen. Jefferson lehnte diese Forderungen ab. Als sie zunahmen und mehr Druck auf ihn ausgeübt wurde, trat Jefferson, anstatt gegen einen Freimaurer zu handeln, als Außenminister zurück. Washington ernannte Edmund Randolph zu seinem Nachfolger. Im Jahr 1794 war

Genet damit beschäftigt, eine Armee zu organisieren, um in Florida und Louisiana einzumarschieren und diese Gebiete von Spanien zu übernehmen. Dies war ein Schlüsselelement eines freimaurerischen Komplotts, um eine separate Republik an den Grenzen der dreizehn Kolonien zu errichten, und möglicherweise später, um die Vereinigten Staaten für England einzunehmen und zurückzuerobern.

Als er über diese militärischen Ziele Genets informiert wurde, hatte Präsident Washington keine andere Wahl, als Außenminister Randolph anzuweisen, Genets Beglaubigungsschreiben zu beschlagnahmen und ihn zu entfernen. Unglaublicherweise reagierte Randolph nicht auf diese direkte Aufforderung des Präsidenten. Um Genet zu schützen, verzögerte er das Verfahren. Genet gehörte jedoch der girondistischen Fraktion in Frankreich an, die nun von Marat besiegt worden war; er wurde abberufen, und ein neuer Botschafter, Joseph Fouchet, traf nun aus Frankreich ein. Präsident Washington erließ auch eine Proklamation, die Genets geplante Expedition gegen Florida und Louisiana stoppte. Dieses Dokument, datiert vom 21. Februar 1794, wurde ebenfalls von Randolph zurückgehalten, um Genet zu unterstützen. Am 24. März, verärgert über Randolphs wiederholte Verzögerungen, erließ Washington die Proklamation persönlich. In der Zwischenzeit hatte sich Genet nach Charleston begeben, wo er von den Mitgliedern der Charleston-Loge, darunter Stephen Morini, Abraham Israel, Isaac und Abraham da Costa, Samuel de la Motta, Israel Delieben und Abraham Alexander, als siegreicher Held gefeiert wurde.

Im August 1795 wurden Depeschen von Fouchet nach Frankreich von Freibeuter erbeutet; die Papiere fanden ihren Weg zurück zu Präsident Washington. Diese diplomatischen Papiere enthielten eine Reihe von Dokumenten, die Edmund Randolph eindeutig in finanzielle Geschäfte mit Fouchet verwickelten und Beweise für Bestechung und Verrat lieferten. Nachdem er diese Papiere gesehen hatte, blieb Präsident Washington nichts anderes übrig, als den Rücktritt Randolphs zu fordern. Er ist der einzige Außenminister, der unter solchen Anschuldigungen zurücktreten musste. Randolph bekleidete nie wieder ein öffentliches Amt, obwohl er nach seiner Schande noch achtunddreißig Jahre lebte und 1813 starb.

Nachdem Edmund Randolph seinen Rücktritt eingereicht hatte, zeigten die Konten des Außenministers, dass 49.000 Dollar aus den Mitteln des Ministeriums fehlten. Eine spätere Untersuchung des Finanzministeriums ergab, dass weitere 61.000 Dollar fehlten, für die Edmund Randolph allein verantwortlich war. So verließ der Großmeister der Freimaurerei von Virginia sein Amt unter einer Wolke von Anschuldigungen der Bestechung, des Verrats und der Unterschlagung. Dies war kaum verwunderlich bei einem Mann, der geschworen hatte, gegen Gott zu rebellieren und seinen ahnungslosen Mitbürgern die dämonische Anbetung des Baal aufzuzwingen. Die fehlenden Regierungsgelder wurden nie wiedergefunden.

Edmund Randolph widmete sich in seinen späteren Jahren der Ausübung des Anwaltsberufs. Aufgrund seiner freimaurerischen Verbindungen fehlte es ihm nie an Mandanten. Er arbeitete auch jahrelang an der Abfassung einer umfangreichen Geschichte von Virginia, die er 1786 begann und 1810 endlich fertigstellte. Aus irgendeinem Grund machte er keinen Versuch, sie zu veröffentlichen. Das Manuskript wurde viele Jahre lang in der Staunton Lodge No. 13 aufbewahrt und wurde schließlich 1970 von der University of Virginia Press veröffentlicht. Obwohl es ein gut recherchiertes und sachliches Werk ist, enthält es keinen einzigen Hinweis auf die Freimaurerei oder auf die Rolle, die diese Organisation bei der Kontrolle des Staates hinter den Kulissen spielte.

Während seiner juristischen Laufbahn erlangte Edmund Randolph wegen seiner Verteidigung zweier umstrittener Verbrecher, George Wythe Sweeney und Aaron Burr, beträchtliche Publizität. Sweeney war der Neffe von George Wythe, der aufgrund seiner langjährigen Tätigkeit als Professor für Recht am College of William and Mary in Williamsburg allgemein als Vater des Rechtswesens in den Vereinigten Staaten gilt. Zu seinen Schülern gehörten Thomas Jefferson, Edmund Randolph und viele andere politische Persönlichkeiten. Wie sein enger Freund Edmund Randolph war auch George Wythes Engagement für die Sache der Revolution stets suspekt. Wythe und Randolph waren es, die Patrick Henry „Verrat!" bei Patrick Henry. Im Jahr 1793 entschied George Wythe als Richter des Chancery Court von Richmond gegen die Amerikaner und sprach den britischen Gläubigern die volle Zahlung aller Kredite aus Virginia zu, die vor dem Revolutionskrieg aufgenommen worden waren. Viele Virginier forderten, dass Wythes wegen dieser Tory-Entscheidung gelyncht werden sollte, obwohl es sich eher um eine freimaurerische Entscheidung handelte.

Wythe hatte eine junge Frau, die nach nur einem Jahr Ehe starb; sie war erst sechzehn. Henry Clay wurde dann Sekretär von Wythe am Chancery Court und war für einige Jahre wie ein Sohn für ihn.

Wythes Haushälterin, eine Sklavin namens Lydia Broadnax, wurde seine Gefährtin, und er hatte einen Sohn von ihr, den er freiließ. Dr. John Dove berichtete die folgenden Ereignisse in einem Dokument, das heute als „Dove's Memorandum" bekannt ist: „Wythe hatte eine gelbe Frau namens Lydia, die mit ihm als Ehefrau oder Geliebte lebte, wie es in der Stadt üblich war. Mit dieser Frau hatte er einen Sohn namens Mike. 1806 wurde Edmund Randolph von Wythe hinzugezogen, um einen Nachtrag zu seinem Testament zu verfassen, der vorsah, dass ein Teil seiner Anteile an der Bank of Virginia seinem Sohn Mike vermacht werden sollte. Wythe hatte einen Großneffen namens Sweeney, der sein Haupterbe werden sollte. Wythe behauptete, dass der Neffe ihn bestohlen hätte, und er zog Randolph hinzu, um ein zweites Kodizill zu verfassen, das Mike den Rest seiner Bankaktien überließ. Tatsächlich wurde Wythes Entscheidung durch seine Leidenschaft für den Jungen ausgelöst, der ihm seit einiger Zeit als Katamite diente, wie es im Fluch von Kanaan heißt."

Durch den natürlichen Alterungsprozess war Lydia, die etwa so alt war wie der nun ehrwürdige Wythe, keine zufriedenstellende Bettpartnerin mehr. Wythe, immer noch lüstern über seine Jahre hinaus, begann nun, sich mit seinem hübschen Mulattenbastard zu befriedigen. Überwältigt von seiner Leidenschaft für den Jungen, beging er seinen fatalen Fehler. Die Tradition des alten Südens war, dass ein Besitzer so viele Mulattenkinder zeugen konnte, wie er wollte, denn sie waren eine begehrte Handelsware, und je hellhäutiger, desto höher der Preis; eine ebenso mächtige Tradition war, dass solche Nachkommen niemals Geld oder Besitz erben konnten. Man hinterließ ihnen oft ein paar Kleidungsstücke, vielleicht eine goldene Uhr, aber es wurde nie erwartet, dass der Besitzer ihnen Status verlieh, indem er ihnen große Geldsummen oder Landbesitz zukommen ließ.

Weil er gegen dieses Grundprinzip verstieß, wurde Wythe von seinem rechtmäßigen Erben ermordet. Wythes Testament sah vor, dass Sweeney den gesamten Nachlass erhalten sollte, falls Mike ihm im Tod vorausgehen würde. Sweeney kochte Kaffee für seinen Großonkel und Mike und versetzte ihn mit Arsen. Sie starben beide unter Qualen. Sweeney wurde des Mordes angeklagt, und es wurden viele belastende Beweise gegen ihn vorgelegt; dass er Arsen gekauft hatte, und die Aussage von Lydia, dass sie gesehen hatte, wie er etwas in den Kaffee getan hatte. Dennoch erreichte Edmund Randolph, der Sweeney verteidigte, einen Freispruch durch die Geschworenen. So hatte George Wythe, der Vater des Anwaltsberufs in den Vereinigten Staaten, eine persönliche Geschichte, die von Rassenmischung, Homosexualität und Mord durch Arsenvergiftung geprägt war. Auch hier können wir nur vermuten, dass sich viele der späteren Eskapaden der Anwaltschaft in Amerika als ebenso schillernd erweisen würden, wenn ihre wahre Geschichte der Öffentlichkeit zugänglich gemacht werden könnte. Wythe hatte gegen ein Grundprinzip verstoßen, nach dem seine Gesellschaft lebte, und so blieb sein Mord ungesühnt. Die Szene ist eines schwülstigen Dramas im alten Rom würdig, vielleicht von Verdi vertont; ein alternder Aristokrat beschließt, sein Anwesen seinem willfährigen Katamiten zu überlassen, und wird prompt von einem wütenden Verwandten vergiftet. Irgendwie wundert man sich nicht, dass der Hauptdarsteller in diesem schweißtreibenden Drama auch der anerkannte Begründer des Anwaltsberufs in Amerika ist.

Edmund Randolph trat erneut auf, um einen bekannten Verbrecher zu verteidigen; nachdem er das Vorgehen der Regierung gegen Edmond Genet verzögert hatte, wurde Genet schließlich deportiert. Das Komplott zur Gründung einer rivalisierenden Republik in Louisiana wurde dann von den Freimaurerführern Edward Livingston und Aaron Burr übernommen. Burr wurde schließlich in einem aufsehenerregenden Verfahren, das in Richmond, Virginia, durchgeführt wurde, wegen Hochverrats vor Gericht gestellt. Auch hier brachten die Freimaurer ihren ehemaligen Großmeister Edmund Randolph als Verteidiger von Burr ins Spiel. Es überrascht nicht, dass der amtierende Richter Oberster Richter John Marshall war, der zu dieser Zeit Großmeister der Loge von Virginia war. Burr wurde freigesprochen. In der Tat, um ihn zu verurteilen, hätte man die Kraft gebraucht, die gesamte freimaurerische kanaanäische Verschwörung in den Vereinigten Staaten herauszufordern. Eine solche Person trat nicht auf.

Der erstaunliche Freispruch von Burr durch seine freimaurerischen Mitverschwörer hat sich an den Gerichten in Virginia tausendfach wiederholt. Stephen King berichtet in „Die Bruderschaft", dass in England fünfzig bis siebzig Prozent aller Richter Freimaurer sind, und dass neunzig Prozent der Mitglieder der Laws Society (entspricht unserer Anwaltskammer) Freimaurer sind. Das Rechtssystem in den Vereinigten Staaten, von allen Erscheinungen, hat eine noch höhere Übergewicht der Freimaurer. So haben wir keine Bundes-Landes-oder Ortsgerichte; wir haben nur Freimaurer-Gerichte. Das Ergebnis ist, dass gerichtliche Entscheidungen über Beweisregeln, Anträge auf oder gegen die Offenlegung und andere rechtliche Verfahren, sind allein auf der Grundlage, ob sie helfen oder verletzen ein Mason in den Prozess beteiligt entschieden. Das Freimaurer-Handbuch befiehlt (S. 183-184): „Wann immer du eines unserer Zeichen siehst, das von einem Freimaurer-Bruder gemacht wird, und besonders das große Notruf-Zeichen, musst du immer sicher sein, es zu befolgen, selbst auf die Gefahr deines eigenen Lebens hin. Wenn du in einer Jury bist und der Angeklagte ein Freimaurer ist und das große Rufzeichen macht, musst du es befolgen; du musst deinen Geschworenenbrüdern widersprechen, wenn es nötig ist, aber du musst sicher sein, dass du den Freimaurer nicht für schuldig erklärst, denn das würde Schande über unseren Orden bringen."

Es war aus diesen Gründen, dass der Kongressabgeordnete Thaddeus Stevens eine Resolution gesponsert, die forderte, dass die Freimaurerei unterdrückt werden, prangerte es als „ein Geheimnis, Eid gebunden, mörderische Institution, die den Fortbestand der republikanischen Regierung gefährdet," und forderte ferner, dass ein Mason wäre Grund für peremptory Herausforderung vor Gericht, und machte es ungesetzlich für einen Mason als Richter in einem Prozess mit einem anderen Mason sitzen. Seit Jahren haben Tausende von Amerikanern durch die seltsame Entscheidungen in unseren Gerichten gemacht verwirrt worden. Sie wissen nicht, was stattgefunden hat; die Opfer dieser Ungerechtigkeiten haben keine Möglichkeit, zu wissen, dass sie zu den arroganten Annahmen eines orientalischen Despotismus unterworfen wurden, der sich unter dem Deckmantel des Gesetzes maskiert; dass keine Gerechtigkeit ausgeübt werden kann, wenn der Richter einen Eid unter Todesstrafe geleistet hat, immer zugunsten eines Bruders Mason zu entscheiden. Aber, fragt der Zweifler, was ist, wenn beide Parteien in einem Rechtsstreit Freimaurer sind, und der Richter ist ein Freimaurer, was dann? In diesem Fall, mein Freund, wird der Fall nach seiner Begründetheit beurteilt werden. Wenn jedoch ein Nicht-Freimaurer ist eine Partei, um den Prozess, er ist verpflichtet, zu verlieren.

Das Handbuch fährt fort: „Du mußt alle Verbrechen deiner Freimaurerbrüder verschweigen..., außer Mord und Verrat, und diese nur nach eigenem Gutdünken, und solltest du als Zeuge gegen einen Freimaurerbruder vorgeladen werden, so sei stets darauf bedacht, ihn zu schützen. Schwindeln Sie, sagen Sie in diesem Fall nicht die Wahrheit, bewahren Sie seine Geheimnisse, vergessen Sie die wichtigen Teile. Es mag ein Meineid sein, dies zu tun, es ist wahr, aber Sie halten Ihre Verpflichtungen ein."

Dieser Autor weiß von Fällen, in denen ein Freimaurer in einen Fall gerufen wurde, um einen Meineid gegen seinen eigenen Bruder zu leisten, um einen Mitfreimaurer zu verteidigen. Dieser Autor war in viele Prozesse verwickelt, in denen Anstiftung zum Meineid durch freimaurerische Anwälte an der Tagesordnung war; geänderte Aufzeichnungen, juristische Dokumente, die die Gerichtsschreiber leugneten, jemals erhalten zu haben, obwohl sie ihnen persönlich ausgehändigt worden waren, Richter, die sich nicht einmal die Mühe machen, die von einem Nicht-Freimaurer eingereichten Anträge zu lesen, und wichtige Dokumente, die seine Anklagen unterstützen, die aus seinem Haus gestohlen werden, einschließlich Kopien von Schecks, Quittungen und anderen wichtigen Papieren. Das Testament von Kanaan weist diese Verbrecher an: „Sage niemals die Wahrheit", und sie halten sich treu an Kanaans Ermahnung. Das ist Gerechtigkeit, wie sie in einem Rechtssystem ausgeübt wird, das von Freimaurern beherrscht wird, und Virginia ist einer der Haupttäter. Dieser Autor hat häufig Beschwerden gegen freimaurerische Anwälte und Richter an die Staatsanwälte der Vereinigten Staaten geschickt; in jedem Fall antwortete das Justizministerium auf dokumentierte Beweise für Erpressung und Erpressung: „Sie sollten einen privaten Anwalt beauftragen." Mit anderen Worten, suchen Sie sich einen freimaurerischen Anwalt und übernehmen Sie die Sache. Das Freimaurer-Handbuch sagt: „Wenn Sie eine andere Gesellschaft oder ein Individuum betrügen, Unrecht tun oder betrügen, ist das allein Ihre Sache. Wenn Sie sogar die Regierung betrügen, kann und wird die Freimaurerei Ihnen nichts anhaben; aber seien Sie sehr vorsichtig, dass Sie nicht einen Freimaurerbruder oder eine Loge betrügen, verletzen oder betrügen. Wen immer Sie sonst noch betrügen mögen, kommen Sie Ihren [freimaurerischen] Verpflichtungen nach."

Dies ist wiederum nur eine Wiederholung des „Will of Canaan". Die Gerichte in Virginia sind besonders bösartig in den rechtlichen Verfahren, die die vorprozessuale Entdeckung oder die Befragung des Gegners betreffen. In vielen Zivilprozessen hat dieser Autor gesehen, wie seine Forderungen nach Offenlegung vom Gegner ohne Strafe ignoriert wurden, aber in jedem Fall, wenn der Gegner und seine freimaurerischen Anwälte die unverschämtesten Forderungen an diesen Autor stellen, versäumt es der Richter nie, ihn unter gerichtliche Anordnung zu stellen, um alles bereitzustellen, was der Gegner verlangt. In einem kürzlichen Prozess, in dem dieser Autor klagte, um eine beträchtliche Veruntreuung von Erträgen aus seiner Geschichte des Federal Reserve System zurückzuerhalten, ließ der Veruntreuer seine Anwälte diesen Autor unter gerichtliche Anordnung stellen, alle seine Spesenkonten und Einkommensteuererklärungen für die letzten dreiunddreißig Jahre vorzulegen! Als er dies nicht tun konnte, wurde er mit einer unbestimmten Gefängnisstrafe konfrontiert, mit der von den Anwälten angebotenen Alternative, dass er das gesamte Bankkonto mit den Erlösen aus dem Verkauf seines Buches aushändigen könnte. Dies wurde getan; das Ergebnis von fünfunddreißig Jahren Arbeit ging an eine prinzipienlose Person, die die Weitsicht gehabt hatte, zwei der einflussreichsten, politisch verbundenen Anwaltskanzleien in Virginia mit ihrer Verteidigung zu beauftragen. In jedem Fall, dieser Schriftsteller, nicht ein Mason, hatte keine Erwartung der Erlangung der Gerechtigkeit in jedem amerikanischen Gericht, und er hat nie.

Das amerikanische System der Rechtsprechung, wie es praktiziert wird, ist die Verankerung eines Systems der orientalischen Despotie, um Nicht-Freimaurer zu zwingen, sich der Versklavung durch Freimaurer zu unterwerfen. Dieses System, das keine Beziehung zur Verfassung der Vereinigten Staaten hat, leitet seine Autorität aus dem hinduistischen Gesetzesbuch von Manu ab: „Die ganze Welt wird durch Strafe in Ordnung gehalten." Dies ist das komplette Gegenteil des Gesetzes des Volkes von Shem, wie es im angelsächsischen Gewohnheitsrecht verankert ist, und das auf der Annahme basiert, dass, weil die Menschen grundsätzlich gut sind, sollten sie nie gezwungen werden, eine Handlung gegen ihren Willen zu tun.

Karl Wittfogel entlarvt das System in seinem Werk „Die hydraulische Gesellschaft", in dem er unser Rechtssystem als ein System orientalischer Despotie definiert, das auf der Kontrolle der Wasserversorgung durch die Regierung, der anschließenden Zuteilung dieser Versorgung an bevorzugte Anhänger und der Verurteilung aller anderen dazu, unter Wassermangel für landwirtschaftliche Unternehmungen oder häusliche Bedürfnisse zu leiden, beruht. So haben die Regierungsbehörden große Fortschritte gemacht, indem sie die Kontrolle über das Wasser an sich gerissen haben, wobei der jüngste verzweifelte Versuch der Bürokratie in Virginia darin besteht, alle ländlichen Brunnen unter staatliche Kontrolle zu stellen, sie zu messen und dem Bauern das Wasser auf seinem eigenen Land in Rechnung zu stellen! Dieser sowjetische Plan wird frenetisch von landwirtschaftlichen „Experten", Hochschulen und anderen Bürokraten unterstützt.

Die daraus resultierende Missachtung von Recht und Ordnung schafft ein Klima, in dem der Bürger niemandem oder keinem Beamten mehr glauben oder vertrauen kann. Das erzeugt Verzweiflung, die wiederum bald sozialen Wandel hervorbringen wird. Wir haben den Höhepunkt der zynischen Manipulation unseres Rechtssystems durch Meineidige und kriminelle Verschwörer erreicht, die auf Anweisung ihres freimaurerisch-kanaanäischen Ordens handeln. Entweder werden wir die Rechtsstaatlichkeit wiederherstellen, oder diese orientalischen Despoten werden uns alle zu Leibeigenen reduzieren, die jedem ihrer Befehle gehorchen. In einen Gerichtssaal in Virginia zu gehen und das Kichern der freimaurerischen Anwälte und Richter zu hören, die jeden verachten, der nicht die Weitsicht hatte, sich in ihre finstere Verschwörung einzuschreiben, bedeutet, die endgültige Degradierung eines einst stolzen Staates und seiner Menschen zu erkennen. Die Würde des Amtes des Gouverneurs von Virginia lässt sich vielleicht daran ermessen, dass es einst von einer DuPont-Erbin als Geburtstagsgeschenk für ihren Mann erworben wurde. Später erklärte sie bei einem Tee im Kapitol: „Ich wollte ihm ein paar antike Möbel zum Geburtstag schenken, und als ich mich umschaute, stellte ich fest, dass der Gouverneursstuhl das Billigste war, was es auf dem Markt gab!"

Ein Geschäftsmann aus Ohio, der sich in Virginia niedergelassen hatte, stellte fest, dass er eine bestimmte Maßnahme benötigte, die von der staatlichen Legislative verabschiedet wurde, um sein Unternehmen zu schützen. Er fragte nervös einen prominenten Landbesitzer aus Virginia: „Kann ich da unten jemanden suchen, der etwas finanzielle Unterstützung braucht?" „Machen Sie sich nicht lächerlich!", schnaubte sein Freund. „Du könntest nicht einen einzigen dieser Leute kaufen. Sie wurden alle gekauft und bezahlt, bevor sie dort ankamen!"

Das Byrd-Erbe lebt in der eisernen Kontrolle weiter, die über jeden Aspekt des Lebens in Virginia aufrechterhalten wird, über die Presse, die staatlichen und lokalen Regierungen, das Bildungswesen und die freimaurerische Kontrolle über das Gerichtssystem. Die Tradition der Carpetbagger wurde in der Gegend aufrechterhalten, als zwei wohlhabende Carpetbagger, Rockefeller aus New York und Robb aus Texas und anderen Orten im Westen, keine Schwierigkeiten hatten, ein Amt zu erwerben. Rockefeller kaufte den Gouverneursposten von West Virginia (das während des Bürgerkriegs illegal aus dem Territorium Virginias herausgerissen worden war). Robb wurde Gouverneur von Virginia, nachdem er behauptet hatte, von einem John Lewis abzustammen, der aus Irland geflohen war, nachdem er einen Mord begangen hatte. Als gut aussehender junger Marineoffizier hatte Robb das Auge von Präsident Lyndon Johnson auf sich gezogen, der ihn später mit seiner Tochter verheiratete. So wurde Robb zum Nutznießer der Johnson-Millionen, die, wie das Byrd-Imperium, während einer lebenslangen Karriere im Dienste der Öffentlichkeit angehäuft worden waren. Als Gouverneur schuf Robb seine eigene Revolution, indem er rücksichtslos Virginianer mit guten Leistungen feuerte und sie durch Schwarze und Feministinnen ersetzte. Seine sozialistische Politik richtete in vielen Abteilungen Chaos an, vor allem in der Strafvollzugsbehörde, wo weit verbreitete Gefängnisaufstände Robbs Hoffnungen auf höhere öffentliche Ämter zerstörten. Als Teil seines kanaanäischen Plans, die Virginier weiter zu degradieren, bot er jedem Schwarzen, der sich in Virginias Schulen einschreiben würde, 1.000 Dollar in bar an, aber es gab nur wenige Abnehmer. Da der Staat Virginia durch Robbs Politik in Schutt und Asche lag, war es für die Republikanische Partei ein Leichtes, die Staatsämter wieder zu erlangen. Da die Demokraten wussten, dass sie sowieso verlieren würden, beschlossen sie, einen Schwarzen als Vizegouverneur aufzustellen, den ersten Kandidaten dieser Art für ein Amt im Bundesstaat. Erstaunlicherweise wies die nationale Führung der Republikaner daraufhin die Republikaner in Virginia an, keine Oppositionskampagne zu führen, da dies als „schwarzfeindlich" interpretiert werden könnte. Die Republikaner gaben ihre

Kampagne auf, und die überraschten Demokraten gewannen leicht und ohne Widerstand. Sie verhängten sofort eine Steuererhöhung in Höhe von 426 Millionen Dollar für alle Virginier; die Republikaner waren strikt gegen jede Steuererhöhung gewesen. Es wurde geschätzt, dass jede Stimme für die Demokraten bei dieser Wahl die unglücklichen Steuerzahler in Virginia zusätzlich 1.000 Dollar pro Jahr kosten würde.

In dieser Aufzählung der freimaurerischen Macht und ihrer etablierten Operationen im Staat Virginia, haben wir nicht gewollt, jeden anderen Staat zu vernachlässigen. In New York, Illinois und anderen Staaten diktieren die freimaurerischen Verschwörer die Wahl der politischen Kandidaten, wie sie finanziert werden und ob sie gewählt werden. Die Verbrecher sind verpflichtet, die freimaurerische Kontrolle durch ihr dämonisches babylonisches Geldsystem aufrechtzuerhalten, das ihnen absolute Macht gibt; sie kontrollieren jeden Aspekt des Wirtschaftssystems durch ihre Techniken der Besteuerung und Zinsen. Jeder Akt der Regierung ist mit diesem Programm im Hinblick gesetzlich festgelegt.

Im Jahr 1967 veröffentlichte dieser Autor einen öffentlichen Appell an das Volk von Virginia mit dem Titel „Fifty Years of Shame", der mit der Forderung schloss: „5. Wiederherstellung der Regierung von Virginia für das Volk von Virginia. Abschaffung aller Trusts sowjetischen Typs wie dem ABC Board und Wiederherstellung des freien Unternehmertums und kleiner, individuell geführter Unternehmen. Bald wird die Byrd-Ära nur noch ein dunkler Fleck in der Geschichte dieses schönen Staates sein. Lassen Sie uns zusammenarbeiten, um das Virginia zu erreichen, das wir lieben, das Virginia, das wir wollen, das Virginia unserer großen Traditionen!"

Trotz der landesweiten Verbreitung dieses Aufrufs trauten sich die feigen und demoralisierten Bürger von Virginia nicht, eine einzige Antwort zu geben.

KAPITEL 9

DIE WELTKRIEGE

Albert Pike hatte seinen freimaurerischen Verbündeten in Europa versprochen, dass sie drei Weltkriege haben würden, um die Weltmacht der Kanaaniter zu konsolidieren. Wir haben jetzt zwei dieser Weltkriege gesehen, und, wie versprochen, war der erste Weltkrieg, um ein kommunistisches Regime zu errichten, der zweite Weltkrieg war, um es in den Status einer Weltmacht zu erheben, und der dritte Weltkrieg ist geplant, um sowohl den Kommunismus als auch das Christentum in einer großen Vernichtungsorgie zu zerstören. Dieser kommende Krieg soll die endgültige Todesglocke für das Volk Sems sein; nach seinem Ende werden die Kanaaniter unangefochten auf der ganzen Welt herrschen.

Die beiden Weltkriege, die im zwanzigsten Jahrhundert bereits stattgefunden haben, waren nichts anderes als Vernichtungskriege, wie die Tatsache beweist, dass die meisten Angriffe gegen Frauen und Kinder gerichtet waren. Die Millionen junger Männer von Shem, die in diesen Kriegen getötet wurden, hatten keine Gelegenheit, zu heiraten und Familien zu gründen. All dies geschah nach dem Plan der Kanaaniter. Sie haben viele Jahre lang hinter den Kulissen gearbeitet, um ihre Agenten in Führungspositionen und an der Macht in den verschiedenen Nationen der Welt zu platzieren, so dass sie in der Lage waren, ihre eigenen Pläne auszuführen, oft in direkter Verletzung der Interessen der Nationen, die sie infiltriert haben. Von allen Ländern trifft dies am meisten auf die Vereinigten Staaten zu. Es ist schwierig, an einen einzigen außenpolitischen Akt in den letzten fünfzig Jahren zu denken, den die Washingtoner Agenturen zum Nutzen des amerikanischen Volkes durchgeführt haben. Indem sie in allen Fraktionen und Parteien in den Vereinigten Staaten eine dominante Rolle erlangt haben, sind die Kanaaniter bei der Planung und Ausführung ihrer Programme keiner ernsthaften Opposition begegnet. Infolgedessen waren die Kriege und Revolutionen des zwanzigsten Jahrhunderts nichts anderes als große Feiern vor dem Bild des Baal, groß angelegte Menschenopfer in einer solchen Anzahl, wie sie die Welt noch nie gesehen hat. Die Betonung der Massaker an Frauen und Kindern sind aktualisierte Beobachtungen des zwanzigsten Jahrhunderts der Kindermorde und der Verbrennung von Frauen, die die Feste des Baal vor mehr als dreitausend Jahren kennzeichneten. Das wird für jene Gelehrten ein Schock sein, die sich jahrzehntelang geduldig abgemüht haben in der Hoffnung, eine logische Erklärung für die beiden vergangenen Weltkriege zu finden, irgendeine wirtschaftliche oder politische Ursache, die sie gesucht haben wie ein Goldsucher, der sich geduldig durch die trockenen Hügel des Westens abmüht, um die Mine des verlorenen Holländers zu finden. Die „Lost Dutchman's Mine" wurde nicht gefunden; ebenso wenig haben die Gelehrten eine logische Ursache für den Ersten und Zweiten Weltkrieg entdeckt. Lassen Sie uns also versuchen, ihre Suche zu beenden und ihnen eine Pause zu gönnen.

Im Burenkrieg setzten die Briten zum ersten Mal in einem von einer europäischen Großmacht geführten Krieg Konzentrationslager, Hunger und Krankheiten als entscheidende Waffen zur Unterwerfung des Feindes ein. Diese Gräueltaten wurden von Sir Alfred Milner geleitet, einem Rothschild-Agenten, der die Round Tables gegründet hatte (aus denen später der Council on Foreign Relations wurde). Die Einsätze waren hoch; die Rothschilds brauchten das enorme Kapital, das durch die Gold- und Diamantenreichtümer Südafrikas repräsentiert wurde, um ihren endgültigen Drang nach Weltmacht zu finanzieren. Wegen dieser Reichtümer ist Südafrika auch heute noch einer der Hauptkonfliktherde in der Welt. Die Aufregung über „Apartheid" und „Rassenprobleme" bietet eine bequeme Tarnung für den wirklichen Kampf der Rothschilds, um ihren Diamantenbesitz, DeBeers, und ihren Goldhort, Anglo-

American Corporation, zu schützen. Die Rothschilds haben es auch geschafft, ein paar Milliarden Dollar durch Spekulationen mit dem südafrikanischen Rand einzusammeln. Aufgrund ihrer weltweiten Medienkampagne trieben sie den Rand von 1,45 $ auf 25¢ herunter.

Das babylonische Geldsystem stützt sich auf eine starke Zentralregierung, d.h. eine nicht-repräsentative orientalische Despotie, die ihrerseits von ihrer kontinuierlichen Finanzierung durch eine starke Zentralbank abhängig ist. Die Zentralbank übt ihre Macht aus, indem sie ein Monopol auf das gesamte Geld und den Kredit des Volkes erlangt; sie nutzt diese Macht dann, um die Nation durch enorme Ausgaben zu plündern.

Die Rothschilds gründeten Zentralbanken in ganz Europa, als eine der Pflaumen, die ihnen nach ihrem Sieg über Napoleon zufielen. Sie programmierten dann diese Zentralbanken, um die Nationen Europas in ein kostspieliges und ruinöses „Wettrüsten" zu schicken, obwohl keine Nation in Europa Pläne hatte, eine andere Nation anzugreifen. Es war eine Zeit des anhaltenden Friedens. Bis zum Jahr 1886 war es offensichtlich, dass diese Nationen diese enormen Ausgaben nicht länger überleben konnten; sie mussten entweder in eine innere Revolution kollabieren oder in einen umfassenden äußeren Krieg eintreten.

Fast drei Jahrzehnte lang taumelten die europäischen Volkswirtschaften vor sich hin, ohne dass eine Besserung in Sicht war. Das waren die Jahre, die man als die „Goldenen Jahre" Europas bezeichnete, wenn wir uns erinnern. Kunst, Musik und kulturelle Einrichtungen blühten trotz der kanaanäischen Verschwörungen. Doch schon bald sollten sie auf den Prüfstand gestellt werden. Den Ausweg aus ihrem Dilemma wies ein kurioser Amerikaner undefinierbarer Herkunft, ein mürrischer Akademiker, der die Banker der Wall Street davon überzeugte, dass er ihr Mann sei. Woodrow Wilson wurde zum Präsidenten gewählt, und er unterzeichnete den Federal Reserve Act als Gesetz. Wenige Monate später war der Erste Weltkrieg im Gange.

In den Jahren unmittelbar vor dem Weltkrieg gab es einen kontinuierlichen Abfluss von Auswanderern aus Europa in die

Vereinigten Staaten. Sie hatten festgestellt, dass „die goldenen Jahre" für diejenigen, die kein Gold hatten, nicht golden waren. Die Herren des Ordens, die Kanaaniter, trieben auf einem Meer von Champagner von Land zu Land und von großem Anwesen zu großem Anwesen, aber für die meisten Europäer war das Leben brutal und kurz. Sie flohen nicht vor „dem guten Leben"; sie waren auf der Suche nach ihm.

In einem Millionärsclub auf Jekyl Island, Georgia, wurde im November 1910 das Problem der Finanzierung eines Weltkrieges gelöst. Paul Warburg von Kuhn, Loeb Co. und Henry P. Davison von J. P. Morgan Co. trafen sich mit Senator Nelson Aldrich (nach dem Nelson Rockefeller benannt wurde), um heimlich einen Plan für eine amerikanische Zentralbank auszuarbeiten. Fünfundsiebzig Jahre später ist es unmöglich, einen Gelehrten oder Historiker des Establishments zu finden, der jemals von dem Treffen auf Jekyl Island gehört hat. Sie verdienen ihre bequemen Gehälter, indem sie vor der Öffentlichkeit verbergen, was stattgefunden hat.

Das Volk von Shem hatte sich immer gegen eine Zentralbank gewehrt, da es deren Macht über sie fürchtete. Nun führten die Kongressabgeordneten, angeführt vom Kongressabgeordneten Charles A. Lindbergh, Sr. einen galanten Kampf gegen die Macht des Wall Street Geldes. Das Geld der Wall Street gewann. Am 23. Dezember 1913, einem bedeutenden Jahr in der Freimaurerei, unterzeichnete Wilson den Federal Reserve Act als Gesetz. Das amerikanische Volk war nun bereit für eine große Achterbahnfahrt, auf und ab von Depression zu Wohlstand und wieder zurück, und von Weltkrieg zu Weltkrieg.

Die eigentlichen Planungen für den Ausbruch des Ersten Weltkriegs liefen bereits seit einigen Jahren. Die Lunte sollte durch das Attentat auf Erzherzog Ferdinand, den Thronfolger des österreichisch-ungarischen Reiches, entzündet werden. Seine Ermordung wurde am 28. Juni 1914 in Sarajewo verübt. Innerhalb weniger Wochen befanden sich die Nationen Europas im Krieg.

Überraschenderweise war das nahende Schicksal des Erzherzogs den europäischen Politikern, einschließlich des

Erzherzogs selbst, schon seit einiger Zeit weithin bekannt. Cassell's „The World War", S. 45, zitiert Graf Ottkar Czernin, den österreichischen Außenminister: „Eine feine Eigenschaft des Erzherzogs war seine Furchtlosigkeit. Er war sich darüber im Klaren, dass die Gefahr eines Attentats auf ihn immer vorhanden sein würde, und er sprach oft ganz einfach und offen von einer solchen Möglichkeit. Ein Jahr vor Ausbruch des Krieges teilte er mir mit, dass die Freimaurer beschlossen hätten, ihn zu töten. „ Dies ist keine so verblüffende Enthüllung, wie sie vielleicht erscheinen mag. Der freimaurerische Orden der Kanaaniter hat sich immer auf Mord und Totschlag als Schlüsselelemente in seinem Marsch zur Weltmacht verlassen; viele königliche Häupter sind vor ihrer Rachsucht gefallen.

Am 11. Juli 1914 veröffentlichte Horatio Bottomley in John Bull ein Dokument, das er von der serbischen Gesandtschaft in London erhalten hatte, datiert auf den 14. April 1914, das in „grobem Spanisch" verfasst war und das entschlüsselt wurde, um ein Angebot von zweitausend Pfund für die „Beseitigung" Ferdinands zu enthüllen.

Prof. R. W. Seton-Watson stellt in seinem Buch „Sarajevo", S. 127, fest, daß „das rohe Spanisch wirklich der Dialekt ist, den die Juden von Saloniki benutzen, und daß der Mann, der dieses Dokument in mehreren Londoner Zeitungsbüros verhökerte und schließlich von dem sensationslüsternen Bottomley akzeptiert wurde, ein salonischer Jude war. Dies deutet auf eine Verbindung mit dem Komitee für Union und Fortschritt hin, das bis zur Vertreibung der Türken achtzehn Monate zuvor in den jüdischen Logen von Saloniki sein Zentrum hatte und dessen Kurs Serbien gegenüber aktiv feindlich war. „

Rt. Hon. W. F. Bailey stellt in seinem Buch „Jews of the War Zone", S. 227, fest: „Die Juden in Bosnien werden 'Spagnolo' genannt."

C. H. Norman bemerkt in „A Searchlight on the World War", S. 42, dass „die Originale in Spanisch abgefasst waren. Es ist dem Verfasser bekannt [da er mit einem Versuch verbunden war, eine englische Loge des Großorient zu gründen, von dem er sich zurückzog, als er von der wahren Natur dieser Konföderation gegen die europäische Sicherheit erfuhr], dass die Sprache, die von der polnischen Abteilung des Großorient für die Kommunikation mit ihren Agenten auf dem Balkan verwendet wird, Spanisch ist."

Botschafter Gerard bemerkt in seinem Buch „Meine vier Jahre in Deutschland", S. 137: „In den ersten Tagen des Krieges konnte ich mich mit einigen Serben in ihrer Muttersprache unterhalten, die merkwürdigerweise Spanisch war."

Tatsächlich war die Sprache nicht Spanisch, sondern eine Sprache, die in der Encyclopaedia Judaica als „Ladino" definiert wird, auch bekannt als „Latino", „eine jüdisch-spanische gesprochene und geschriebene Sprache der Juden spanischer Herkunft nach der Vertreibung 1492 durch Ferdinand und Isabella [Die Hinrichtung Ferdinands könnte eine symbolische Rache für dieses historische Ereignis gewesen sein. Anm. d. Red.]. Die Encyclopaedia Judaica erwähnt verschiedene Formen des Ladino: „Oriental Ladino", das in Konstantinopel und Smyrna gesprochen wurde, und „Western Ladino", das in Saloniki, Bosnien und Serbien gesprochen wurde. Viele der Flüchtlinge aus Spanien ließen sich in Serbien nieder, wo sie sich fortan in ihrer privaten Sprache, dem westlichen Ladino, unterhielten. Pozzis Buch „Schwarze Hand über Europa" berichtet von „einem Herrn Stevens, der Spanisch sprach und dessen Aufgabe es war, die Mörder in Sarajevo zu erschießen, nachdem sie das Attentat verübt hatten, damit sie das Komplott nicht aufdecken konnten."

Diese Enthüllungen bestätigen das Drängen von Albert Pike an Mazzini etwa vierzig Jahre zuvor, die Nationen der Welt in drei Weltkriege zu verwickeln. Grant Richards, in „The Cause of World Unrest", 1920, S. 144, kommentiert das „Committee for Union and Progress": „In der Tat kann ich so weit gehen zu sagen, dass die Union für den Fortschritt praktisch in der Freimaurerloge namens „Macedonia Risorta' geboren wurde, die von dem salonischen Juden Emannuele Carass gegründet wurde ... obwohl die Freimaurerei in der Türkei verboten war, gab es in Saloniki zwei Logen unter dem Großorient von Italien." Mathias Erzberger, in „Erfahrungen im Großen Krieg", betont, dass der Grand Orient von Italien vollständig unter der Kontrolle des

Grand Orient von Frankreich stand; er verweist auf die Überweisung von 700.000 Francs von Paris nach Rom zwischen den Grand Orients im Namen der jüdischen Wohltätigkeitsstiftung, Alliance Israelite Universelle; dies ist die Finanzierung, die für das Attentat in Sarajevo bereitgestellt wurde.

McCurdy's „The Truth About the Secret Treaties," 1925, zitiert auf Seite 45 den 1914 veröffentlichten Artikel „After Vivordan," von Ljuba Jovanovitch, Präsident des serbischen Parlaments und Erziehungsminister, „Ich erinnere mich nicht, ob es Ende Bürgermeister Anfang Juni war, als uns M. Pashitch eines Tages erzählte, dass gewisse Personen sich vorbereiteten, nach Sarajevo zu gehen, um Franz Ferdinand zu töten, der dort am Vivordan, Sonntag, den 28. Juni, erwartet wurde. Dies erzählte er uns und anderen, aber er handelte weiter im Büro nur mit Stefan Protitch, dem damaligen Innenminister; dies wurde von einer Gesellschaft von heimlich organisierten Männern vorbereitet. Protitch und das ganze serbische Kabinett wussten von dem Komplott. König Alexander, der russische Minister Hartwig und der russische Militärattaché Artmanov waren in das Komplott eingeweiht. Der Neffe von M. Pashitch war ein Mitglied der Schwarzen Hand; er war das Bindeglied zwischen Protitch und den Verschwörern. Der Agent der Schwarzen Hand in Sarajevo war Gatchinovitch. Die Schwarze Hand, in der die Mordpläne schon lange geschmiedet wurden, war der serbischen Regierung bekannt und wurde von ihr gefördert. Printzip gestand, dass sie durch Gatschinowitsch an Major Tankositsch verwiesen worden waren, mit Waffen versorgt wurden und Schießunterricht erhielten.

Nach dem Prozess in Saloniki schickte die Pashitch-Regierung Ciganovitch als Belohnung für seine Dienste mit einem falschen Pass unter dem Namen Danielovitch nach Amerika. Nach dem Krieg kehrte Ciganowitsch zurück und die Regierung gab ihm Land in der Nähe von Usakub, wo er dann wohnte ... Dimitrijewitsch, der Chef des Geheimdienstes, der bei der Ermordung von König Alexander und der Königin 1903 führend war, wurde 1918 in Saloniki hingerichtet, um ihn über Sarajevo zum Schweigen zu bringen.

Es gab also viele Personen, sowohl Verschwörer als auch hochrangige Regierungsbeamte, die von der bevorstehenden Ermordung des Erzherzogs Franz Ferdinand schon lange im Voraus wussten. Wahrscheinlich wollte niemand von ihnen in das Komplott eingreifen, weil die Gewissheit einer sofortigen Vergeltung bestand.

Es gab viele Freimaurer in Regierungskreisen in ganz Europa, die ebenfalls über das Komplott informiert gewesen sein müssen; zweifellos erwarteten sie den Ausgang mit großer Vorfreude. Nachdem Ferdinand beseitigt worden war, war es nur eine Frage von wenigen Tagen, um den Großen Krieg zu beginnen. Lord Grey, der britische Außenminister, schrieb in seinem Buch „Twenty-five Years", V. 2., S. 25: „Wenn die Dinge bei ihm [dem Kaiser] geblieben wären, hätte es keinen europäischen Krieg gegeben, der aus dem österreichisch-serbischen Streit entstanden wäre. Dies scheint den oft wiederholten Vorwurf zu widerlegen, dass es Kaiser Wilhelm war, der auf dem Krieg bestand; es mag auch erklären, warum er nie als „Kriegsverbrecher" angeklagt wurde, trotz wiederholter Forderungen, dass ein solcher Prozess abgehalten werden sollte. Solche Aussagen wie die von Grey (der immerhin sein „Feind" war) hätten ihn entlastet.

Lord Fisher, Erster Lord der Admiralität, erklärte im London Magazine, Januar 1920: „Die Nation wurde in den Krieg hineingetrickst." Diese Aussage würde auch die „Kriegsschuld" des Kaisers widerlegen.

Die Dringlichkeit, die Vereinigten Staaten in eine direkte Teilnahme am Ersten Weltkrieg zu verwickeln, war erforderlich, damit die Kanaaniter die nötige Autorität erhielten, um dem Volk von Sem noch mehr unterdrückerische Gesetze aufzuerlegen. Im Jahre 1916 waren vierundfünfzig Prozent der amerikanischen Bevölkerung deutscher Herkunft: eine Abstimmung, Deutsch zur offiziellen Sprache der Republik zu machen, war bei der Gründung der Republik an nur einer Stimme gescheitert. In den ersten hundert Jahren dieser Nation war Deutsch in vielen Gegenden die einzige Sprache, die zu hören war. 1916 wurde das amerikanische Volk in einer Umfrage gefragt: „Wenn wir in den Krieg eintreten sollten, würden Sie auf der Seite Deutschlands oder auf der Seite Englands eintreten?" Eine überwältigende Mehrheit antwortete, dass sie es vorzögen, auf der Seite Deutschlands in den Krieg einzutreten. Das war kaum überraschend; Englands Politik, seine Einmischung und seine ständigen Versuche, die amerikanische Republik zu zerstören, waren kein Geheimnis für das amerikanische Volk, trotz der Bemühungen unserer Historiker, diese Kampagnen zu beschönigen oder zu vertuschen. Pro-britische Gruppen wie die Pilgrims, die English Union und andere gut finanzierte Organisationen in der Gegend von New York verbreiteten britische Propaganda, aber sie hatte wenig oder keinen Effekt auf den Rest der Nation.

Es gab noch keinen denkbaren Grund für die Vereinigten Staaten, sich im Namen eines der beiden Kriegsparteien zu engagieren. Es gab keine Bedrohung gegen eines ihrer Territorien; daher musste das gewünschte Ergebnis mit den üblichen abwegigen Mitteln erreicht werden. Die Firma J. P. Morgan, die in London als George Peabody and Company entstanden war, hatte aus den enormen Summen, die durch die Operationen des neu gegründeten Federal Reserve Systems zur Verfügung standen, große Kredite an England vergeben. J. P. Morgan leitete den Federal Advisory Council, der sich mit dem Federal Reserve Board of Governors traf. Ein Veteran des Jekyl Island Meetings, Paul Warburg, war stellvertretender Vorsitzender des Board of Governors. Alles schien unter Dach und Fach zu sein.

William Jennings Bryan, der sich gegen das Kreuz aus Gold eingesetzt hatte, an dem die internationalen Banker das amerikanische Volk kreuzigen wollten, führte nun die „Keep Us Out of War"-Bewegung an. Am 3. Februar 1917 sprach er vor einer Massenversammlung von fünftausend Menschen in New York. Die gesamte Prozedur würde 1940 wiederholt werden, wie auswendig gelernt, und mit dem gleichen Ergebnis; wir würden in den Krieg gehen.

Es fehlte nicht an religiösen Führern, die uns zu diesem „göttlichen" Krieg drängten. Das war eine große Blasphemie, denn in Wirklichkeit handelte es sich um eine rituelle Feier der Menschenopferorgie des Baal. Frank North, Präsident des

Bundesrates der Kirche Christi, erklärte: „Der Krieg für die Gerechtigkeit wird gewonnen werden." Geistliche wurden in der Propaganda zur Förderung der Liberty Loans von speziellen Bankbeamten des zweiten Federal Reserve District (New York) angewiesen. Bischof William Alfred Quayle schrie, dass „Deutsche die Frauen von Belgien, Serbien, Rumänien, Polen geschändet haben; Deutsche ermordeten die Passagiere der Lusitania; Deutsche vergifteten Brunnen, kreuzigten Einwohner und Soldaten und vergällten Männer und Jungen."

All dies war Teil einer gut finanzierten Propagandakampagne seitens der britischen Agenten. Wie üblich wurde die Regierung der Vereinigten Staaten vom britischen Geheimdienst „geführt". Die Propaganda sollte rein aufrührerisch sein, und keine Anschuldigung war zu wild, um nicht auf der Titelseite der amerikanischen Presse abgedruckt zu werden. Alfred Ponsonbys Buch, „Falsehood in Wartime", E. P. Dutton, 1928, war eines von mehreren Büchern, die später die fantastischen Lügen aufdeckten, mit denen die Amerikaner zum Krieg gegen Deutschland angestachelt wurden. Ponsonbys Buch war seinen Freunden, dem Marques of Tavistock und dem „Historiker Francis Neilson" gewidmet. Auf S. 17 schreibt Ponsonby: „General von Hutier von der 6. deutschen Armee: 'Die Methode von Northcliffe an der Front besteht darin, durch Flieger eine ständig wachsende Zahl von Flugblättern und Pamphleten zu verteilen; die Briefe deutscher Gefangener werden auf die empörendste Weise gefälscht, Traktate und Pamphlete werden ausgeheckt, für die die Namen von deutschen Dichtern, Schriftstellern und Staatsmännern gefälscht werden. ' Auf S. 19: *„Tant que les peuple seront armés les uns contre les autres, ils auront des hommes d'etat menteurs, comme ils auront des canons et des mitrailleuses.* Solange die Völker gegeneinander bewaffnet sind, wird es verlogene Staatsmänner geben, so wie es Kanonen und Maschinengewehre gibt."

Einer der berüchtigtsten Propaganda-Coups des Ersten Weltkriegs war die deutsche „Leichenfabrik", der Kadaver. Am 16. April 1917 berichtete die „Time": „Die Deutschen destillieren Glyzerin aus den Körpern ihrer Toten, verbrennen Leichen für Fett, das zu Schmierölen verarbeitet wird, und pulverisieren Knochen"; die Geschichte erwies sich als populär und wurde danach wochenlang in der „Times" (London) wiederholt. Am 22. Oktober 1925 machte die Times nachträglich General Charteris für die Geschichte verantwortlich, die sich als die größte Propagandalüge aller Zeiten erwiesen hatte. Charteris bestritt in einem Brief an die Times vom 4. November 1925 jede Beteiligung an der Geschichte.

Mit gefälschten Dokumenten und manipulierten Fotos überschwemmten britische Agenten leichtgläubige amerikanische Journalisten mit „heißen Texten". Das Ergebnis war, dass amerikanische Mobs begannen, ältere deutsche Ladenbesitzer anzugreifen und sie für die in Europa begangenen „Gräueltaten" verantwortlich zu machen. In den meisten Fällen handelte es sich bei diesen Ladenbesitzern um die gesetzestreuesten und patriotischsten Bewohner ihrer Gegend. Das Hauptvehikel, das Woodrow Wilson benutzte, um seine Kriegserklärung gegen Deutschland zu rechtfertigen, war der „U-Boot-Krieg" gegen die amerikanische Schifffahrt; der Grundstein für diese Behauptung war der Untergang der Lusitania. Tatsächlich hatte die deutsche Regierung in der New Yorker Presse Warnungen an die Amerikaner veröffentlicht, nicht mit der Lusitania zu reisen, weil bekannt war, dass sie Munition transportierte. George Sylvester Viereck zeigte diesem Autor den aktuellen Ausschnitt dieser Anzeige, den er in seinen Akten aufbewahrt hatte. Bis heute hat sich die Regierung der Vereinigten Staaten geweigert, zuzugeben, dass die Lusitania Waffen an Bord hatte, die für die britische Armee bestimmt waren. In ihrer Ausgabe vom November 1920 zitierte die Nation D. F. Malone, Sammler für den Hafen von New York, mit der Aussage, dass die Lusitania 4200 Kisten Springfield-Gewehrpatronen an Bord hatte, die für die britische Regierung bestimmt waren. Die Wilson-Administration hatte Malone die Erlaubnis verweigert, diesen Bericht zu veröffentlichen. Als Sen. LaFollette darauf hinwies, versuchte man, ihn aus dem Senat auszuschließen. Malone erklärte, dass er zur Verteidigung von LaFollette aussagen würde, und der Versuch wurde fallen gelassen. Spätere Aufzeichnungen zeigten, dass sich 5400 Kisten Munition auf der Lusitania befanden.

Der Weltkrieg wurde zufriedenstellend beendet, indem etwa fünfzig Millionen Menschen abgeschlachtet wurden, die meisten von ihnen erstklassige Vertreter des Volkes von Sem. Mit diesem glücklichen Ergebnis beschloss der Freimaurerorden der Kanaaniter, bei seinem nächsten Ausflug hundert Millionen Opfer anzustreben. Zu diesem Zweck versammelten sie die finstersten Mitglieder der Freimaurerlogen der Welt auf der Friedenskonferenz von Versailles. Wie Ezra Pound später über Radio Rom bemerkte: „Das wahre Verbrechen ist, einen Krieg zu beenden, um den nächsten unvermeidlich zu machen." Woodrow Wilson wurde als Urheber der Vierzehn Punkte und des Völkerbundes berühmt; in Wirklichkeit las er nur aus dem Skript vor, das für ihn vorbereitet worden war. Die Vierzehn Punkte und die andere Tagesordnung der Versailler Friedenskonferenz waren zuvor bei einem geheimen Treffen des Grand Orient von Frankreich und der Internationalen Freimaurerkonferenz in ihrem Hauptquartier, 2 Rue Cadet, Paris, vom 28. bis 30. Juni 1917 ausgearbeitet worden.

Die Versailler Friedenskonferenz bestand eigentlich aus einem dreistufigen System, das sich von den anderen unterschied. Die erste war die öffentliche Konferenz, die gut sichtbar war, an der Schwärme von Reportern aus aller Welt teilnahmen und über die ausführlich berichtet wurde; die zweite Stufe waren die geheimen Konferenzen der Großen Vier, die sich privat trafen, um Notizen zu vergleichen und ihre Anweisungen von ihren verborgenen Meistern durchzugehen; die dritte Stufe waren die nächtlichen Freimaurerkonferenzen, die nur einigen wenigen Auserwählten bekannt waren und bei denen die tatsächlichen Entscheidungen aller Tagesordnungen der Konferenz diskutiert und beschlossen wurden. Die Minister der siegreichen alliierten Mächte wurden für ihre Mitarbeit gut behandelt. Woodrow Wilson selbst kehrte mit privaten Geschenken von einer Million Dollar in Gold und Edelsteinen nach Amerika zurück, um seine Bemühungen für den Völkerbund zu sichern. Als er erkannte, dass der Kongress dieser Demontage der amerikanischen Souveränität niemals zustimmen würde, wurde er von der Angst heimgesucht, diese

Bestechungsgelder zurückgeben zu müssen, und er erlitt einen Nervenzusammenbruch, von dem er sich nie wieder erholte.

Begleitet wurde die Wilson-Delegation nach Paris von einer Reihe von Wall-Street-Bankern, darunter Bernard Baruch, Thomas Lamont von der Firma J. P. Morgan und Paul Warburg von Kuhn, Loeb Co. Als sie in Paris ankamen, war Paul Warburg angenehm überrascht, dass sein Bruder, Max Warburg, der Leiter der Generaldelegation war. An Wilsons Seite waren sein langjähriger Berater, Colonel Edward M. House, und der Schwiegersohn von House, der Wall-Street-Anwalt Gordon Auchincloss.

Außenminister Robert Lansing wurde von seinen beiden jungen Neffen, John Foster und Allen Dulles, begleitet. Sie waren direkte Nachkommen der Schweizer Geheimdienstfamilien Mallet und Prevost, die den Schottischen Ritus in den Vereinigten Staaten installiert hatten. Ein maßgebliches Werk über John Foster Dulles, „The Road to Power", von Ronald Pruessen (erschienen bei Macmillan) erwähnt die Freimaurerei im gesamten Buch nicht. Die Brüder Dulles sollten später eine entscheidende Rolle beim Aufbau des Hitler-Regimes in Deutschland spielen, den Zweiten Weltkrieg vorbereiten und in der Nachkriegszeit als Außenminister bzw. Gründer der CIA fungieren. Allen Dulles blieb Direktor der Schroder-Bank, die Hitlers persönliche Gelder verwaltete; Dulles überwies viele Millionen Dollar an die Schroder als „verdeckte" Gelder für die CIA. Es wurde nie eine Abrechnung gemacht.

Eine weitere Enttäuschung für Woodrow Wilson in Paris war seine Entschlossenheit, eine umfassende diplomatische Anerkennung für die blutgetränkten bolschewistischen Terroristen in Russland zu erreichen, ein Ziel, das der englische Premierminister Lloyd George mit Inbrunst teilte. Sie waren bestürzt, als sie feststellten, dass andere europäische Diplomaten, die einen kommunistischen Aufstand in ihren eigenen Ländern fürchteten, darauf bestanden, Sowjetrussland keine Anerkennung zu geben. Wilson und Lloyd George beklagten ihre Niederlage als einen Sieg für „Bigotterie und Intoleranz" und wandten sich anderen Themen zu. Ihr Programm, den nächsten

Krieg unausweichlich zu machen, wurde durch Bernard Baruch erheblich erleichtert, der als Wirtschaftsberater der Friedenskonferenz Deutschland die erdrückende Last der Reparationen auferlegte, die es unmöglich zahlen konnte und die es zwang, nach politischer Entlastung zu suchen. Eine ruinöse Inflation vernichtete die Mittelschicht und bereitete die Bühne für ein revolutionäres Programm; ob es der Kommunismus oder eine andere Gruppierung sein sollte, war für die Verschwörer nicht von vorrangiger Bedeutung. Wer auch immer es sein mochte, sie würden die feste Kontrolle haben.

Der Weg war nun frei für das Auftauchen von Adolf Hitler in Deutschland. Seine politische Partei, die Nationalsozialisten, erhielt die weltweite Bezeichnung „Nazi", weil sie die politische Partei der Aschkenasim, der deutschen Juden, war (Aschkenasim heißt auf Hebräisch Deutschland). Es existieren Dokumente mit der Unterschrift von Adolf Hitler direkt über der von Max Warburg, der zusammen mit den Oppenheimers der Hauptgeldgeber der „Nazis" war. Hitler hatte auch beträchtliche okkulte Unterstützung von den Adepten der Ostara, einer Gesellschaft, die die Prinzipien der tibetischen Magie praktizierte, angepasst an die arischen Rassentheorien. Der Kult drehte sich um Ostara, die angelsächsische Göttin des Frühlings, der der Ostermonat, also der April, gewidmet war. Hitlers Geburtstag war der 20. April, was vielleicht erklärt, warum er als Anführer dieser Bewegung ausgewählt wurde. Während der Nazizeit war dieser Tag in ganz Deutschland ein Tag großer Feierlichkeiten. Am 20. April 1935 wurden Hitler einundvierzig Flugzeuge von der S.A. überreicht, mit folgender Ansprache: „Mein Führer! Die SA bittet ihren Führer, zur Feier seines Geburtstages, am 20. des Ostermonats 1935, ihren Beitrag zur Aufrüstung des deutschen Volkes - das SA-Jagdgeschwader - anzunehmen."

Die tibetische Magie behauptet, von ihrem Hauptrivalen, dem Kabbalismus, unbefleckt zu sein; sie behauptet auch, mächtiger zu sein als jede andere bekannte Schule des Okkultismus, sei es ägyptische, kabbalistische oder hinduistische Magie. Einige der Ostara-Adepten, die Hitler nahe standen, wurden in den höchsten Prinzipien des okkulten Lamaismus geübt. Es war die

Selbstüberschätzung, die durch die frühen Erfolge des Regimes, das den Ratschlägen dieser Adepten gefolgt war, die Expansion nach Österreich und in die Tschechoslowakei und die unerwartet leichten militärischen Erfolge in den ersten beiden Jahren des Zweiten Weltkriegs hervorgerufen wurde, die sie zu ihrem Untergang führten. Ob Ostara tatsächlich dem Kabbalismus und seinen anderen Konkurrenten überlegen ist, wird man vielleicht nie erfahren, aber auf welche magische Unterstützung Hitler und sein Kreis auch immer zurückgreifen konnten, sie waren der internationalen Organisation des Freimaurerordens der Kanaaniter nicht gewachsen. Hitlers größter Makel war sein Mangel an Erfahrung auf einer größeren Bühne; es ist zweifelhaft, ob er in seinem ganzen Leben jemals von den Kanaanitern gehört hat. Sowohl Hitler als auch Mussolini waren zu Beginn ihrer Regime schnell dabei, die Freimaurer zu ächten, wobei sie nicht erkannten, dass die Freimaurerei und die Illuminaten schon immer Untergrundbewegungen waren. Sie waren in zahlreichen Ländern mehrfach verboten worden; diese Verbote gaben ihrer heimlichen Verschwörung nur noch mehr Auftrieb. Weder Hitler noch Mussolini erkannten die furchteinflößende Macht der „entschlossenen Männer der Freimaurerei", die die totale Kontrolle über die „demokratischen" Kräfte ausübten.

Ein weiterer bedeutender Einfluss in der Frühzeit der Nationalsozialisten waren die Ariosophen, der arische Zweig der Theosophen. Mit Sitz in Wien übten die Ariosophen einen dramatischen Einfluss auf Hitlers Schriften in seinen prägenden Jahren aus. Es ist zweifelhaft, ob er jemals wusste, dass die Theosophie lediglich eine Erweiterung des Kabbalismus war, oder dass er mit denen zu tun hatte, die er als seine Erzfeinde betrachtete.

Nachdem der Zweite Weltkrieg zufriedenstellend begonnen hatte, schien es, dass nichts Hitlers triumphalen Vormarsch über die Schlachtfelder Europas aufhalten konnte. Er erkannte nicht, dass auch Napoleon siegreich über dieselben Felder geschritten war, nur um auf einer abgelegenen Insel elendig an einer Arsenvergiftung zu sterben. Niemand in Deutschland konnte erkennen, dass dies nur der erste Akt eines sorgfältig inszenierten

Dramas war. Der zweite Akt würde mit dem Eintritt der Vereinigten Staaten in den Krieg beginnen, eine Möglichkeit, die Hitler nie in Betracht gezogen hatte, und der dritte Akt würde die Gotterdammerung sein, die melodramatische Einäscherung Deutschlands und Brünnhildes.

Die Verwicklung der Vereinigten Staaten in den Zweiten Weltkrieg setzte die erfolgreiche Durchführung eines Endspiels voraus, das Hitler nie in Betracht zog. Er hatte nicht die Absicht, die Vereinigten Staaten zu provozieren; als der britische Geheimdienstdirektor Sir William Stephenson wiederholt junge deutsche Matrosen in den Straßen von New York ermordete, ignorierte die deutsche Regierung die Vorfälle. Trotz der Ausgaben von Millionen von Dollar für frenetische Kriegspropaganda blieb das amerikanische Volk unempfindlich gegenüber der „Bedrohung" durch den Nazismus. Charles Lindbergh, Jr. führte eine landesweite „America First"-Kampagne an, die sicher schien, uns aus dem Krieg herauszuhalten. Die Antwort auf das Roosevelt-Churchill-Dilemma war Pearl Harbor, eines der am kunstvollsten geplanten Gemetzel an amerikanischen Soldaten, Matrosen und Marinesoldaten in unserer Geschichte. Es schien, dass jeder in einer verantwortlichen Position in London und Washington wusste, dass die Japaner beabsichtigten, Pearl Harbor anzugreifen, was kaum verwunderlich war, da die japanischen Geheimcodes bereits Monate zuvor geknackt worden waren. Der Albtraum der Verschwörer war, dass die japanischen Befehlshaber versehentlich herausfinden könnten, dass ihre Codes geknackt worden waren und den Angriff auf Pearl Harbor abblasen würden, da sie wüssten, dass die Verteidiger gewarnt würden. Während die Verschwörer in Washington atemlos den langsamen Kurs der japanischen Flotte auf Pearl Harbor verfolgten, vermieden sie es, Kimmel und Short, den amerikanischen Befehlshabern auf Hawaii, mitzuteilen, dass sie in Gefahr waren. Sie zu alarmieren, würde die Japaner natürlich warnen und sie zur Umkehr veranlassen. Die japanischen Befehlshaber sagten später, dass sie beim ersten Anzeichen eines Alarms bereit wären, in Richtung Tokio umzukehren, ohne ihren Angriff fortzusetzen.

Bei einem Treffen der Verschwörer im Weißen Haus am Abend von Pearl Harbor fanden sie sich in gespannter Erwartung wieder; nur noch ein paar Stunden, und sie würden wissen, ob sie „gewonnen" hatten, das heißt, ob die Japaner die amerikanische Flotte und die Einrichtungen in Pearl Harbor angreifen und zerstören würden. Noch nie hat eine Gruppe mit solcher Intensität auf „schlechte Nachrichten" gewartet. Präsident Franklin Delano Roosevelt, der sein ganzes Leben lang von den Almosen seiner Mutter lebte, dem Opiumgeld, das ihr Vater, Warren Delano, angehäuft hatte; Bernard Baruch, der Deutschland die Reparationsschulden auferlegt hatte; General George Marshall, den Senator McCarthy später „eine lebende Lüge" nennen sollte; das waren die Männer, die alles auf dieses Spiel gesetzt hatten, die Vereinigten Staaten in den Zweiten Weltkrieg zu verwickeln; wenn es scheiterte, hatten sie keinen Ersatzplan. Hitler weigerte sich, eine Bedrohung für die Vereinigten Staaten darzustellen.

Ein Buch, das Stephensons Heldentaten in den Vereinigten Staaten beschreibt, „A Man Called Intrepid" auf S. 329, liefert den unwiderlegbaren Beweis, dass die Verschwörer wussten, was geschehen würde. Roosevelt benutzte seinen Sohn, Col. James Roosevelt, um seine privaten Mitteilungen an Stephenson zu übermitteln, um die Geheimhaltung zu gewährleisten. Aufgrund von Informationen, die James Roosevelt lieferte, kabelte Stephenson an Churchill in London: „Japanische Verhandlungen abgebrochen. Dienste erwarten Aktion innerhalb von zwei Wochen." Diese Nachricht wurde am 27. November in London übermittelt, zehn Tage vor Pearl Harbor.

Roosevelts Stabschef, General George Marshall, einer der Hauptteilnehmer an der düsteren Mitternachtssitzung im Weißen Haus, sagte später vor dem Kongress aus, dass er sich nicht daran erinnern könne, wo er zum Zeitpunkt des Angriffs auf Pearl Harbor gewesen sei; doch aus einem Artikel in der Washington Post ging hervor, dass er ein paar Stunden zuvor vor einer Veteranenorganisation gesprochen hatte; danach sei er zum Weißen Haus gegangen. Marshall, eine Person von völlig amorphem Charakter, wird unserer Jugend als großer moralischer Führer präsentiert.

Bei der Kampagne, die Vereinigten Staaten in den Zweiten Weltkrieg zu bringen, verließ sich Roosevelt fast vollständig auf die Hilfe des britischen Geheimdienstes. Dessen Special Operations Executive war im Juli 1940 unter der Leitung von „C", einem Sir Steward Menzies, gegründet worden. Menzies galt als unehelicher Sohn von König Edward VII., war in Eton ausgebildet worden und hatte sich stets in den höchsten Kreisen der britischen Aristokratie bewegt. Im Ersten Weltkrieg wurde er mit dem DSO ausgezeichnet. Lady Menzies von Menzies war 1923 eine der Gründerinnen der britischen faschistischen Bewegung gewesen, zusammen mit einigen der größten Landbesitzer Englands: dem Earl of Glasgow, 2500 Acres; Duke Abercorn, 2000 Acres; Marquess of Ailsbury, 40.000 Acres; Earl of Cardigan, 10.000 Acres. Eine spätere Gruppe, die Anglo-German Fellowship, wurde von F. C. Tiarks finanziert, Partner der Schroder Bank und Direktor der Bank of England, die Hitlers Regime entscheidend finanzierte. Zum Fellowship gehörten auch der Duke of Wellington, Admiral Sir Barry Domvile und Lord Mount-Temple, Vorsitzender der Navy League.

Die Chiffrier- und Signalabteilung des SOE wurde im Hauptquartier von Marks and Spencer eingerichtet; ihr Vorsitzender, Israel Sieff, war ein Gründer der Fabian-Bewegung für politische Wirtschaftsplanung gewesen. Mit Menzies waren die Mitbegründer des SOE, Hugh Dalton, aufgewachsen auf Schloss Windsor (sein Vater war Tutor von George V. gewesen), Sir Frank Nelson, später amtierender Generaldirektor der Vereinten Nationen, Sir Robin Brooke, später Direktor der Bank of England, Hugh Gaitskell, späterer Premierminister, und Lord Christopher Mayhew.

Die SOE-Betreiber nahmen General William Donovan in die Hand, um ihre Tochterorganisation, das amerikanische Office of Strategic Services, zu gründen. Die Briten, die in jeder Art von Spionage und verdeckter Aktion Meister waren, fanden in den Millionärssöhnen, die sich freiwillig für das OSS meldeten, willige, wenn auch unfähige Schüler. Präsident Lyndon Johnson bemerkte später über ihre Nachfolger in der CIA: „Ist Ihnen klar, dass diese Jungs alle Söhne von Millionären sind, deren Väter Angst hatten, sie in das familiäre Maklergeschäft einsteigen zu lassen?" Offensichtlich hatten alle eine gute Zeit in London während des Zweiten Weltkriegs, wie Paul Mellon, sein Schwager David Bruce, Henry Morgan von der J. P. Morgan-Familie und viele andere Verbindungsbrüder aus Yale, Harvard und Princeton.

Der Zweite Weltkrieg hat es geschafft, seine Quote von hundert Millionen Opfern zu erfüllen, von denen viele ganze Familien des Volkes von Shem waren, wie die Opfer der feurigen Holocausts in Dresden und Köln. Weil sie die Sieger waren, wurde den Tätern dieser Grausamkeiten nie der Prozess gemacht. Den freimaurerischen Kanaanitern war es gelungen, einen weiteren großen Triumph zu erringen: massive Menschenopfer vor dem Altar des Baal. Eine der ersten Aufgaben, die von den Offizieren der amerikanischen Armee beim Einmarsch in Deutschland verlangt wurde, war, dass sie die Freimaurerlogen, die von Hitler geschlossen worden waren, wieder einrichten sollten. In Italien eröffneten die Sieger schnell wieder die Großorient-Logen im ganzen Land. Sie wurden stark mit verdeckten Mitteln des OSS finanziert und erhielten später große Zahlungen von CIA-Agenten in Italien.

KAPITEL 10

DIE BEDROHUNG DURCH DEN KOMMUNISMUS

Für fünfunddreißig Jahren schrieb und sprach der jetzige Autor über den „Kommunismus", ohne zu wissen, was er war. Nachdem ich Hunderte von Nachschlagewerken über den Kommunismus konsultiert hatte, hatte ich keine einzige Erwähnung der Tatsache gefunden, dass der Kommunismus nur ein Zweig der weltrevolutionären Kräfte des Freimaurerordens der Kanaaniter war. Wir haben bereits darauf hingewiesen, dass die Mitglieder der Ersten Kommunistischen Internationale Lionel de Rothschild, Karl Marx und Heinrich Heine waren. Karl Marx unterhielt nicht nur während seiner gesamten Karriere enge Beziehungen zu den Jesuiten und der Freimaurerei; er war auch durch seine Heirat mit Jenny von Westphalen, einer Nachfahrin der Gräfin von Balcarras und Argyll, zwei der ältesten Titel in England, direkt mit der britischen Aristokratie verbunden. Die Gräfin war Gouvernante von Wilhelm von Oranien gewesen, bevor dieser in England einmarschierte und die Bank von England gründete. Es war die freimaurerische Verbindung, die Karl Marx ein regelmäßiges Einkommen verschaffte, durch Aufträge zum Schreiben für New Yorker Zeitungen. Auch Lenin pflegte während seiner Jahre in der Schweiz enge freimaurerische Verbindungen, bevor er nach Russland zurückkehrte, um die bolschewistische Revolution anzuführen. In der Schweiz war er Mitglied einer Geheimloge unter dem Namen „Ulianov Zederbaum" geworden. Er erhielt regelmäßige finanzielle Unterstützung sowie gelegentliche Besuche von Sir Alfred Milner (Gründer der Round Tables und des Council on Foreign

Relations) und Lord Palmerston, dem Außenminister von England. Sowohl Milner als auch Palmerston hatten den 33. oder revolutionären Grad erreicht.

Währenddessen schien der reichste Mann der Welt, der Zar von Russland, dem langsamen Abgleiten seines Landes in die Anarchie hilflos gegenüberzustehen. Lange vor dem Auftauchen von Rasputin war sein Hof voll von Okkultisten gewesen. Die Tribune de Geneve titelte am 21. Dezember 1902: „RUSSLAND: Ein Okkultist am Hof". Der Korrespondent der Daily Mail in Odessa telegrafierte dem Blatt die wahren Fakten über die Anwesenheit des Okkultisten Phlippe am Hof des Zaren. Philippe hat großen Einfluss auf den Zaren gewonnen. „ In der Depesche hieß es weiter, dass Philippe Nizier aus Lyon Nikolaus vom Großfürsten Nicolas Nicolaevitch vorgestellt worden war. Zuvor war Nizier in Lyon wegen unerlaubter Ausübung der Medizin verklagt worden. Ein französischer Arzt, Gerard Encausse, hatte umfangreich über Kabbala und Magie geschrieben. Er war von Philippe dem Großherzog vorgestellt worden. Encausse schrieb seine Abhandlungen über Magie unter dem Namen „Papus". Die Schweizer Gazette notierte am 20. Dezember 1902: „Nur wenige wissen, dass es in Paris eine Art kleine Universität des Okkultismus gibt, wo sich Studenten anmelden, Prüfungen abgelegt und akademische Grade verliehen werden. Zum Beispiel kann man ein Diplom als „Bachelor of Occult Science" oder „Doctor in Kabbalah" erhalten. Papus ist Präsident und Organisator."

So wird der okkulte Einfluss am Hof von Zar Nikolaus direkt auf eine Schule des Okkulten in Paris zurückgeführt. Es ist nicht allzu abwegig, zu vermuten, dass diese Schule mit der Unterstützung des Grand Orient von Paris arbeitet, da die Freimaurerei immer mit dem Okkulten zu tun hat. Die spätere Unfähigkeit des Zaren, in Krisenzeiten entschlossen zu handeln, was direkt zum Sturz seiner Regierung führte, könnte auf Drogen oder Hypnose zurückzuführen sein. Der mächtigste Autokrat der Welt wurde von Beobachtern als „bemerkenswert passiv" beschrieben und unfähig, direkte Maßnahmen zu ergreifen, als sein Regime von einer Revolution bedroht war. In der Tat hatte König Ludwig zu Beginn der Französischen Revolution in den

Wochen, bevor er abgesetzt und zur Guillotine geschickt wurde, in ähnlicher Weise reagiert. Es ist schwer zu glauben, dass solche absoluten Autokraten sich sanftmütig dem „Willen des Volkes" fügen und widerstandslos in den Tod gehen würden.

Offenbar auf die Gnade der okkulten Einflüsse an seinem Hof, Zar Nikolaus wurde verhaftet, und eine provisorische Regierung wurde eingerichtet. Diese Regierung wurde von Kerensky geleitet, ein 32d Grad Mason, der als Leiter der provisorischen Regierung von Josef Sliozberg, der Großmeister des Internationalen Ordens von B'Nai B'Rith in Russland gewählt worden war. Kerenski hatte nur einen Auftrag: die Stellung zu halten, bis Lenin mit dem versiegelten Zug aus der Schweiz eintraf. Nach der bolschewistischen Revolution durfte Kerensky friedlich in die Vereinigten Staaten emigrieren, wo er ein gut bezahlter Dozent an führenden Universitäten wurde. Der Freimaurer-Orden der Kanaaniter kümmert sich immer um die Seinen.

Prinzessin Paley, die Frau des Großherzogs Paul, erklärte, dass der englische Botschafter in St. Petersburg, Sir George Buchanan, die russische Revolution auf direkte Anweisung von Lloyd George, dem Chef der Liberalen Partei in England, angezettelt und geleitet habe.

Die Bolschewiki wurden mit reichlich Geldmitteln für ihre Übernahme Russlands ausgestattet. Am 21. September 1917 erhielt Trotzki ein Telegramm aus Stockholm: „Die Direktion der Bank von Max Warburg & Co. teilte ihm mit, dass für ihn in Stockholm ein Girokonto für die Zwecke seiner Unternehmung eröffnet worden sei." Trotzki hatte zuvor 10.000 Dollar in bar von den Rockefellers überreicht bekommen, als er von New York aus segelte; andere Gelder wurden ihm von Berlin aus durch die Disconto-Gesellschaft, die Nya-Bank und die Sibirische Bank, neben anderen Vermittlern, wie Helphand-Parvus, Ganetsky, Koslousky und Krassin, zugeleitet. Nach der Revolution arbeitete Krassin wieder für den deutschen Elektroriesen Siemens; als russischer Vertreter wurde er von Hugo Stinnes, Felix Deutsch, dem Leiter der A.E.G., und von Walter Rathenau unterstützt.

Obwohl alle enormen Einlagen des Zaren in ausländischen Banken von diesen Banken ohne Auszahlung an irgendein Mitglied seiner Familie einbehalten wurden, wurde ein kleiner Teil seiner russischen Besitztümer von der neuen bolschewistischen Regierung als geheimer Fonds beiseite gelegt, der in den folgenden Jahrzehnten die endgültige Kontrolle über die Sowjetregierung ausüben sollte. Dieser Trust bestand aus Dserschinski, dem Gründer der Tscheka, dem britischen Geheimagenten Sidney Reilly und W. Averell Harriman. Der Trust war eine Fortsetzung des Parvus-Fonds, der Lenin an die Macht gebracht hatte, eine Operation, die von der einflussreichen Figur hinter den Kulissen geleitet worden war, dem venezianischen Grafen Volpi di Misurata, einer Figur des schwarzen Adels, der Mussolini an die Macht gebracht, die zahlreichen Balkankriege orchestriert und die russische Revolution heimlich geleitet hatte.

Seltsamerweise wurde die bolschewistische Revolution von vielen der führenden Finanziers der Welt mit enthusiastischer Zustimmung begrüßt. Einer der prominentesten unter ihnen, Jacob Schiff, Seniorpartner von Kuhn, Loeb Co. in New York, telegrafierte seine Grüße, wie in der *New York Times* vom 19. März 1917 berichtet: „Als hartnäckiger Gegner der tyrannischen Autokratie, der gnadenlosen Verfolger meiner Glaubensgenossen, möchte ich durch Sie dem russischen Volk zu dem gratulieren, was es jetzt so wunderbar erreicht hat, und Ihnen und Ihren Kollegen in der neuen Regierung jeden Erfolg wünschen." Der Minister Milioukoff, ein langjähriger Freund von Schiff, antwortete: „Wir sind vereint in Hass und Antipathie gegen die alten Regime, die jetzt gestürzt sind. Hier ist wieder ein direktes Zitat aus dem Testament von Kanaan „Hasst eure Herren."

Eines der am meisten missverstandenen Ereignisse der Geschichte ist die alliierte „Invasion" in Russland nach der bolschewistischen Revolution. Diese „Invasion" wurde kürzlich wieder in der sowjetischen Presse als dringender Grund dargestellt, den Vereinigten Staaten nicht zu „vertrauen". In Wirklichkeit wurden die alliierten Truppen nach Russland geschickt, um die erfolgreiche Gegenrevolution der Weißen abzulenken und gleichzeitig den Propagandisten der Roten Armee, vor allem Trotzki, einen Aufhänger für den schwankenden roten Feldzug zu geben, dass „Mütterchen Russland" von „ausländischen Truppen" überfallen würde. Dies erwies sich als unwiderstehlicher Aufruf an die russischen Bauern, die sich sofort hinter der Roten Armee versammelten und ihr den totalen Sieg schenkten. Tatsächlich wurden mehrere Divisionen, vor allem britische und amerikanische, nach Sibirien geschickt, wo sie anderthalb Jahre blieben, ohne an irgendeiner Aktion teilzunehmen. Keiner der Truppen hatte eine Ahnung davon, was sie dort taten; sie kehrten so verwirrt nach Hause zurück, wie sie abgereist waren. Wären sie beauftragt worden, in Russland „einzumarschieren", wären sie natürlich an der europäischen Küste gelandet und direkt auf Moskau zu marschiert, das von diesen gut bewaffneten und ausgebildeten Divisionen leicht hätte eingenommen werden können.

Sie waren tatsächlich nach Sibirien geschickt worden, um die Weißrussen zu verraten. Dieses Manöver wurde in der New York Times vom 15. Februar 1920 aufgedeckt, „als Wladiwostok von der Koltschak-Fraktion befreit wurde. „Es ist ein ausgeprägtes pro-amerikanisches Gefühl erkennbar. Revolutionäre Führer bestiegen die Stufen der Gebäude auf der anderen Straßenseite und hielten Reden, in denen sie die Amerikaner als wahre Freunde bezeichneten, die in einer kritischen Zeit die gegenwärtige Bewegung gerettet haben. "

Das „Geheimnis" der amerikanischen Militärpräsenz in Russland war für seine geheimen freimaurerischen kanaanäischen Hintermänner nie ein Geheimnis. Die drei Direktoren der Federal Reserve Bank of New York, die die bolschewistischen Bemühungen finanzierten, erkannten, dass die Rote Armee unter Trotzki den Krieg verlor. Ihre Orgie von sinnlosem Terrorismus und Gemetzel hatte die Bauernschaft gegen die „Befreier" aufgebracht, und die Weiße Armee gewann täglich an Unterstützung. Um die Situation umzukehren, beorderten die Direktoren der Federal Reserve Bank die alliierten Truppen nach Russland. In der Nähe der Koltschak-Truppen kaserniert, erweckten sie den Eindruck, dass sie dort waren, um die Weiße Fraktion zu unterstützen. Dem russischen Volk wurde zu verstehen gegeben, dass die alliierten Truppen geschickt wurden, um die alte Autokratie wiederherzustellen. Die Presse Amerikas und Großbritanniens vereinte nun die russische Bauernschaft hinter den Revolutionären, und Koltschaks Armee befand sich bald auf dem Rückzug. Dies war die Erklärung für das „pro-amerikanische Gefühl" in Wladiwostok. Die Anwesenheit der Alliierten in Sibirien sicherte den Triumph der Roten Armee und die Auferlegung einer brutalen Diktatur über die Menschen in Russland.

Für die nachfolgenden Terrorakte, die das russische Volk entsetzten und dauerhaft gegen die Bolschewiki aufbrachten, gibt es reichlich Dokumentation. Die amerikanische Rohrbach-Kommission berichtete über einige der revolutionären Gräueltaten: „Der gesamte Zementboden der Hinrichtungshalle der Tscheka von Kiew war mit Blut überschwemmt; es bildete einen Pegel von mehreren Zentimetern. Es war eine schreckliche Mischung aus Blut, Hirn und Schädelteilen. Alle Wände waren mit Blut bespritzt. An ihnen klebten Stücke von Gehirnen und von Schädeln. Eine 25 Zentimeter breite und 25 Zentimeter tiefe und etwa 10 Meter lange Rinne war der Länge nach bis oben hin mit Blut gefüllt. Einige Körper waren ausgeweidet, anderen waren Gliedmaßen abgehackt worden, einige waren buchstäblich in Stücke gehackt worden. Einigen wurden die Augen aus dem Kopf gestochen, das Gesicht und der Hals sowie der Rumpf waren mit tiefen Wunden übersät. Weiter hinten fanden wir eine Leiche, der ein Keil in die Brust getrieben worden war. Einige hatten keine Zunge mehr. In einer Ecke entdeckten wir eine Menge zerstückelter Arme und Beine, die zu keiner Leiche gehörten, die wir ausfindig machen konnten."

Sobald die weißrussische Drohung der Vergeltung verschwunden war, entfesselten die Bolschewiken die volle Wut ihres kanaanäischen Blutrausches. Sie verwandelten die gesamte Nation Russland in ein gigantisches Konzentrationslager, um die verbliebenen Nachkommen des Volkes Sem, das sie tausend Jahre lang beherrscht hatte, langsam zu foltern und zu töten. Solschenizyn informierte später eine ungläubige Welt, dass die Sowjets von 1918 bis 1957 sechsundsechzig Millionen Menschen in Russland ermordet hatten. Er zitierte den Tscheka-

Befehl Nr. 10, der am 8. Januar 1921 erlassen wurde: „Die Unterdrückung der Bourgeoisie zu verstärken. „ Damit war natürlich das Volk von Shem gemeint. Unter diesem Befehl wurden die Konzentrationslager dauerhaft eingerichtet. Typisch für die Chefs dieser Lager war Lazar Kogan, der während seiner Tätigkeit als Aufseher beim Bau des Weißmeerkanals ruhig zusah, wie Tausende von Sklavenarbeitern starben. Einen neuen Häftling begrüßte er mit der unglaublichen Aussage: „Ich glaube, dass Sie persönlich an nichts schuldig sind. Aber als gebildeter Mensch müssen Sie verstehen, dass die Sozialprophylaxe weit verbreitet war." „Sozialprophylaxe" war ein typisch kanaanäischer Euphemismus für das Massaker an den Menschen von Sem. Die potentiellen Opfer wurden nicht mehr als Menschen betrachtet, sondern nur noch als Leichen, die darauf warteten, auf den Schrotthaufen geworfen zu werden. Man nannte sie einfach „zeks", ein Slang für den russischen Begriff für Gefangene, „zakluchenny".

Nach einem halben Jahrhundert unvergleichlicher Barbarei wurde das „russische Experiment" von Solschenizyn in seinem ganzen Schrecken entlarvt. Er schreibt über die Lager: „Viele Lagerpunkte waren für Exekutionen und Massengräber bekannt; Orotukan und Polyarny Spring und Svistoplas und Annuskha und sogar das landwirtschaftliche Lager Dukcha, aber das berühmteste von allen aus diesem Grund waren die Zolotisty Goldfields ... In Zolotisty pflegten sie am helllichten Tag eine Brigade aus der Grube zu rufen und die Mitglieder nacheinander niederzuschießen. (Und das war kein Ersatz für die nächtlichen Erschießungen, die fanden auch statt.) Wenn der Chef von Juglag, Nikolai Andrejewitsch Aglanow, ankam, suchte er sich bei der Aufstellung gern die eine oder andere Brigade heraus, die sich etwas zuschulden kommen ließ, und befahl, sie beiseite zu nehmen. Und dann pflegte er seine Pistole in die verängstigte, gedrängte Menschenmasse zu entleeren, wobei er seine Schüsse mit fröhlichen Rufen begleitete. Die Leichen wurden unbeerdigt gelassen."

Solschenizyn fährt viele Seiten lang fort, die Schrecken zu beschreiben, von denen unsere Liberalen nichts wussten: „Aber einige Transporte verurteilter Zeker kamen zu spät an, und sie kamen weiterhin mit fünf bis zehn Menschen auf einmal an. Ein Kommando von Mördern empfing sie am Bahnhof der Alten Ziegelei und führte sie zum alten Badehaus in eine Kabine, die mit drei oder vier Lagen Decken ausgelegt war. Dort wurden die Verurteilten aufgefordert, sich im Schnee zu entkleiden und das Bad nackt zu betreten. Drinnen wurden sie mit Pistolen erschossen. Im Laufe von eineinhalb Monaten wurden etwa zweihundert Personen auf diese Weise vernichtet. Die Leichen wurden in der Tundra verbrannt."

Solschenizyn fährt fort: „A. B. V. hat erzählt, wie in Adak - einem Lager am Pechora-Fluss-Hinrichtungen durchgeführt wurden. Sie brachten die Oppositionellen 'mit ihren Sachen' nachts mit einem Gefangenentransport aus dem Lagergelände. Und außerhalb des Geländes stand das kleine Haus der Dritten Abteilung. Die Verurteilten wurden einzeln in einen Raum gebracht, und dort stürzten sich die Lagerwächter auf sie. Man stopfte ihnen den Mund mit etwas Weichem und fesselte ihnen die Arme mit Stricken auf den Rücken. Dann wurden sie auf den Hof hinausgeführt, wo geschirrte Karren warteten. Die gefesselten Häftlinge wurden auf die Karren gestapelt, fünf bis sieben auf einmal, und zur „Gorka", dem Lagerfriedhof, gefahren. Dort angekommen, wurden sie in große Gruben gekippt, die bereits vorbereitet waren, und lebendig begraben. Nein, nicht aus Brutalität. Es wurde festgestellt, dass es beim Schleppen und Heben viel leichter war, mit lebenden Menschen fertig zu werden als mit Leichen. Die Arbeit dauerte auf Adak viele Nächte lang an."

Solschenizyn ist nicht der Einzige, der das Leben in den sowjetischen Konzentrationslagern beschreibt. Betrachten Sie die folgende Beschreibung des Lebens in einem Gulag: Sergej Grigorjants sagt, dass die Gefangenen um 5:30 Uhr morgens geweckt werden und zum Frühstück eine wässrige Fischsuppe und Schwarzbrot bekommen; um 10:30 Uhr die Hauptmahlzeit, die aus wässriger Suppe besteht; das Abendessen ist Brei. Grigoryants sagt, dass die Gefangenen ständig durch den Mangel an Nahrung und die Kälte in den Zellen gequält werden. Das sowjetische Gesetz schreibt vor, dass die Temperatur in den Zellen mindestens 64,4 Grad Celsius betragen muss; dies wird von den Lagerinspektoren feierlich geprüft. Sie bringen eine elektrische Heizung in die Zelle, schalten sie ein, bis die Temperatur 64,4 Grad erreicht, machen einen entsprechenden Vermerk auf ihrem Bericht und bringen die Heizung dann in die nächste Zelle. Die Temperatur geht dann wieder auf die üblichen vierzig Grad zurück. In den Zellen brennt die ganze Nacht eine Lampe, so dass die Gefangenen nie wirklich zur Ruhe kommen. Grigoryants sagt, dass etwa 500.000 Gefangene pro Jahr entlassen werden, um in die sowjetische Gesellschaft zurückzukehren, und dass ihre Anwesenheit eine sehr alarmierende Wirkung auf das ganze Land hat. Auch hier gilt: Wie aussagekräftig ist dieser Bericht? Er wurde als Interview mit Grigoryants in der New York Times vom 22. Februar 1987 veröffentlicht!

Es wäre logisch, anzunehmen, dass diese sozialistische Gesellschaft auf dem konfiszierten Vermögen des verstorbenen Zaren Nikolaus II. aufgebaut wurde, aber das ist nicht der Fall. Im Jahr 1913 war der Zar zweifellos der reichste Mann der Welt, mit einem persönlichen Vermögen in Höhe von etwa dreißig Milliarden Dollar im Jahr 1913 Dollar. Er besaß persönlich 150.000.000 Morgen Land und hatte etwa 30.000 Diener, 500 Automobile in seinem persönlichen Fuhrpark, 6.000 Pferde, 2 Yachten, eine persönliche Goldreserve von einer Milliarde Dollar in der Imperial Bank, mit Juwelen im Wert von 500 Millionen Dollar, einschließlich des 200.000 Dollar teuren Great Mogul Diamanten, einer Krone im Wert von 75 Millionen Dollar und 32.000 Diamanten. Er kontrollierte ein Sechstel der Oberfläche des gesamten Erdballs. In der Nacht des 6. November 1917, um 2:00 Uhr morgens, fuhren Rotgardisten mit einem Lastwagen zur Imperial Bank und nahmen das gesamte Gold und die Juwelen von Romanoff mit. Ein Großteil des Goldes wurde später direkt an Kuhn, Loeb Co. in New York verschifft. Wir erinnern uns vielleicht daran, dass der Seniorpartner von Kuhn, Loeb Co., Jacob Schiff, etwa 20 Millionen Dollar aus seinem eigenen Vermögen in die Finanzierung der Revolution gesteckt hatte. Offensichtlich war es eine gute Investition. Victor Hammer veräußerte viele der Kronjuwelen an Sammler in Europa und den Vereinigten Staaten.

Die Kaiserinwitwe Maria entkam mit den beträchtlichen Juwelen in ihrer persönlichen Sammlung. Sowohl König Georg V. als auch König Christian von Dänemark versuchten wiederholt, sie dazu zu bringen, ihnen ihre Juwelen zur „Verwahrung" oder zumindest zur „Begutachtung" anzuvertrauen. Sie weigerte sich beharrlich, da sie wusste, dass sie die Juwelen wahrscheinlich nie wieder sehen würde. Als sie 1928 starb, beschlagnahmten Spezialagenten die Juwelen und brachten sie sofort in den Buckingham Palace. Ihre wichtigeren Stücke waren später in der persönlichen Sammlung von Queen Mary zu sehen.

Nach der Revolution von 1905 hatte sich der Zar umsichtig auf weitere Ausbrüche vorbereitet, indem er etwa 400 Millionen Dollar in bar an die New Yorker Banken Chase, National City, Guaranty Trust, J. P. Morgan Co. und Hanover Trust überwies. Im Jahr 1914 kauften dieselben Banken die Mehrheit der Aktien der neu gegründeten Federal Reserve Bank of New York und bezahlten die Aktien mit den beschlagnahmten Geldern des Zaren. Somit besitzt die Romanoff-Familie heute tatsächlich die Mehrheit der Anteile an den Federal Reserve Banks!

Andere Einlagen des Zaren umfassten 35-50 Millionen Dollar in der Bank of England, 25 Millionen Dollar bei Barclay's, 30 Millionen Dollar bei der Lloyd's Bank, 100 Millionen Dollar bei der Bank of France, 80 Millionen Dollar bei der Rothschild-Bank in Paris und 132 Millionen Dollar bei der Mendelssohn-Bank in Berlin. Seit 1917 hing eine Wolke über der Finanzstruktur der westlichen Demokratien und bedrohte ihre notdürftig aufgebaute Finanzstruktur, die Angst, dass irgendein Gericht irgendwo entscheiden könnte, dass die Gelder des Zaren an die rechtmäßigen Erben herausgegeben werden müssen. Dies würde nicht nur den Besitz der Aktien der Federal Reserve Bank betreffen, sondern mit der Zahlung von Zinsen das Ende unserer zehn größten Finanzinstitute bedeuten. Wundert sich irgendjemand, warum die Regierung der Vereinigten Staaten, die unter der totalen Leitung der Großen Zehn Banken steht, ständig alle Anstrengungen unternimmt, um das bröckelnde Sowjetimperium zu finanzieren und zu ernähren? Kann irgendjemand die finanzielle Katastrophe vorhersagen, die eintreten würde, wenn die Romanoffs auf den Thron Russlands zurückkehren und ihr Geld zurückverlangen würden, oder wenn sie irgendwo auf der Welt ein entsprechendes Gerichtsurteil bekämen?

Diese Katastrophe zeichnete sich an einem Punkt am Horizont ab. Die New York Times vom 20. Juli 1929 berichtete über den Fortgang eines Prozesses, den die Mutter des Zaren und zweiunddreißig der Romanoff-Erben gegen Guaranty Trust und National City Bank angestrengt hatten. F. Dudley Kohler, ein Anwalt, der James Egan, den öffentlichen Verwalter, vertrat, gab die folgende juristische Mitteilung heraus, die im Law Journal erschien: „Hiermit wird allen Personen, Unternehmen, Banken, Treuhändern, die Vermögen, Einlagen und Wertpapiere des verstorbenen Nikolaus II. besitzen, mitgeteilt, dass unverzüglich eine Erklärung und Abrechnung derselben verlangt wird, und für den Fall, dass eine solche Erklärung nicht abgegeben wird, alle diese Personen für die Beträge verantwortlich gemacht werden, zuzüglich Zinsen und der Kosten des Ermittlungsverfahrens. „ Sowohl der Fall als auch Kohler verschwanden dann von den Seiten der New York Times. Offensichtlich wurde niemals ein Bericht oder eine Erklärung abgegeben. Dies hätte einen juristischen Beweis für die Schulden geliefert und die Rückzahlung unumgänglich gemacht. Charles Recht, Anwalt der Sowjetunion, beauftragte Edward H. Fallows mit der Vertretung der sowjetischen Regierung, aber es sind keine weiteren rechtlichen Schritte zu finden.

Dennoch hatte die Romanoff-Forderung enorme Auswirkungen. Die Androhung eines gewaltigen Rückzugs aus zwei der am meisten überzogenen und prekären Banken New Yorks verursachte einen unterirdischen Druck gegen Tagesgeld oder Bargeld an der Wall Street, der dann den Crash von 1929 auslöste. Obwohl die freimaurerischen Kanaaniter die Gerichte in den Vereinigten Staaten kontrollierten, konnten sie nicht sicher sein, dass die Romanoffs nicht ein Gericht in einem anderen Land finden würden, das ihnen ein Urteil oder sogar eine einstweilige Verfügung gegen Guaranty Trust, eine von J. P. Morgan kontrollierte Bank, und die National City Bank, die Rothschild- und Rockefeller-Bank in New York, gewähren würde. Diese Drohung, die genau auf dem Höhepunkt des Börsenbooms der 1920er Jahre kam, warf einen Schatten auf die Machenschaften der Spekulanten und verursachte einen unmittelbaren Druck auf die kurzfristigen Mittel, was zur Großen Depression führte.

Um solche Drohungen in Zukunft zu vermeiden, wurden 1933 und 1934 Roosevelt-Litvinoff-Abkommen zwischen den Vereinigten Staaten und Russland geschlossen. In diesen Abkommen erkannten die Vereinigten Staaten einseitig alle Ansprüche der sowjetischen Regierung auf Gelder der kaiserlich-russischen Regierung an. Ob dies auf die Gelder von Zar Nikolaus anwendbar gemacht werden konnte, wurde nie vor Gericht geprüft.

Der Roosevelt-Litvinoff-Pakt machte die Diplomaten der Welt auch darauf aufmerksam, dass Roosevelt nun die ausgedehnte Unterstützung, die der sowjetischen Regierung seit 1917 von „privaten Interessen" wie der Federal Reserve Bank of New York und J. P. Morgan Co. gewährt worden war, formalisiert hatte. Nicht alles davon war von privaten Banken. Es enthielt ein Geschenk von 20 Millionen Dollar aus Woodrow Wilsons Sonderkriegsfonds, der ihm vom Kongress gewählt worden war; das Geld wurde über Elihu Root nach Russland geschickt. Das Rote Kreuz, Kuhn, Loeb. Co. und viele andere Wall-Street-Firmen waren aktiv an der Finanzierung der sowjetischen Regierung beteiligt gewesen; von nun an würde diese Last direkt von den amerikanischen Steuerzahlern getragen werden, durch Subventionen, die die US-Regierung den Kommunisten zur Verfügung stellte.

Die engagierte finanzielle Unterstützung der Kommunisten durch die führenden Bankiers der Welt blieb nicht unbemerkt. Francois Coty, Gründer der Parfümfirma, schrieb in „Tearing Away the Veils", veröffentlicht von der Revue Internationale des Secret Societies, 1930, Paris: „Die Begriffe, Kapitalismus, Sozialismus, Kommunismus, sind so viele Themen, die unter gut bezahlten Demagogen verteilt werden, um Verwirrung in den Köpfen der Massen zu stiften, die dazu bestimmt sind, Sklaven zu werden. Die universelle Sklaverei ist das unmittelbare Ziel der Bleichroder-Gruppe, das sie durch das Medium eines neuen

Krieges zu erreichen trachten." Die Bleichroders waren die deutschen Vertreter des Hauses Rothschild.

Wyndham Lewis, der während des Ersten Weltkriegs zusammen mit Ezra Pound Blast and Vortex herausgegeben hatte, schrieb in seinem Buch „Count Your Dead; They Are Alive!" Ein Rothschild oder ein Morgan macht sein Geld auf eine ganz andere Weise als ein Nuffield oder ein Ford. Ersterer handelt mit Geld als einer Ware. Sein Geschäft ist im Wesentlichen mit dem eines Geldverleihers verwandt. Er macht nichts ... Er schuftet nicht, und er spinnt auch nicht. Aber trotz alledem ist er in der Regel keine Lilie! Die letzteren dagegen, vom Typ Nuffield-Ford, sind schöpferisch in dem Sinne, dass sie wenigstens etwas machen ... Ohne Leihkapital gäbe es keinen Kommunismus. Der geradlinige Bolschewik - sagen wir ein Pollitt oder ein Strachey - versteht, obwohl er ideologisch perfekt ist, den Kapitalismus nicht ... Selbst Henry Ford ist nur ein gigantischer Kulak [Ezra Pound nannte ihn 'den Inbegriff des amerikanischen Lohnarbeiters', Anm. d. Ü.], und von allen Dingen, die der Marxist am meisten auf Erden hasst, hasst er den Kulak am meisten. Mit dem Leihkapital hingegen hat er viele Affinitäten. In der Tat, wenn man dem Leihkapital erlauben würde, seinen Weg ohne Einmischung fortzusetzen, würde es automatisch zum Kommunismus führen ... Ich hatte das Gefühl, dass die Sowjets ganz und gar zu dick mit den Kapitalisten waren. Ich bemerkte, dass diese Herren des Kapitals, die den Kommunismus nicht so sehr zu hassen scheinen, wie wir es erwarten würden, nicht zu uns gehören. „Wir bekommen nichts von diesen Leuten, aber sie bekommen sehr viel von uns. Je reicher sie werden - und das sind sehr wenige -, desto ärmer werden wir."

Wyndham Lewis' Beobachtungen könnten von den Aktivitäten des Left Book Club inspiriert worden sein, der in den 1930er Jahren von Victor Gollancz geleitet wurde und dem Harry Pollitt, Chef der Kommunistischen Partei Großbritanniens, John Strachey vom Daily Worker und Claud Cockburn, alias Frank Pitcairn, Redakteur von The Week, angehörten, der für den Daily Worker Sonderkorrespondent auf den Schlachtfeldern des Spanischen Bürgerkriegs war. Gollancz leitete viele

Tarngruppen, wie die Friends of the Soviet Union, die Young Communists League und das Committee for the Victims of Fascism. Kein Intellektueller hat jemals ein Komitee für die Opfer des Kommunismus gegründet.

Nach der bolschewistischen Revolution gab es gescheiterte kommunistische Aufstände in Deutschland und Ungarn. Die deutsche Revolution wurde schnell ausgemerzt, aber Bela Kun, in Ungarn, errichtete tatsächlich eine kurzlebige kommunistische Schreckensherrschaft. Seine Massenmorde und wahnsinnigen Orgien (er war früher ein Geisteskranker gewesen) ließen die Nation bankrott und verwüstet zurück. Als eine legale Regierung wiederhergestellt wurde, veröffentlichte die ungarische Regierung die Archive der Freimaurerlogen, die bewiesen, dass die „kommunistische Revolution" vollständig als das Werk der Freimaurer entstanden war. Die ungarische Regierung schloss daraufhin alle Freimaurerlogen im ganzen Land. Die ungarische Regierung suchte später ein Darlehen aus den Vereinigten Staaten, um ihre zerstörte Wirtschaft wieder aufzubauen. Ihre Beamten wurden prompt darüber informiert, dass die „Regierung der Vereinigten Staaten" nur eine Bedingung stellte, bevor sie das Darlehen gewährte - dass alle Freimaurerlogen wiederhergestellt und wieder geöffnet würden. Dies beweist, dass die freimaurerischen Kanaaniter bereits in den 1920er Jahren die volle Kontrolle über die Regierung der Vereinigten Staaten übernommen hatten.

Ein weiteres großes Gemetzel am Volk von Sem während des zwanzigsten Jahrhunderts fand während der Spanischen Revolution (1936-1939) statt. Die Massaker waren bedeutsam, weil sie ein Krieg der Kanaaniter gegen die Christen waren und weil sie auf der Iberischen Halbinsel (von Heber, vom Volk Sem) stattfanden.

Das Abschlachten der Christen in Spanien begann mit der Versetzung des ehemaligen sowjetischen Friedensdelegierten in Genf, Rosenberg, auch bekannt als Moses Israelssohn, mit seinem Stab von einhundertvierzig ausgebildeten Killern in das Büro des Botschafters in Spanien im August 1936. Dieser Kader von hochqualifizierten Spezialisten für Folter und Mord leitete eine der brutalsten Kampagnen in der Geschichte Europas ein.

Ihre Gräueltaten wurden von der Welt weitgehend ignoriert, weil das Korps der Journalisten, die über den Bürgerkrieg berichteten, sich ganz dem Erfolg des Kommunismus verschrieben hatte; sie berichteten nur über Nachrichten, die für die „Faschisten", wie die Kanaaniter ihre Gegner verächtlich genannt hatten, seit die Römer ihre Welthauptstadt Karthago zerstört hatten, ungünstig waren.

Die Rosenberg-Mordkommandos wurden euphemistisch „World Revolutionary Movement Purification Squads" genannt. Ihre Säuberungsarbeit bestand hauptsächlich darin, Priester, Nonnen, Chorknaben und Frauen zu massakrieren, da diese Gruppen am wenigsten bewaffneten Widerstand leisten konnten. Arthur Bryant erzählt in seinem gut dokumentierten Werk „Communist Atrocities in Spain" von einem Mordkommando, das zum Dominikanerkonvent in Barcelona ging und die Mutter Oberin respektvoll darüber informierte, dass „wegen möglicher Gewalt des Mobs" die Nonnen das Kommando an einen sicheren Ort begleiten sollten. Sie wurden dann in die Vorstadt gebracht und ermordet. Der Kommunistenführer rechtfertigte sein Vorgehen wie folgt: „Wir brauchten das Gebäude. Wir wollten es nicht in Unordnung bringen, bevor wir es besetzten. E. M. Godden sagt in seinem Buch „Conflict in Spain", S. 72: „In der letzten Juliwoche 1936 wurden die Leichen von Nonnen aus ihren Gräbern exhumiert und außerhalb der Mauern ihrer Klöster aufgehängt. Obszöne und beleidigende Plakate wurden an ihren Körpern angebracht." In Madrid schätzte man, dass bis 1939 ein Zehntel der Bevölkerung Spaniens von den kommunistischen „Säuberungskommandos" ermordet wurde. De Fonteriz beschreibt in „Roter Terror in Madrid", wie Tscheka-Mordkommandos, die von Dimitrov und Rosenberg organisiert wurden, ein so obszönes Folter - und Tötungsprogramm durchführten, dass es hier nicht nachgedruckt werden kann.

Zu Beginn des Zweiten Weltkriegs nahmen sowjetische Mordkommandos 15.000 polnische Offiziere gefangen, das gebildetste und verantwortungsvollste Element der Bevölkerung; sie wurden nie wieder gesehen. Sie wurden in drei vom KGB betriebene Lager gebracht, Starbiesk, Kozielsk und Ostashkov, wo sie systematisch ermordet und in unmarkierten Gräbern verscharrt wurden. Als die deutsche Armee dieses Gebiet, bekannt als Katyn-Wald, eroberte, wurden sie zu den Gräbern geführt. Bei den Nürnberger Prozessen behaupteten die Sowjets, dass die Deutschen diese Massaker begangen hätten; ein Ausschuss des Kongresses berichtete jedoch am 2. Juli 1952, dass der sowjetische NKWD die Massaker begangen hatte, die bereits im Herbst 1939 von Stalin persönlich geplant worden waren.

Die Beherrschung des Volkes Sem durch die freimaurerischen Kanaaniter führt immer zu einer Aura der totalen Hoffnungslosigkeit; alle Gerechtigkeit, alle Ehre und alle Hoffnung für die Zukunft verschwindet jetzt. Der angesehene Journalist Don Cook stellt in seinem Buch „Flut in Europa" fest, dass alle Journalisten, die in kommunistische Länder gehen, vom „Geruch des Kommunismus" getroffen werden. „Am schlimmsten war für mich der eigentümliche und unverkennbare Geruch von Russland und der kommunistischen Welt, der Leipzig durchdrang." Er fuhr fort: „Jeder, der jemals einen Fuß in die Sowjetunion gesetzt hat, kennt diesen Geruch - ein schaler, schwerer, ungewaschener Geruch." Er nennt ihn „den Geruch von alten Toiletten, Karbolseife, ungewaschenen Körpern. Die Sowjets haben sich nie die Mühe gemacht, solche Notwendigkeiten wie Telefonbücher, Seife und Toilettenpapier in ihrer „sozialistischen Wirtschaft" zu produzieren.

Weil sie eine fast totale Verschwendung der Energien und Talente ihrer gefangenen Menschen ist, kann die Sowjetunion nur durch massive Infusionen von Kapital aus den westlichen Demokratien existieren. Nur wenige Amerikaner erkennen, wie viel von dem Geld, das von ihren Löhnen durch die Internal Revenue Service erpresst wird, direkt zu den Federal Reserve Banks transferiert wird, und von dort in die Schweiz, wo es zu fünf sowjetischen Banken transferiert wird. Ein Überläufer aus der Sowjetunion berichtete im New York Journal American, 2. März 1964, daß von einer Überweisung von $1.200.000, die von der Regierung der Vereinigten Staaten an das CIA-Büro in Wien geschickt wurde, der Fonds wie folgt verteilt wurde: ein Drittel an die sowjetische Geheimpolizei; ein Drittel an die Kommunistische Partei Italiens; und ein Drittel zurück in die

Vereinigten Staaten geschickt, um die Kommunistische Partei der USA zu finanzieren. Seit dem Zweiten Weltkrieg, als das OSS das Gold an die Kommunisten in Italien verteilte, wurde der Prozess mehr formalisiert. James Angleton, Leiter der verdeckten Aktion in der CIA und ehemaliger CIA-Chef in Italien, gründete Organisationen, in denen Gelder zu Freimaurergruppen in Italien kanalisiert wurden, die wichtigste war P-2, die die meisten der führenden italienischen Regierungsfiguren und Geschäftsmänner einschloss; P-2 wurde von Andropov durchdrungen, nachdem er den KGB übernahm. Lord Sackville von England hatte 1733 die Freimaurerei in Italien eingeführt; sie wurde das Vehikel, durch das der britische Geheimdienst Italien durch Garibaldi und Mazzini „vereinigte", um „das neue Italien" zu produzieren. Der italienische Unterstaatssekretär, alarmiert über die Kontrolle, die die Freimaurer 1913 über die italienische Regierung ausübten, forderte ein Gesetz, das den Freimaurern verbot, irgendein sensibles Amt zu bekleiden, „das durch irgendeine verborgene und daher unkontrollierbare Verbindung und durch irgendein Motiv des Misstrauens oder des Mangels an Vertrauen durch die Öffentlichkeit kompromittiert ist. „Die Maßnahme wurde nie verabschiedet, und der unglückliche Unterstaatssekretär verschwand aus seinem Amt. Ein Jahrzehnt später jedoch verbot Mussolini die Freimaurerlogen in Italien, was die Kanaanäer dazu veranlasste, weltweit Verwünschungen gegen „den brutalen Diktator" und „den Faschismus" zu schreien."

Heute führt der „Rote Milliardär" Jean-Baptiste Doumeng aus Frankreich die lebenswichtige Arbeit fort, die hilflose Sowjetunion mit den besten Produkten der europäischen „freien Demokratien" zu versorgen. Er ist ein Partner mit Guy de Rothschild im Vertrieb von Gemüse, der Firma Sragri. Doumeng leitet auch die Firmen Inter-Agra und SOCOPA, die kürzlich eine Million Tonnen Weichweizen weit unter Marktpreis an die Sowjetunion lieferten. Doumeng liefert regelmäßig Fleisch und Butter an die Kommunisten zu Preisen, die ein Viertel der Preise betragen, die den europäischen Verbrauchern berechnet werden. Die Sowjetunion schickt diese Waren häufig zum doppelten Preis zurück, um sie weiterzuverkaufen und so harte Währung aus den europäischen Volkswirtschaften zu holen. Nichts von alledem wäre möglich ohne die internationale Macht des Freimaurerordens der Kanaaniter.

KAPITEL 11

DAS VERSPRECHEN

Trotz des ungeheuren Aderlasses am Volk der Shem während des zwanzigsten Jahrhunderts stellte Robert Lacey 1983 in seinem Buch „Die Aristokraten" fest, dass die Nationen, die er als „weiß" bezeichnet, die aber überwiegend Shemitische Nationen sind, weiterhin die Welt im Pro-Kopf-Einkommen anführen. Er listet auf

(1) die Arabischen Emirate; (2) Kuwait; (3) Lichtenstein; (4) die Schweiz; (5) Monaco; (6) Luxemburg; (7) Dänemark; (8) Deutschland; (9) Schweden; (10) Jersey; (11) Belgien; (12) Quatar; (13) Vereinigte Staaten.

Wir stellen fest, dass es kein asiatisches oder afrikanisches Land auf die Liste geschafft hat; auch, dass die Vereinigten Staaten, das wahrscheinlich am gründlichsten beherrschte Land der Welt, das unter dem Absatz der kanaanitischen Parasiten ächzt, die freimaurerische Nummer dreizehn auf der Liste einnimmt. Die Vereinigten Staaten rangieren auch weit unten auf der Liste in solchen primären Anliegen wie Kindersterblichkeit, Qualität der medizinischen Versorgung, Bildung und anderen wichtigen Indikatoren. Die Hauptursache für den jähen Fall der Vereinigten Staaten in der Weltrangliste ist die kontinuierliche Plünderung und Vergewaltigung der Nation durch die freimaurerischen kanaanitischen Verschwörer. Zum Beispiel werden von einem Verteidigungsbudget von 248 Milliarden Dollar in unserer Friedenswirtschaft etwa 140 Milliarden Dollar direkt an die NATO-Nationen in Europa gezahlt, unsere „Verbündeten" im Kampf gegen den Weltkommunismus. Die Vereinigten Staaten geben jährlich etwa zusätzliche $200 Milliarden an „Hilfe" an andere Länder wie den Staat Israel aus, von denen etwa $50 Milliarden an die Sowjetunion und ihre Satelliten durch Nahrungsmittelsubventionen und Währungsmanipulationen geleitet werden. Die sowjetische Zentralbank, Gosplan, schickt routinemäßig Beamte in die Schweiz, um sich mit den Vertretern des Federal Reserve Systems bei der Bank für Internationalen Zahlungsausgleich zu treffen, wo sie neue Überfälle auf das Schatzamt der Vereinigten Staaten planen. Ein Netzwerk von europäischen Banken überweist regelmäßig Gelder an die Sowjetunion, die von einer Anzahl von US-Regierungsstellen an sie weitergeleitet werden.

Unsere gesamte Regierungsplanung zielt darauf ab, enorme Werbegeschenke aufrechtzuerhalten, was wiederum die „Notwendigkeit" für eine ständig steigende Besteuerung der amerikanischen Bürger schafft. Unser produktivstes Element, die Menschen von Shem, zahlen regelmäßig von 80% - 90% ihres Bruttoeinkommens an Bundes, Landes und lokale Steuerbehörden, oft durch „versteckte" Steuern auf alles, was sie kaufen und konsumieren. Sicherlich wurde noch nie ein Volk auf der Erde mit einer so hohen Steuerlast belastet, wie das Volk von Shem seit 1913 gezahlt hat.

Ein großer Teil des Haushalts der Vereinigten Staaten geht zu Lasten von Posten wie der Aufrechterhaltung von 340.000 Truppen in Westdeutschland. Melvyn Kraus von der Hoover Institution stellt in seinem kürzlich erschienenen Buch „How NATO Weakens the West" fest: „Die Deutschen sehen die US-Truppen als eine ständige Besatzungsarmee, die sie zu einem unterlegenen Partner im Atlantischen Bündnis macht. Ike schrieb 1951, dass in zehn Jahren alle amerikanischen Truppen in die Vereinigten Staaten zurückgeführt werden sollten." Doch sechsunddreißig Jahre nach dieser Ermahnung ist das US-Kontingent immer noch in voller Stärke vorhanden. Ob diese Truppen dort stationiert sind, um „den Westen gegen einen Angriff der Sowjets zu schützen", wie gewöhnlich behauptet wird (Militärführer berichten, dass unsere Truppen einen sowjetischen Angriff nur um drei Stunden verzögern könnten, bevor sie vernichtet würden), oder ob sie dort stationiert sind, um die sowjetischen Nachschublinien zu schützen, die ihnen einen ständigen Strom von Fleisch, Butter und Weizen aus europäischen Nationen bringen, sowie die finanzielle Hilfe, die durch die „neutrale" Schweiz übermittelt wird, wird von der „freien Presse" nie diskutiert.

Es ist bemerkenswert, dass diese Politik in den babylonischen Gebäuden des US-Kongresses ihren Ursprung hat. Es ist auch bemerkenswert, dass diese Multimillionen-Dollar-Strukturen von oben bis unten mit Horden von Ratten und Kakerlaken durchsetzt sind. Die Washington Post berichtete am 17. März 1987, dass die Büros des Kongresses spezielle Kakerlakenfallen für jeweils 99 Dollar kauften, damit die Mitarbeiter ihr Mittagessen essen konnten, ohne gegen Schwärme von riesigen fliegenden braunen Kakerlaken kämpfen zu müssen. Diese physischen Manifestationen des totalen Verfalls in unserer Regierungsstruktur geben eine klare Warnung vor dem, was vor uns liegt: totales moralisches Chaos.

Politische Beobachter kennen den ständigen Alptraum der sowjetischen Führung - plötzliche Brotknappheit in Moskau oder anderen sowjetischen Großstädten - seit jeher. Angesichts ihres korrupten Verteilungssystems ist dies keine müßige Fantasie. Das Szenario geht weiter mit Lebensmittelunruhen, der Polizei, die sich mit den Randalierern zusammentut, und dem Sturz der sowjetischen Regierung innerhalb weniger Stunden. In einer Gesellschaft, in der nur einige wenige Privilegierte das Lebensnotwendige genießen, weniger als das französische Volk hatte, als es an der Französischen Revolution teilnahm, kann diese Regierung niemals auf die Unterstützung ihres Volkes zählen.

Um diesen Alptraum der sowjetischen Beamten zu lindern, versucht jeder Beamte der Regierung der Vereinigten Staaten, diesem Unheil zuvorzukommen. Nur wenige Amerikaner erkennen, dass die Hauptstoßrichtung unseres politischen Programms nicht darin besteht, dieses Land gegen den Kommunismus zu „verteidigen", sondern die sowjetische Regierung gegen ihr eigenes Volk zu verteidigen. In ähnlicher Weise ist das Hauptziel jedes Regierungsprogramms der Vereinigten Staaten nicht, die Wirtschaft zu verbessern oder die Freiheit des amerikanischen Volkes zu garantieren, sondern den Schwarm der freimaurerischen kanaanitischen Parasiten gegen die wachsende Wut des amerikanischen Volkes zu verteidigen. Dem Volk wird eine immer größere Tyrannei auferlegt; steigende Steuern, zunehmende Regulierungen, steigende Anforderungen an die Bürger durch Bundes-, Landes- und Kommunalbeamte; und all diese gewaltigen Anstrengungen haben nur ein Ziel: die Verhinderung von Lebensmittelunruhen in Moskau. Nur die internationale Macht der freimaurerischen Kanaaniter konnte die Menschen einer Nation so versklaven, dass sie zu unfreiwilligen Komplizen bei der fortgesetzten Versklavung einer anderen Nation wurden.

Die Funktion der Medien ist es, zu verschleiern, was vor sich geht; es kann nie ganz verborgen werden. Deshalb führt die „freie Presse" die Öffentlichkeit ständig auf falsche Fährten -- Watergate, Irangate, San Salvador, Südafrika. Jeder Kongressabgeordnete, der auch nur einen Moment mit einem dieser „Probleme" verbringt, sollte verhaftet und aus seinem Büro geholt werden, um ihn des Hochverrats anzuklagen. Dies sind nicht die Anliegen des amerikanischen Volkes oder eines seiner rechtmäßig gewählten Vertreter, die einen Eid geleistet haben, die Verfassung der Vereinigten Staaten zu verteidigen. Die gelegentliche Enthüllung eines kostenlosen Mittagessens wird als ein Fall von Korruption gefeiert, aber die wichtigen Bestechungsgelder, von 10.000 Dollar aufwärts, werden nie in der Presse berichtet. Am 9. Mai 1934 zum Beispiel überreichte die Freimaurerorganisation B'Nai B'Rith, die ihr nationales Treffen in Washington abhielt, einen Scheck über eine Million Dollar an Präsident Roosevelt als persönliches Geschenk. 1987 ist die Geschichte des Jahres die Kontroverse um iranische Waffenverkäufe. Auch hier spielt B'Nai B'Rith eine zentrale Rolle. Am 3. Dezember 1986 vermerkte die Washington Post, dass der israelische Premierminister Yitzhak Shamir den 42-Millionen-Dollar-Waffenverkauf mit Seymour Reich, dem Präsidenten von B'Nai B'Rith International, abgesegnet hatte - der „Skandal", der die Reagan-Präsidentschaft bedroht.

Reagan ist machtlos, sich durch die Offenlegung der B'Nai B'Rith Operation zu verteidigen. Alle Beteiligten verstoßen gegen 18 USC 794, „Sammeln oder Liefern von Verteidigungsinformationen zur Unterstützung einer ausländischen Regierung... wird mit dem Tod oder einer mehrjährigen oder lebenslangen Freiheitsstrafe bestraft."

Die Reagan-Präsidentschaft selbst stellt den Höhepunkt für die kanaanäische Kontrolle unserer Regierung durch den schwarzen Adel dar. Die Jesuiten hatten sich damit gebrüstet, dass der Welt ein geheimes Zeichen gegeben werden würde, wenn die ökumenische Bewegung ihre weltweite Opposition erfolgreich überwunden hätte. Dieses Zeichen würde die Vereidigung eines US-Präsidenten sein, der vor dem symbolischen okkulten Obelisken steht. Am 20. Januar 1981 wurden die Vereidigungszeremonien zum ersten Mal in der Geschichte an die Westfront des Kapitols verlegt. Reagan wurde mit Blick auf das Washington Monument vereidigt, das mystische Symbol der Kanaaniter und Babylonier.

Gebeutelt von der Inflation und der extremistischen Politik der Carter-Administration, begrüßte eine müde amerikanische Bevölkerung die Reagan-Wahl als eine echte Wende für ihre Regierung. Der Reagan-Stab wurde aus solchen „rechtsgerichteten" Organisationen wie der Hoover Institution, Heritage Foundation und dem American Enterprise Institute ausgewählt. Die Direktoren dieser Gruppen entpuppten sich als dieselben Finanziers und Geschäftemacher, die die „linken" Stiftungen, Rockefeller, Ford und Brookings, kontrollierten.

Die Heritage Foundation wurde von Sir Peter Vickers Hall, Englands führendem Fabian-Sozialisten, geleitet, der den Engländer Stuart Butler mit der Leitung des politischen Apparats von Heritage beauftragte. Hall, aus der Munitionsfamilie, ist auch prominent im Club of Rome.

Als Reagan im Weißen Haus ein Dinner für Prinz Charles gab, standen auf der Gästeliste Gloria Vanderbilt, Brooke Astor (die das Vermögen von John Jacob Astor kontrolliert), Betsy Bloomingdale, Jerome Zipkin, William Buckley (von Skull and Bones und der National Review) und Rupert Hambro, Vorsitzender der Londoner Bankiers Hambros; sein Cousin Charles war während des Zweiten Weltkriegs Chef des SOE gewesen.

Diese auserwählten „Führer" manipulieren jeden Aspekt der amerikanischen Gesellschaft, nicht zuletzt ihre Kontrolle über die Musik und die schönen Künste. Lincoln Kirstein wurde im New Yorker vom 15. Dezember 1986 über die Manipulation der amerikanischen Kunstszene zitiert: „'John D. Rockefellers Vorstellung vom Lincoln Center war, dass es ein Stück Immobilien war, das er kontrollierte. Er hatte kein wirkliches Interesse an der darstellenden Kunst oder an irgendeiner anderen Art von Kunst. Die Rockefellers schufen im Alleingang das Museum of Modern Art, das der amerikanischen Öffentlichkeit die „moderne" Kunst aufzwang und dabei Millionen verdiente. Reproduktionen von Suppendosen und Bierdosen wurden für viele tausend Dollar verkauft, während die traditionelleren Museen, die ebenfalls von Rockefeller-Beauftragten kontrolliert wurden, die wertvolleren Symbole unserer Kultur aufkauften. Sie beförderten auch die impressionistischen Maler in die Multimillionen-Dollar-Klasse, wobei die höchsten Preise für Picasso und Manet gezahlt wurden. Die meisten Kritiker sind sich einig, dass Picasso nach 1915 kein wichtiges Werk mehr schuf, dennoch malte er in den nächsten sechzig Jahren Tausende von Bildern. Kirstein kommentiert über Manet, op. cit. „Manet ist unbeholfen, unfertig, eine pathetische Umsetzung von drei Malern, Goya, Velasquez und Tizian. [Wenige Tage später wurde ein Manet in New York für elf Millionen Dollar verkauft! Hrsg.] Einer der schlimmsten Einflüsse der Kulturgeschichte ist das Museum of Modern Art. Es ist eine korrupte Kombination aus Händlergeschmack, Marketing und Journalismus ... es zeigt die allgemeine Wirkung von Personalisierung und Idiosynkrasie.‟

Die Autorität für Symbolismus in der modernen Kunst ist Margaret Stucki. Sie weist darauf hin, dass Josef Albers, der als mittelloser Flüchtling in die Vereinigten Staaten kam, einen bemerkenswerten Erfolg durch die landesweite Förderung seiner Malerei erzielte, einer Serie mit dem Titel „Hommage an das Quadrat", wobei das Quadrat die flache Seite des Würfels ist, der, wie General Albert Pike betonte, das grundlegende Symbol der Freimaurerei war. Albers wurde als Vorsitzender einer Kunstschule in Black Mountain, North Carolina, eingesetzt;

diese Hochschule wurde nach dem Berg Blocken in Europa benannt, wo der Hexensabbat stattgefunden haben soll; es ist ein Berg mit flacher Spitze, der im Großen Siegel als Pyramide mit abgehackter Spitze dargestellt ist. Der jetzige Autor studierte Kunst am Institute of Contemporary Arts; ein Kommilitone, Noland, dessen Werke jetzt riesige Summen einbringen, begann, freimaurerische Symbole, den Chevron, die Zielscheibe und andere „abstrakte" Symbole zu malen. Sogenannte ungegenständliche Kunst ist überhaupt nicht ungegenständlich; sie ist die heimliche Reproduktion okkulter Symbole. Salvador Dali verbrachte Jahre mit dem Studium okkulter Symbolik am bereits erwähnten Papus-Institut in Paris. Er trug immer einen gegabelten Stock, den er nach alten Zeichnungen eines Zauberstabs reproduziert hatte; er wurde in den Vereinigten Staaten von Caresse Crosby von der Black Sun Press angepriesen (die schwarze Sonne ist ein okkultes Symbol, das die andere Seite der Sonne darstellt).

Die „abstrakte" Kunst wurde von den Rockefellers gefördert, weil sie die moderne Darstellung der Kulte der alten Welt ist, hauptsächlich der Dämonenanbetung des Baal. Diese mystischen Symbole werden nur von wenigen Eingeweihten verstanden, den Gnostikern oder Wissenden, die die geheimen Organisationen aufrechterhalten und sich mit ihren mystischen Kräften beschäftigen. Dieselben Symbole sind im Hintergrund vieler Renaissance-Gemälde zu sehen, als die Baal-Anbetung als „Neo-Platonismus" entschärft wurde. Aby Warburg vom Warburg Institut verbrachte sein Leben damit, diese okkulten Symbole der Renaissance zu studieren, abgesehen von einem zufälligen Nervenzusammenbruch, der vier Jahre dauerte und ihn vom Armeedienst während des Ersten Weltkriegs abhielt. Warburg zeichnete die Entwicklung nach, durch die die klassische Darstellung von Gottheiten in der Kunst von den Künstlern der Renaissance in okkulte Symbole umgewandelt wurden, in denen sie nun in dämonischer Miene erschienen. Diese Symbolik konnte Warburg anhand der in der Heraldik wiedergegebenen Embleme und der in den Gemälden verwendeten Kostüme nachvollziehen. Diese okkulte Symbolik ist nun die Hauptstütze der modernen „abstrakten" Malschule.

Die abstrakte Kunst repräsentiert auch die kanaanitischen Kräfte, die am Werk sind, um den hohen Lebensstandard, den das Volk Sem in der klassischen Welt erreicht hat, absichtlich herabzusetzen. Die okkulten Symbole, die in die Kunst der Renaissance eingeschleust wurden, waren ein wichtiger Schritt in diesem Programm, aber ihr wirklicher Erfolg kam erst im zwanzigsten Jahrhundert, als Lappen, die in Farbe getaucht und auf die Leinwand geschleudert wurden, oder Schrott von Schrottplätzen, die neue Version der „hohen Kunst" wurden. Dies war nur ein Aspekt der anhaltenden Kampagne gegen das Volk von Shem, die in den Prinzipien des „Liberalismus" verankert war. Harold Laski definierte den Liberalismus als das politische Gegenstück zum Kapitalismus. Der Liberalismus ist auch das politische Programm der Freimaurerei, die schon immer antikapitalistisch war. Sie ist insbesondere gegen die Entwicklung der modernen Technologie, die dem profitablen Sklavenhandel der Kanaaniter den Todesstoß versetzte, da Maschinen die Sklavenarbeit ersetzten.

Die Vereinigten Staaten stehen jetzt an der Spitze der freimaurerisch-kanaanäischen Verschwörung zur Demontage der modernen Industrie, die vom Volk Sem entwickelt wurde. Als Ergebnis haben wir jetzt den „Rust Belt", Meilen von verlassenen Fabrikgebäuden von der Ostküste bis zur Westküste; Tausende von unabhängigen Bauern, die vom Kreditkapital von ihren Höfen vertrieben wurden, ruiniert, weil sie unabhängige Produzenten oder Kulaken waren und eine Bedrohung für die freimaurerisch-kanaanäische Kontrolle des Kapitals.

Der Dreh- und Angelpunkt des kanaanäischen Programms zur Zerstörung der amerikanischen Industrie war der Angriff auf unsere Autoproduktion, die einen von sieben Arbeitsplätzen in den Vereinigten Staaten bot. Dies wurde erreicht, indem man unsere besiegten „faschistischen" Feinde, Deutschland und Italien, in ein Komplott einbezog, um die Vereinigten Staaten mit ausländischen Autos zu überschwemmen. Jeder, der eine solche Möglichkeit im Jahr 1948 vorschlug, wäre als verrückt angesehen worden. Das gesamte Programm wurde von einem Mann umgesetzt, General William Draper von Dillon Read. Seine Firma hatte zuvor die Finanzierung des deutschen

Aufrüstungsprogramms abgewickelt, um den Zweiten Weltkrieg zu ermöglichen; er wurde zum Zaren des deutschen Nachkriegswirtschaftsprogramms ernannt, wo er die Organisation übernahm. Er wurde zum Zar des deutschen Nachkriegswirtschaftsprogramms ernannt, wo er Volkswagen und andere Hersteller organisierte, um der amerikanischen Produktion ernsthaft Konkurrenz zu machen. Nachdem er dieses Programm aufgestellt hatte, wurde er 1947 als Unterstaatssekretär der Armee nach Tokio versetzt, wo er im Alleingang das „japanische Wunder" schuf. Während General MacArthur als „neuer Kaiser" Japans posierte, war es Draper, der das Land hinter den Kulissen regierte. Er beauftragte Joseph Dodge, die Entwicklung der japanischen Autoindustrie zu kontrollieren; Dodge wurde später Präsident der größten Bank in Detroit. Der DRAPER PLAN führte zu einem massiven Doppelangriff auf die amerikanische Automobilproduktion. Das Ergebnis war der Bankrott tausender kleiner Produzenten in den Vereinigten Staaten, die Teile für die Massenproduktion in Detroit herstellten. Bis heute ist Drapers Name in Detroit unbekannt, obwohl er die Stadt in die Knie gezwungen hat. Es war eine typische Operation der freimaurerischen Kanaaniter.

Jede Agentur der Bundesregierung wurde nun in der Kampagne zur Zerstörung der amerikanischen Industrie und Produktion angeworben. Die Hauptwaffe ist der Internal Revenue Service, der jeden ausfindig macht und vernichtet, der sich mit der produktiven Nutzung von Kapital beschäftigt. Die IRS greift ein und konfisziert alle Vermögenswerte, so dass das Unternehmen nie wieder in die Produktion gehen kann. Dies ist eine absichtliche Politik; jene Gruppen, die an der Kampagne zur Zerstörung der Vereinigten Staaten mitarbeiten, erhalten vom IRS automatisch eine „Steuerbefreiung", sei es durch die Verringerung unserer Produktionskapazität, durch die Ermutigung zur Homosexualität, um die Reproduktion zu reduzieren, oder durch die Verteidigung der Vereinigten Staaten gegen ihre inneren oder äußeren Feinde, die ihren Sitz in Washington haben. Die besondere Wut des IRS wird gegen jeden Amerikaner entfesselt, der als „Patriot" oder sogar als „Konservativer" gilt. Kirchen und Schulen, die das Christentum lehren, werden von Bundesagenten mit Vorhängeschlössern versehen und ihre Besitzer ins Gefängnis geworfen. Jene Kirchen, die die Lehre der freimaurerischen Kanaaniter predigen, sind gegen solche Angriffe immun. Diese „patriotischen" Kirchen und Schulen stellen eine ernsthafte Bedrohung für die „Endlösung" dar, die die Kanaaniter für das Volk von Sem geplant haben. Der „Plan Naamah", benannt nach dem dämonischen Wesen, das als erstes Menschenopfer und Kannibalismus in die Welt gebracht hat, ist ein dokumentierter Plan zur systematischen Ausrottung des gesamten Volkes von Sem in den Vereinigten Staaten.

Plan Naamah ist einfach die amerikanische Version der Massaker, die während der Französischen, Russischen und Spanischen Revolutionen verübt wurden. Der Plan ist ein einfacher; Zeitungen, Radio und Fernsehen werden einen bevorstehenden Angriff ankündigen (die jüngste TV-Serie Amerika war ein wichtiger Schritt in der Konditionierung des amerikanischen Volkes auf Nicht-Widerstand in einem solchen Fall; die „Russen" übernahm das Land ohne einen Kampf). Jeder wird angewiesen, sich in Schulen und Auditorien in jeder Stadt der Vereinigten Staaten zu versammeln. Nur die hellhäutigen Menschen von Sem werden diesen Befehl tatsächlich befolgen; den anderen, von kanaanitischer Abstammung, wird gesagt werden, dass sie in ihre Häuser zurückkehren sollen. Sobald sie in diese Gebäude getrieben worden sind, sollen die Menschen von Sem getötet werden, aber nur nach geregelten Verfahren, das heißt, mit Beilen, Keulen und Messern.

Die Verwendung von Gewehren wird verboten, wahrscheinlich weil es zur Zeit von Naamah keine Gewehre gab. Ihre Verwendung würde gegen „religiöse" Prinzipien verstoßen. Außerdem gewährleistet die Verwendung primitiverer Waffen einen viel größeren Blutfluss, was immer ein grundlegendes Ziel des rituellen Schlachtens ist. Sollte ein Kanaaniter versehentlich anwesend sein, wird er oder sie durch die Verwendung des geheimen Passworts „Tubal Kain", dem Bruder von Naamah, und dem Passwort der Freimaurer geschützt werden.

Plan Naamah wird so lange in Kraft bleiben, bis das Volk von Shem in den Vereinigten Staaten vollständig eliminiert ist. Die

Teams der speziell ausgebildeten Mörder werden von den Horden von „Einwanderern", die in den Vereinigten Staaten in den letzten Jahren speziell für dieses Programm importiert worden sind, zur Verfügung gestellt werden. Die Menschen von Shem werden für die Ausrottung in erster Linie nach ihren physischen Merkmalen ausgewählt, helle Haut, blaue Augen, obwohl dies nicht die einzige Qualifikation sein wird; es werden Listen der Menschen von Shem in jedem Gebiet erstellt worden sein; diese Listen werden das letzte Mittel der „Auswahl" sein. Dies wird der letzte Schlag gegen die „Blaublüter" sein, ein Begriff, der entstand, nachdem die Mauren Spanien (die iberische Halbinsel, die Heimat von Heber, dem Volk von Sem) erobert hatten. Die Spanier prägten den Begriff „sangre azul" oder blaues Blut, um jene alten Familien zu kennzeichnen, die sich weigerten, mit maurischen oder anderen kanaanitischen Beimischungen verunreinigt zu werden. Bei denjenigen mit sehr heller Haut konnte man Adern sehen, die sich vor diesem Hintergrund blau abzeichneten, während diejenigen mit dunklerem Aussehen kein „blaues Blut" aufwiesen.

Bis der Plan Naamah endlich umgesetzt werden kann, sollen verschiedene andere Plagen von den freimaurerischen Kanaanitern über das amerikanische Volk gebracht werden, wie die aktuelle Plage AIDS. Am 30. Januar 1987 brachte die Presse eine Schlagzeile des nationalen Direktors für öffentliche Gesundheit, Otis Bowen, dass AIDS Millionen töten könnte. Auf der nächsten Seite war ein Interview mit Bischof John Spong, dem Bischof der Episkopalkirche von Newark, zu lesen, in dem er die Geistlichen aufforderte, homosexuelle Beziehungen zu segnen und als „engagierte Partner" anzuerkennen; er kündigte an, dass er die Angelegenheit auf dem Bischofskongress in Chicago zur Diskussion stellen würde. Ein paar Tage später verteilte ein unitarischer Geistlicher, Rev. Carl Thitchener, am Sonntag Kondome an seine Gemeinde; später wurde bekannt, dass er wegen Körperverletzung verurteilt worden war und auch angeklagt wurde, weil er nackt vor einer Gruppe von Pfadfindern paradiert hatte. Diese Geistlichen repräsentieren eine weit verbreitete Gruppe, die aktiv Promiskuität und Homosexualität fördert, was von den Gerichten aktiv unterstützt wird. Oberster

Richter Sol Wachtler vom New York State Court of Appeals (ein Klassenkamerad des jetzigen Autors an der Washington Lee University in den 1950er Jahren) entschied kürzlich, dass ein Buchladen für Erwachsene nicht geschlossen werden kann, weil in der Geschichte routinemäßig sexuelle Handlungen von seinen Kunden begangen wurden. „Die Freiheit der Meinungsäußerung in Büchern, Filmen und der Kunst im Allgemeinen ist einer der Bereiche, in denen es große Unterschiede zwischen den Staaten gibt ... New York hat eine lange Tradition in der Förderung der Meinungsfreiheit."

Der Held der Kanaaniter ist Freud, der den Gebrauch von Kokain für seine Patienten aktiv förderte; es ist nun die Droge der Wahl in der gesamten Unterhaltungsindustrie und wird gewöhnlich auf ihren Partys verteilt. In seinem Buch „Civilization and its Discontents" beschreibt Freud das Verbot des Inzests als „vielleicht die verstümmelndste Wunde, die dem erotischen Leben des Menschen im Laufe der Zeitalter zugefügt wurde. Inzest ist natürlich das älteste Tabu unter den zivilisierten Völkern.

So entartet diese Lehren auch sein mögen, sie sind grundlegend für das Programm der Kanaaniter. Noch gefährlicher ist die Unterwanderung der christlichen Kirchen durch Gruppen wie die Fundamentalisten, die Dispensationalisten und die Prämillenarianer. Wir haben darauf hingewiesen, dass nur wenige Fundamentalisten erkennen, dass sie direkt von den New England Abolitionsts und ihren Verbindungen zu den Transzendentalisten und den Unitariern abstammen, die sich im Grunde auf die Kabbala und andere okkulte Einflüsse für ihren Dienst verlassen. Dies wird für diejenigen, die die Lehren dieser Gruppen akzeptiert haben, ein Schock sein, aber die historische Aufzeichnung ist eindeutig. Sie stammt in einer ununterbrochenen Linie von der Dämonenanbetung des Baal bis zum heutigen Tag ab. Die Prämillenarier lehren, dass Christus plötzlich wiederkommen wird, wie von Origenes gelehrt. Ein anderer Ableger, die Postprämillenarier, lehren, dass Christus wiederkommen und tausend Jahre lang herrschen wird. Während dieser Zeit werden die Juden bekehrt werden.

Die Dispensationalisten glauben, dass die Zeit naht, in der der Mensch auf seinen Gehorsam gegenüber einer bestimmten Offenbarung des Willens Gottes geprüft wird. Es gibt sieben Dispensationen: (1) die Unschuld von Eden; (2) das Gewissen, die Ausweisung, das Böse zu meiden; (3) die menschliche Schuld, einschließlich der Todesstrafe durch die Regierung; (4) die Verheißung und der Segen für den Samen Abrahams; (5) das Gesetz - das Disziplinarsystem; (6) der Glaube der Gemeinde an das Evangelium Jesu Christi; und (7) das Königreich Jesu, das Millennium, mit der Erfüllung der Verheißung Gottes an Israel; die letzte Rebellion Satans, wenn er ins Feuer geworfen wird; Christus übergibt das Königreich seinem Vater.

Die Verheißungen dieser Gruppen, die jeden Tag Millionen von Fernsehzuschauern durch Radio und Fernsehen überschwemmen, die Multimillionen-Dollar-"TV-Ministerien", beruhen auf Fehlinterpretationen. Die Dispensationalisten behaupten, dass ihre Lehre auf dem Gleichnis Christi vom Feigenbaum basiert, das sich eigentlich nur auf die Natur und die physischen Jahreszeiten bezieht. Es bezieht sich weder auf Israel noch auf irgendeine andere Nation. Im Frühling, wenn die Frucht der palästinensischen Feige vor den Blättern erschien, war dies ein sicheres Zeichen für das Herannahen des Sommers. Jesus benutzte dieses Gleichnis im Zusammenhang mit seiner großen Prophezeiung, die er während der Passionswoche gab, in der er die Zerstörung Jerusalems und des Tempels, das Ende des Zeitalters und das allgemeine Gericht voraussagte. Dispensationalisten fordern nun im Fernsehen, dass wir auf den „blätternden Feigenbaum" achten sollen, als Zeichen des Himmels, dass wir die kanaanitischen Eindringlinge in Israel unterstützen sollen.

Die kanaanäischen Propagandisten betreiben in den Vereinigten Staaten eine Milliarden-Dollar-Industrie, die sich als „Religion" tarnt. Wäre sie eine echte Religion, würde sie nicht automatisch eine Steuerbefreiung von der IRS erhalten, wie es jede dieser Gruppen tut. Die Steuerbefreiung wird ihnen von der Regierung gewährt, weil sie eine Botschaft verbreiten, von der die Regierung möchte, dass das amerikanische Volk sie erhält. Was ist diese Botschaft? Es ist die falsche Lehre, dass es nicht das Volk Sem ist, dem Gott seine Verheißung gegeben hat, sondern die Ausgeburt Kanaans, diejenigen, die unter dem Fluch Kanaans leben. Typisch für die kanaanäischen Propagandisten ist Jim Bakker, der Leiter von PTL (Praise the Lord). Im Jahr 1980 veröffentlichte Bakker ein Buch, „Überleben, um zu leben", in dem er sich über die Hinrichtung Hamans und das Massaker an den Frauen und Kindern des Volkes Sem durch die blutrünstigen Kanaaniter freute. Bakker prangert Haman als einen an, der die Kanaaniter verraten hat, wie im Buch Esther erzählt wird; Bakker bezeichnet die Kanaaniter als „die Gesalbten Gottes"! Die Fernsehpropagandisten behaupten, dass diese „Gesalbten", die Kanaaniter, das wahre Volk Israel sind und dass Gott ihnen das Land Israel versprochen hat. Das ist nicht nur eine eklatante Unwahrheit, sondern auch höchst profitabel. Bakker trat 1965 dem Christian Broadcast Network bei; nachdem er die Propagandalinie gelernt hatte, machte er sich selbständig. Er hat jetzt eine $129-Millionen-Jahres-Industrie und betreibt einen Themenpark namens Heritage U.S.A., der 1986 sechs Millionen Besucher hatte; es gibt zwei Hotels mit 500 Zimmern und 2.000 Angestellte.

Bakker und seine Frau flohen plötzlich in ihre Villa in Palm Springs, Kalifornien, als bekannt wurde, dass er 115.000 Dollar Erpressungsgeld an eine frühere Geliebte gezahlt hatte, während seine Frau Tammy eine siebzehnjährige „Abhängigkeit" von verschiedenen Medikamenten und Drogen zugab, wegen der sie jetzt in Behandlung war. Sie haben eine halbe Million Abonnenten, die mindestens 15 Dollar pro Monat an PTL zahlen, sowie eine Reihe anderer Unternehmen. Bakker trat daraufhin zurück und rief Jerry Falwell dazu auf, PTL zu übernehmen, und machte dunkle Andeutungen über einen „rivalisierenden Evangelisten", der versuchte, eine „feindliche Übernahme" zu planen. Ja, es ist ein großes Geschäft, das allen Intrigen eines profitablen Multimillionen-Dollar-Unternehmens unterliegt. Tammy hatte einige Augenbrauen hochgezogen, als sie einen pathetischen nationalen Gebetsaufruf machte, um ihren toten Pudel wieder zum Leben zu erwecken! Sie und ihr Mann hatten sich auf einen Wirbelwind von Ausgaben für solche Dinge wie goldene Badezimmerarmaturen, riesige Ringe und andere Stigmata des wahren Martyriums eingelassen.

Bakker und seine Mitbetreiber stellen keine Fragen darüber, wie all dieser Reichtum zu ihnen fließt. Sie predigen gegen den „säkularen Humanismus" und den Kommunismus, ohne zu ahnen, dass ihre evangelikale Bewegung direkt auf die Kräfte zurückgeht, die sie anprangern. Von 1830 bis 1870 beherrschte Jeremy Benthams utilitaristischer Sozialismus die englische Gesetzgebung, während ein gleichzeitiges Programm, der Evangelikalismus, von denselben Kräften gefördert wurde, um das Christentum zu übernehmen. Dr. Dale wird von A. V. Dicey in „Law and Opinion in England," Macmillan, 1924, zitiert: „Die Evangelikalen müssen das fördern, was man eine konfessionslose Kirche nennt - sie betrachteten mit Gleichgültigkeit alle Formen der Kirchenpolitik - sie verlangten eine gemeinsame religiöse Lehre und gemeinsame Überzeugungen; sie kümmerten sich nicht um die Kirche als eine erhabene Gesellschaft von Heiligen. Kurz gesagt, der Evangelikalismus, der Vorläufer unserer heutigen Generation kanaanäischer Propagandisten, war erstens ökumenisch; zweitens verwarf er das geistliche Erbe der Kirche zugunsten einer robusten Hingabe an die Beschaffung von Geldmitteln und politischer Propaganda für Ziele, die selten offen zu Tage treten. Die Evangelische Allianz wurde im Jahr 1846 in London gegründet. In den Vereinigten Staaten bildete sich bald ein Zweig, der zunächst als Federal Council of Church of Christ bekannt war und heute als National Council of Churches of Christ bekannt ist, eine linksgerichtete Propagandagruppe. Doch sie hat denselben Ursprung wie die Fernseh-Evangelisten, die behaupten, „antikommunistisch" zu sein!

Was ist dieser Ursprung?

Die evangelikale Bewegung wurde von demselben britischen Geheimdienstführer, Lord Shelburne, gesponsert, der auch die französische Revolution geleitet hatte. Shelburne importierte einen französischen Radikalen nach England, Etienne-Louis Demont aus Paris, der der Schüler des Grafen Saint Simon war, dem Begründer der „Sozialwissenschaft". Demonts wichtigster englischer Schüler war Jeremy Bentham, heute bekannt als der

„Vater des Utilitarismus". „Shelburne war zur Macht hinter der politischen Szene Großbritanniens geworden, indem er William Pitt, dem Premierminister, große Geldsummen lieh. Nach Pitts Tod war das britische Schatzamt gezwungen, diese Schulden in Höhe von vierzigtausend Pfund zu begleichen. Wegen seiner internationalen Intrigen war Shelburne der am meisten gefürchtete und gehasste Mann in England. Edmund Burke nannte ihn „eine Cat aline oder Borgia in der Moral"; er war öffentlich unter dem verächtlichen Spitznamen „Malagrida" bekannt; die Presse karikierte ihn als einen Guy Fawkes, der sich anschickte, seine eigenen Kameraden in die Luft zu jagen! Henry Fox nannte Shelburne „einen perfiden und schändlichen Lügner". König Georg III. nannte ihn „den Jesuiten vom Berkeley Square". Dieser Meister der Spionage nutzte seine Macht, um drei Männer als intellektuelle Diktatoren des englischen Lebens zu inthronisieren: Jeremy Bentham, John Stuart Mill und David Ricardo. Mill wurde nach Sir John Stuart benannt, einem engen Mitarbeiter Shelburnes, der sowohl für Mill als auch für seinen Vater James Mill hochbezahlte Posten bei der berüchtigten East India Company besorgte. Bentham war der Sohn eines wohlhabenden Londoner Anwalts und lebte von seinem großen Erbe. Ricardo war mit seinem Freund Nathan Meyer Rothschild ein Händler von „Konsolen". Alle drei waren stark von Dumont und den Lehren von Saint-Simon beeinflusst. Sie arbeiteten daran, im neunzehnten Jahrhundert das Klima zu schaffen, in dem der Kollektivismus im zwanzigsten Jahrhundert gedeihen sollte. Dicey weist darauf hin, dass „das Grundprinzip des Kollektivismus der Glaube an die Intervention des Staates in jeder Angelegenheit ist, die auf unbestimmte Zeit ausgedehnt werden soll." Er wies auch darauf hin, dass der Kollektivismus das Ende der Vertragsfreiheit bedeute. Dicey wies in seiner Vorlesung IX darauf hin, „Die Schuld des Kollektivismus an Bentham - die Maschinerie wurde so für die praktische Ausweitung der Tätigkeit des Staates bereitgestellt." Er wies darauf hin, dass Benthams Politik die Übertragung der Macht von der Landaristokratie auf die neue Mittelklasse der Kaufleute und Bankiers bewirkte. Bentham lehrte ein System des „Hedonischen Kalküls", in dem moralische Urteile nur durch physischen Schmerz und Vergnügen bestimmt werden sollten; er förderte auch einen „psychologischen Hedonismus", der auf dem Lustprinzip basierte und das Naturrecht leugnete. Bentham schrieb: „Jeder Mensch ist der beste Richter seines eigenen Glücks", was vermutlich auf Individualismus hindeutet, aber sein System der staatlichen Kontrolle bedeutet, dass ein Bürokrat über das „Glück" eines jeden entscheidet. Mill schrieb in seinem Werk „Über die Freiheit"': „Jeder Mensch soll für einen zählen und kein Mensch soll für mehr als einen zählen." Dieser glückliche Zustand sollte erreicht werden, indem man einem utilitaristischen Staat alle Macht übertrug. Diese Gruppe förderte auch die Anti-Sklaverei-Bewegung in den Vereinigten Staaten, die im Bürgerkrieg gipfelte. Unmittelbar nach Benthams Tod wurde 1832 der Reform Act verabschiedet. Dicey sagt, dass dies den Kollektivismus in Europa installierte. Benthams Leichnam wurde einbalsamiert und ist nun in seiner üblichen Kleidung und mit einem Wachskopf versehen im University College in London zu sehen.

Der Leser mag bezweifeln, dass hier ein Argument vorgebracht wurde, dass dieselben Kräfte des britischen Geheimdienstes, der Bank von England und der Ostindien-Kompanie, die der Welt den totalitären Utilitarismus, auch bekannt als Kommunismus, aufgezwungen haben, auch unsere modernen „Fernseh-Evangelikalen" geschaffen haben. Die Abstammungslinie ist jedoch klar gezeichnet, von den Dämonenanbetern des Baal bis zu ihrem Auftauchen in intellektuellerem Gewand als Pythagoräer, Platoniker, Neuplatoniker, die Aufklärung und die Französische, Bolschewistische und Spanische Revolutionen. Überall wird die Linie durch die Lehren der Kabbala, die Leugnung des Naturrechts, die Leugnung der spirituellen Entwicklung der Menschheit und das Ziel der Inthronisierung der freimaurerischen Kanaaniter als unangefochtene Herren der Welt abgegrenzt.

Die wahre Botschaft Christi wird von diesen Propagandagruppen nicht verstanden. Die Bibel sagt uns genau, was Gott beabsichtigte und was Jesus Christus bereitstellen würde. Erstens: Auferstehung: Gott sagte: „Ich will sie erlösen von der Macht des Grabes, ich will sie erlösen vom Tode" (Hosea 13,1'1).

Dann gibt es die Vision aus Jesaja 26,19: „Deine Toten werden leben; zusammen mit meinem toten Leib werden sie aufstehen! Erwacht und singt, ihr, die ihr im Staub wohnt; denn dein Tau ist der Tau des Lichts, und die Erde wird die Toten austreiben." Jesus versprach: „Wahrlich, wahrlich, ich sage euch: Wenn jemand mein Wort hält, wird er den Tod nicht sehen" (Johannes 8,1).

Zweitens: die Verheißung. Die Fernsehpropagandisten verschweigen absichtlich die Identität derer, denen Gott seine Verheißung gegeben hat. Jeremia 31,31: „Siehe, es kommen Tage, spricht der Herr, da will ich einen neuen Bund machen mit dem Hause Israel und mit dem Hause Juda ... Ich will mein Gesetz in sie hineinlegen und es auf ihr Herz schreiben."

Diese Verheißung wurde nicht den Kanaanitern gegeben, die Gott verachtete und denen sogar Jesus seine Barmherzigkeit verweigerte, als er auf dieser Erde war. Wir finden die wahren Erben der Verheißung positiv identifiziert in Galater 3,14, „... damit in Christus Jesus der Segen Abrahams auf die Heiden komme, damit wir die Verheißung des Geistes durch den Glauben empfangen: Um ein menschliches Beispiel zu geben, Brüder: Niemand hebt den Willen eines Menschen auf oder fügt ihm etwas hinzu, wenn er einmal ratifiziert worden ist. Nun wurden die Verheißungen Abraham und seinen Nachkommen gegeben. Es heißt nicht „den Nachkommen", was sich auf viele bezieht, sondern auf einen: „Und auf deinen Nachkommen", das ist Christus. ... Denn wenn das Erbe durch das Gesetz ist, ist es nicht mehr durch Verheißung; sondern Gott hat es Abraham durch eine Verheißung gegeben ... Und wenn ihr Christus angehört, dann seid ihr Abrahams Nachkommen, Erben nach der Verheißung.

Die „Verheißung" ist also ganz klar: „Wenn ihr Christus angehört." Offensichtlich schließt dies die Kanaaniter aus, die in Israel eingedrungen sind und es widerrechtlich in Besitz genommen haben. Bis jetzt habe ich viel über das Böse geschrieben, das die Existenz des Menschen plagt. Jetzt können wir über das Gute schreiben, d.h. über Gottes Verheißung an das Volk Sem, das Volk, das sein Wort in die ganze Welt getragen hat. In jeder Nation ist das Volk Sems von den Kanaanäern, den wahren Antisemiten, verfolgt und massakriert worden. Oft stand das Volk Sem diesen Angriffen hilflos gegenüber, weil sie nicht wussten, wie sie ihre Feinde, die wahren Feinde Gottes, erkennen konnten. Mit Satans Hilfe griffen die Kanaaniter das Land Israel an und nahmen es in Besitz. Die Bibel sagt: „Wenn ihr Christus angehört", dann seid ihr die wahren Erben Israels. Die kanaanitischen Eindringlinge, die jetzt Israel besetzen, sind nicht „Christi"; sie sind die Verächter und Spötter Christi. Daher richtet sich Gottes Zorn nicht nur gegen die Kanaaniter, sondern auch gegen Gottes Volk, das Volk Sems, das diese Lästerung Gottes zugelassen hat. Hunderte von amerikanischen Jugendlichen wurden kürzlich im Libanon getötet, weil sie von den Washingtoner Kanaanitern dorthin geschickt worden waren, nicht um Gottes Verheißung an das Volk Sem zu erfüllen, sondern um den Kanaanitern bei ihren satanischen Gräueltaten zu helfen. Jetzt wartet Gott darauf, dass sich das Volk von Sem zu seiner Mission zusammenfindet, um einen neuen Kreuzzug zu starten, um das Heilige Land von den freimaurerischen Kanaanitern zurückzuerobern. Die niederträchtigen Verschwörer und ihre Multimillionen-Dollar-Propagandisten müssen herausgefordert werden. Wem hat Gott die Verheißung gegeben? Dem Samen Abrahams, denjenigen von Christus. Nicht einer der millionenschweren Publizisten für die Kanaaniter wird dies in ihren hochbezahlten Fernsehauftritten erwähnen. Sie müssen als Spötter von Christus entlarvt werden. Sie müssen mit der Wahrheit herausgefordert werden.

Wir sind verfolgt worden, weil wir in die Falle der Welt getappt sind, den Dualismus, der uns die Wahl lässt, dem Willen Gottes zu folgen oder uns passiv den Kanaanitern anzuschließen, indem wir Satan als Führer akzeptieren, was bedeutet, dass wir uns am Blutvergießen und den obszönen Ritualen der Menschenopfer beteiligen. Heute ist Amerika dem Willen Kanaans gehorsam und beteiligt sich an Unzucht, Raub und internationalen freimaurerischen Verschwörungen. Amerika, das von Gott dazu bestimmt war, die Welt auf den Pfad der

Rechtschaffenheit zu führen, wird jetzt „der große weiße Satan" genannt, weil das hellhäutige Volk Sems dazu verführt wurde, Satans Werk auf dieser Erde auszuführen. Die Wahl ist eine, die bestimmt und getroffen werden muss, und die Entscheidung ist nicht mehr weit entfernt; wird das Volk Sems Gottes Verheißung an Abraham annehmen, oder werden wir uns weiterhin von dem satanischen Freimaurerorden der Kanaaniter täuschen lassen? Es gibt nichts dazwischen - und wenn wir darauf bestehen, das satanische Werk der Kanaaniter zu tun, wird Amerika NICHTS werden.

BEREITS ERSCHIENEN

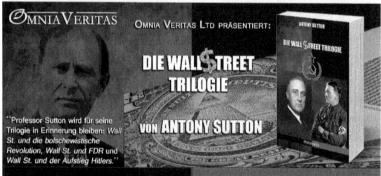